RÉPUBLIQUE FRANÇAISE

MARINE NATIONALE

DIRECTION MILITAIRE DES SERVICES DE LA FLOTTE

SERVICE DU PERSONNEL MILITAIRE DE LA FLOTTE

(BUREAU DES ÉQUIPAGES DE LA FLOTTE)

DÉCRET

PORTANT

RÈGLEMENT SUR LA SOLDE DES MARINS DU CORPS DES ÉQUIPAGES DE LA FLOTTE ET DES MARINS INDIGÈNES

(DU 11 JUILLET 1908)

TARIFS Y ANNEXÉS

4e ÉDITION, MISE À JOUR JUSQU'AU 4 AOÛT 1915.

PARIS

IMPRIMERIE NATIONALE

1915

N° **5061** de la Nomenclature des documents.

MINISTÈRE DE LA MARINE.

DIRECTION MILITAIRE DES SERVICES DE LA FLOTTE.

SERVICE DU PERSONNEL MILITAIRE DE LA FLOTTE.

(*Bureau des Équipages de la Flotte.*)

TABLE DES ACTES
MODIFIANT LE DÉCRET DU 11 JUILLET 1908
PORTANT RÈGLEMENT
SUR LA SOLDE DES MARINS DU CORPS DES ÉQUIPAGES DE LA FLOTTE
ET DES MARINS INDIGÈNES.

(4ᵉ ÉDITION, MISE À JOUR JUSQU'AU 4 AOÛT 1915.)

DATE DES DÉCRETS.	ARTICLES OU TARIFS MODIFIÉS.
27 novembre 1908 (*B. O.*, p. 1073)......	Tableau *d* du tarif VIII.
2 octobre 1909 (*B. O.*, p. 1073)........	Tableau *d* du tarif VIII.
17 janvier 1910 (*B. O.*, p. 176).........	Tableau *d* du tarif VIII.
5 juillet 1910 (*B. O.*, p. 1627).........	Art. 19, 23, 24, 32, 46, 47, 60, 61 et 83. Tarifs II, IV, V, VI, VIII, IX et X.
10 janvier 1911 (*B. O.*, p. 126).........	Art. 32, 121 et 122. Tarif XI.
15 novembre 1911 (*B. O.*, p. 1139).....	Art. 19, 90, 111. Tarifs V, VI et IX.
24 janvier 1912 (*B. O.*, p. 241).........	Tableau *d* du tarif VIII.
12 mars 1914 (*B. O.*, p. 533)..........	Tableau *a* du tarif VI.
12 mai 1912 (*B. O.*, p. 1064)..........	Art. 79.
20 juillet 1912 (*B. O.*, p. 115).........	Art. 14, 16. Tarifs V, VI, VIII et IX.
23 octobre 1912 (*B. O.*, p. 721)........	Art. 27.
17 octobre 1913 (*B. O.*, p. 1496).......	Art. 68 *bis*, 73, 79. Tarifs IV, V, VIII et IX.
28 janvier 1914 (*B. O.*, p. 320)........	Art. 19, 23, 38, 43, 44, 50, 51, 52. Tarifs I, IV, VI et X.

10 août 1914 (*B. O.*, p. 293).........	Art. 15, 16, 23, 79, 81, 82, 106, 107, 108, 130. Tarifs V, VI, VIII, IX et X.
10 décembre 1914 (*B. O.*, p. 3).........	Art. 48.
2 janvier 1915 (*B. O.*, p. 17)...........	Art. 19.
20 avril 1915 (*B. O.*, p. 732),..........	Art. 23, 27.
20 avril 1915 (*B. O.*, p. 735)..........	Art. 96.
21 mai 1915 (*B. O.*, p. 876)...........	Art. 38, 45, 48, 50, 73, 113, 122 et 123. Tarifs I, III, IV, VII, X et XI.
22 juin 1915 (*B. O.*, p. 1001)..........	Art. 19.
22 juillet 1915 (*B. O.*, p.).........	Art. 101.
4 août 915 (*B. O.*, p.)............	Art. 8 et 81.

DÉCRET DU 11 JUILLET 1908.

TABLE ANALYTIQUE.

DISPOSITIONS GÉNÉRALES.

TITRE I.

De la solde proprement dite.

DISPOSITIONS GÉNÉRALES.

CHAPITRE I.

POINT DE DÉPART ET DE CESSATION DES SOLDES.

SECTION I.

POINT DE DÉPART ET DE CESSATION DE LA SOLDE D'ACTIVITÉ.

SECTION II.

POINT DE DÉPART ET DE CESSATION DE LA SOLDE EN POSITION DE PRÉSENCE ET EN POSITION D'ABSENCE.

CHAPITRE II.

CLASSIFICATION DES SOLDES. DROITS AUX DIVERSES SOLDES.

DISPOSITIONS GÉNÉRALES.

Articles.

SECTION I.

DES DROITS À LA SOLDE EN POSITION DE PRÉSENCE.

SECTION II.

DES DROITS À LA SOLDE EN POSITION D'ABSENCE.

§ A. *Solde en disponibilité.*

§ B. *Soldes en position de congé.*

CHAPITRE III.

SUPPLÉMENTS DE SOLDE DUS EN RAISON DU LIEN AU SERVICE.

Articles.

SECTION I.

HAUTES PAYES D'ANCIENNETÉ.

SECTION II.

PRIMES DE RÉADMISSION OU DE RENGAGEMENT.

SECTION III.

INDEMNITÉ DE MAINTIEN AU SERVICE.

SECTION IV.

PRIMES SPÉCIALES AUX MARINS FAISANT PARTIE DE LA 1re CATÉGORIE DU PERSONNEL DES ATELIERS CENTRAUX DE LA FLOTTE ET AUX QUARTIERS-MAÎTRES ET MATELOTS BREVETÉS DES DÉFENSES FIXES DES PORTS MILITAIRES.

CHAPITRE IV.

SUPPLÉMENTS DE SOLDE POUR FONCTIONS SPÉCIALES MOMENTANÉMENT REMPLIES.

CHAPITRE V.

INDEMNITÉS REPRÉSENTATIVES DE DÉPENSES PERSONNELLES OCCASIONNÉES PAR LA RÉSIDENCE TEMPORAIRE OU PAR LES CHARGES DE FAMILLE.

SECTION I.

INDEMNITÉ DE RÉSIDENCE DANS PARIS.

SECTION II.

AUTRES INDEMNITÉS.

SECTION III.

INDEMNITÉ POUR CHARGES DE FAMILLE.

CHAPITRE VI.

INDEMNITÉS REPRÉSENTATIVES DE DÉPENSES PERSONNELLES OCCASIONNELLES.

SECTION I.

INDEMNITÉS POUR PERTE D'EFFETS ET DE MATÉRIEL DE GAMELLE.

SECTION II.

INDEMNITÉ DE PREMIÈRE MISE D'HABILLEMENT ET D'ÉQUIPEMENT.

CHAPITRE VII.

GRATIFICATIONS D'ENCOURAGEMENT ET AUTRES.

SECTION I.

GRATIFICATIONS FACULTATIVES.

SECTION II.

GRATIFICATIONS AUX INSTRUCTEURS.

SECTION III.

GRATIFICATIONS DE TIR.

SECTION IV.

PRIX D'INSTRUCTION, DE CONCOURS ET DE TIR D'HONNEUR. PRIX DES MOUSSES.

SECTION V.

GRATIFICATIONS À L'OCCASION DE LA FÊTE NATIONALE.

SECTION VI.

GRATIFICATIONS AUX MÉCANICIENS TORPILLEURS CHEFS D'ATELIER DES TORPILLES AUTOMOBILES.

SECTION VII.

GRATIFICATIONS POUR TRAVAUX SOUS-MARINS À L'AIDE DU SCAPHANDRE.

SECTION VIII.

GRATIFICATIONS EN CAS D'ÉPIDÉMIE ET GRATIFICATIONS AUX APPRENTIS CIVILS DES ATELIERS CENTRAUX.

TITRE III.

Allocations collectives.
Masses générales d'entretien, fonds de masse pour frais de bureau et fonds de musique.

TITRE IV.

Traitement de table et frais de passage.

CHAPITRE I.

TRAITEMENT DE TABLE.

CHAPITRE II.

FRAIS DE PASSAGE.

CHAPITRE III.

DISPOSITIONS COMMUNES AU TRAITEMENT DE TABLE ET AUX FRAIS DE PASSAGE.

TITRE V.

Mode de décompte des allocations. Époque des payements. Avances.

CHAPITRE UNIQUE.

SECTION I.

DISPOSITIONS GÉNÉRALES.

SECTION II.

ÉPOQUES DES PAYEMENTS ET PARFAITS PAYEMENTS.

SECTION III.

AVANCES.

TITRE VI.

Privation de solde. Délégations. Précomptes et retenues.

CHAPITRE I.

PRIVATION DE SOLDE.

CHAPITRE II.

DÉLÉGATIONS. PRÉCOMPTES ET RETENUES.

DISPOSITIONS GÉNÉRALES.

SECTION I.

DÉLÉGATIONS.

SECTION II.

PRÉCOMPTES ET RETENUES.

TITRE VII.
Solde des marins indigènes.

TITRE VIII.
Dispositions diverses.

TABLE DES TARIFS.

TABLE ALPHABÉTIQUE.

A

C

D

Services de la Flotte armée ; — Service du Personnel de la Flotte :
Bureau des Équipages de la Flotte.

Paris, le 11 juillet 1908.

Notification du décret du 11 juillet 1908, portant règlement sur la solde des marins du Corps des Équipages de la Flotte et des marins indigènes.

Je vous notifie un décret en date du 11 juillet 1908, portant règlement sur la solde des marins du Corps des Équipages de la Flotte et des marins indigènes.

Ce décret, exécutoire à compter du 1er juillet 1908, remplace en partie celui du 10 juillet 1895; les dispositions non abrogées de ce dernier acte, relatives à l'administration et à la comptabilité des Équipages de la Flotte, feront l'objet d'un décret et d'une instruction qui seront mis en vigueur prochainement.

Le rapport au Président de la République indique les grandes lignes de la réforme que consacre le nouvel acte.

Je me bornerai donc à appeler l'attention sur quelques dispositions ou innovations dont il importe de préciser la portée.

Article 12. La nouvelle appellation adoptée pour la désignation des différentes soldes des Équipages de la Flotte a permis de proportionner les avantages pécuniaires faits aux marins aux services qu'ils rendent dans les diverses situations, sans porter atteinte aux règles en vigueur en matière de pension et de conditionnement pour l'avancement. Ainsi, des marins en instruction recevront, quoique embarqués, la solde n° 1 (ancienne solde à terre). Inversement, certaines catégories intéressantes de personnel employées à terre recevront désormais la solde n° 3 (ancienne solde à la mer), sans qu'il soit nécessaire de recourir à l'expédient de l'embarquement pour ordre qui a donné lieu à des critiques justifiées et dont on a pu dire qu'il était contraire à la lettre et à l'esprit de la loi du 10 juin 1896 portant organisation du Corps des officiers de marine et du Corps des Équipages de la Flotte.

Article 14. Les marins en cours de route pour lesquels le paragraphe 6° de l'article 14 prévoit l'attribution de la solde n° 1 sont, notamment, ceux visés aux paragraphes 1°, 2° et 4° de l'article 6 et aux paragraphes 1°, 2°, 3° (*c*, *d*) et 4° de l'article 11.

Article 19. Cet article reproduit, avec une légère modification, la mesure bienveillante édictée pour la première fois par un décret du 15 août 1906 en faveur des marins admis dans les hôpitaux à la suite de blessures reçues en service commandé.

Il est bien entendu que cette mesure ne s'applique pas aux marins hospitalisés pour des maladies contagieuses ou endémiques ou des infirmités ne résultant pas d'une violence physique instantanée.

Vous remarquerez que le paragraphe *b* de l'article 19 prévoit l'attribution de la solde n° 1 aux marins en traitement dans les hôpitaux situés dans la zone n° 2.

Cette disposition nouvelle montre l'intérêt que porte le Département aux marins exposés aux fatigues d'une campagne lointaine.

Article 23. Sous l'empire du décret du 10 juillet 1895 sur la solde des Équipages de la Flotte, les maladies endémiques devaient être d'origine exotique pour donner droit à des congés de convalescence avec solde entière; quant aux maladies épidémiques, elles ne donnaient les mêmes droits que si elles avaient été contractées hors d'Europe à bord des bâtiments de l'État ou aux colonies.

Désormais les maladies endémiques et contagieuses contractées par les marins en quelque lieu que ce soit et aux influences desquelles ils ont été soumis par les obligations de leur service, c'est-à-dire celles pouvant ouvrir des droits à pension pour la veuve (loi du 8 décembre 1905), comporteront l'allocation de la solde n° 1 (ancienne solde à terre) pendant les six premiers mois de congé de convalescence. Les maladies graves intéressant les voies respiratoires et *contractées par le fait du service* ouvriront les mêmes droits à la solde que les maladies épidémiques ou contagieuses. Toutefois, en ce qui concerne ces dernières maladies et pour éviter des abus, il n'y aura lieu de concéder la solde n° 1 qu'autant que *le fait du service*[1] aura été constaté dès le début de la maladie sur le registre de visite. Cette mention devra être reproduite et certifiée sur l'état de proposition de congé de convalescence.

Articles 29 et 111. La disposition édictée par les articles 29 et 111 à l'égard des familles des marins condamnés à une peine comportant privation de solde ou punis de prison ne s'applique, pour les délégations consenties dans les conditions des articles 97 et suivants de l'instruction du 24 septembre 1888 concernant les succursales navales de la Caisse nationale d'épargne, que jusqu'à concurrence du montant de la délégation fixée par le tarif n° XI.

Article 35. Par l'expression *congédiement* employée aux paragraphes *a* et *b* de l'article 35, il faut entendre :

1° Pour les marins engagés volontaires pour 3, 4 ou 5 ans, réadmis ou rengagés, la date de l'expiration de l'engagement volontaire, de la réadmission ou du rengagement;

2° Pour les marins engagés à long terme et les marins provenant du con-

---

[1] *Circulaire du 12 janvier 1910*, B. O. — Le *fait du service* devra être consigné sur le registre des certifications médicales du bord *autant que possible dès le début de la maladie*, et attesté sur l'état de proposition de congé de convalescence.

tingent annuel, le 30 septembre de l'année du passage dans la réserve de la classe d'âge;

3° Pour les marins inscrits non réadmis, la date à laquelle ils ont accompli le temps de service exigé pour l'envoi en congé illimité;

4° Pour les marins levés comme dispensés, la date à laquelle ils ont accompli l'année de service exigée;

5° Pour les marins inscrits ayant demandé à terminer la période de service actif, la date à laquelle ils ont accompli cinq années de service;

6° Pour les marins inscrits ayant renoncé à leur dispense, la date indiquée au paragraphe 5° ci-dessus.

Article 43. La prime globale à payer à chaque marin est toujours celle du tarif en vigueur au moment de la signature de l'acte, même si le nouveau lien est contracté avec effet rétroactif.

Les quartiers-maîtres et marins qui ont au moins dix ans de services comptant pour l'obtention de la solde progressive ou la haute paye n'ont pas droit désormais à la prime de réadmission ou de rengagement.

Cette mesure s'applique également aux armuriers au service des Équipages de la Flotte, rengagés avec prime journalière dans les conditions prévues par l'article 23 du décret du 28 octobre 1891; ces derniers ont été appelés, en effet, à bénéficier de l'incorporation dans la solde ou la haute paye de la prime antérieurement due au delà de dix ans de services.

Article 53. Lorsqu'il y a lieu d'indemniser un grand nombre de marins, l'expérience a montré que les lenteurs de la procédure tracée par l'article 337 du 10 juillet 1895, modifié le 21 mars 1907, sont telles que ceux-ci sont payés plusieurs mois après l'époque où ils ont subi des dommages; les dispositions du paragraphe 3 de l'article 53, qui permettent dans les cas de l'espèce d'évaluer la valeur de l'indemnité à payer en effectuant une réduction simple de l'indemnité forfaitaire, abrégeront notablement la durée de cette procédure.

Il est bien entendu que les conseils d'administration ne fixeront les réductions à faire subir au taux maximum de l'indemnité qu'après une enquête détaillée dont les documents conservés par eux pourront être réclamés par le Ministre, s'il le juge utile.

Article 60 et première annexe à la circulaire notificative du décret. Une gratification prélevée sur les gratifications facultatives a été prévue pour les détenteurs et dépositaires de matériel afin de les intéresser à leur gestion. Cette gratification ne sera pas allouée à bord des sous-marins; les marins embarqués sur ces petits bâtiments participent, en effet, presque tous au même degré, à l'entretien et à la garde du matériel, et le supplément spécial journalier auquel ils ont droit a été fixé en ayant égard à toutes leurs obligations.

La gratification sera allouée au moment de l'inspection générale ou du désarmement aux seuls marins détenteurs ou dépositaires de matériel dans les conditions stipulées par la circulaire du 19 mai 1905 (*B. O.*) relative à la gestion du matériel des bâtiments. Vous remarquerez que le montant de cette gratification peut s'élever pour chaque partie prenante à la somme de 100 francs, afin que la gestion la plus importante et la plus difficile puisse être récompensée; il est donc utile que les commandants des bâtiments et services économisent, pendant les premiers mois de l'année, la somme jugée nécessaire pour encourager les marins dont il s'agit et dont l'importance doit correspondre à celle du but à atteindre.

Lorsque, après la mise en vigueur de nouvelles instructions à intervenir au sujet de la gestion du matériel des bâtiments, l'expérience aura permis de déterminer quelle est la somme qu'il convient d'allouer à chaque bâtiment, d'après son effectif, pour récompenser le bon entretien du matériel, des modifications seront apportées au barème des gratifications facultatives de manière à fixer, s'il y a lieu, la quotité respective des gratifications susceptibles d'être distribuées mensuellement ou annuellement.

Article 61. Aux termes de cet article, les instructeurs de tous grades attachés aux différentes écoles peuvent recevoir une gratification à la fin de l'année ou à l'expiration de chaque période d'instruction.

Le payement de cette gratification, qui permettra au commandement de récompenser les instructeurs d'une manière plus équitable que par le passé, sera effectué en fin d'année à bord des bâtiments et dans les services recevant des apprentis en stage en attendant leur entrée dans une école de spécialité, ainsi que dans les écoles ci-après : École navale, École des élèves-officiers, École des mécaniciens, de pilotage, des patrons-pilotes, fourriers, distributeurs, infirmiers, tambours et clairons et mousses.

Dans les écoles autres que celles désignées ci-dessus, la gratification sera payée à la fin de chaque période d'instruction.

Article 63 et tarif n° VIII, § c. Les gratifications prévues par le tarif n° 19 annexé au décret du 10 juillet 1895 pour les tirs d'instruction à l'École de canonnage et au bataillon des Apprentis fusiliers ont été supprimées, mais l'économie réalisée de ce chef a été reportée globalement sur les prix de concours et de tirs d'honneur de ces deux écoles.

D'autre part, l'allocation des gratifications pour tir du fusil à terre a été limitée aux marins faisant partie de la compagnie de débarquement, les meilleurs tireurs autres que ces derniers devant être récompensés par des gratifications facultatives.

Article 67. La circulaire du 4 mai 1863 rappelée par celle du 18 juin 1902 (*B. O.*) n'attribuait des gratifications pour travaux sous-marins qu'aux seconds-maîtres, quartiers-maîtres et matelots; l'article 67 permet de payer ces gratifications aux marins de tous grades.

Article 70. Le fonds de masse pour frais de bureau prévu par cet article sera perçu par le Conseil d'administration; l'emploi de ce fonds sera suivi sommairement sur un carnet spécial qui devra être présenté à chaque inspection administrative et remis au Commissaire aux armements en fin d'année ou au désarmement en même temps que les autres documents de comptabilité.

Article 83. Les dispositions prévues par les paragraphes 3 et 4 de cet article pour les officiers-mariniers des bâtiments des flottilles en disponibilité, en essais, etc., s'appliquent également aux premiers-maîtres patrons-pilotes commandant effectivement un torpilleur.

Article 89. L'expression: *si un marin embarque*, employée au paragraphe 4, doit être entendue dans le sens de : *si un marin est destiné le 31 d'un mois à un bâtiment en préparation d'essais, en premier armement pour essais, armé, en disponibilité, armé pour essais après grosses réparations*, et s'applique même aux marins embarqués en subsistance pour accomplir du service.

Article 98. Vous remarquerez que les dispositions de l'article 209, § 1, 2 et 3, du décret du 10 juillet, concernant le payement des marins passant d'un dépôt à un autre dépôt, n'ont pas été reproduites dans le nouveau décret.

Article 113. Le texte de l'article 113, tiré de celui de l'article 351 du décret du 10 juillet 1895, rend la solde des marins saisissable dans quatre cas nouveaux. (Articles 206, 207, 301 et 349 du Code civil.)

Il a paru équitable, dans les cas de l'espèce, d'assurer le respect des droits inscrits dans le Code civil sans porter atteinte au principe de l'insaisissabilité de la solde des marins qui est d'ordre public.

Articles 122 et 123. La retenue réglementaire d'habillement est ramenée de 0 fr. 40 à 0 fr. 20 pour les marins ayant cinq ans de services dans les Équipages de la Flotte. Mais les Conseils d'administration ne devront pas hésiter à appliquer à ces marins les dispositions de l'article 123, en portant la retenue à 0 fr. 40 et même au-dessus de 0 fr. 40 toutes les fois qu'ils jugeront utile de hâter l'extinction d'une dette importante ou anormale.

TARIFS.

Les pilotes de 2e classe promus à ce grade antérieurement à la date de la promulgation du décret en préparation portant organisation du corps des Équipages de la Flotte recevront la solde prévue pour les maîtres pilotes par le tarif n° I.

Tarif n° V. Par l'expression : *services à terre*, employée dans quelques colonnes du tarif n° V, il faut entendre : les ateliers centraux de la flotte, écoles de mécaniciens, défenses fixes, directions des mouvements de port, etc.

Tarif n° VIII, § b. Les instructeurs à l'école des officiers canonniers ont droit à la gratification prévue par ce tarif; par suite, l'exception posée par ledit tarif ne vise uniquement que les instructeurs embarqués sur le bâtiment-école d'application de tir à la mer, et non ceux affectés à l'école à terre des officiers canonniers.

Les dispositions nouvelles du décret sur la solde des marins des équipages comportent quelques changements dans la tenue de la comptabilité et l'établissement des pièces justificatives de payement, qu'il m'a paru utile de rendre réglementaires avant la mise en vigueur du décret et de l'instruction d'administration en préparation.

1° Suppléments de fonctions.

En raison du petit nombre des suppléments maintenus, tous les suppléments de fonctions seront dorénavant décomptés au rôle; la comptabilité de ces suppléments sur un carnet séparé était, en effet, une source de difficultés en cas d'erreurs de décomptes constatées après la remise des rôles. Par suite de la suppression du carnet des suppléments de fonctions, les commissaires d'escadre et de division, ainsi que les commissaires aux armements, devront, au cours de leurs vérifications périodiques, s'assurer d'une façon particulière que les suppléments sont régulièrement attribués aux ayants droit.

2° Liquidation des payements.

J'ai décidé d'étendre à toutes les allocations des marins payables sur les fonds de la solde qui doivent figurer sur les Revues de liquidation la règle déjà posée par les articles 244 et 245 du décret du 10 juillet 1895 pour quelques-unes d'entre elles (pour les primes de réadmission, gratifications facultatives, fonds de masse, etc.), en vertu de laquelle ces prestations doivent être comprises sur l'état d'effectif mis à l'appui du mandat ou de la traite émis en vue du payement de la solde des marins.

Toutefois, lorsque ces allocations sont éventuelles et variables, elles donneront lieu à l'établissement des documents et états ci-après :

1° Les gratifications facultatives seront suivies sur un carnet spécial comme par le passé;

2° Les gratifications aux instructeurs, les prix d'instruction, de concours, de tir d'honneur en deniers, les gratifications aux mécaniciens-torpilleurs chefs d'atelier de torpilles automobiles, seront inscrits sur un état nominatif, modèle n° 1200, dressé par genre d'allocations et divisé en deux parties : la première partie sera numérique et fera ressortir, d'après la durée de la période ouvrant des droits aux gratifications et prix, d'après le taux du tarif n° VIII et, d'une façon générale, d'après les divers éléments indiqués audit tarif, le *maximum* de la gratification pouvant être accordé; la deuxième partie sera nominative et fera ressortir, par partie prenante, le montant des propositions de gratifications et de prix et celui des gratifications et prix approuvés;

3° Les gratifications pour exercices de tir seront inscrites sur un état numérique, modèle 1201. Lorsqu'il y aura lieu de répartir une gratification de tir entre les unités d'une escadre ou d'une division, une copie de l'ordre de répartition, comportant décompte des droits ouverts à la force navale pour l'exécution d'une école à feu ou d'un tir d'honneur, sera mise à l'appui de l'état numérique de tir;

4° Les gratifications pour travaux sous-marins seront inscrites sur un état nominatif, modèle 1200, mentionnant la nature des travaux, recherches et visites effectués et la somme allouée à chaque partie prenante, d'après le nombre des plongées et la durée en minutes du séjour sous l'eau.

Avant de comprendre sur l'état d'effectif le montant des états dont il est question ci-dessus, les Conseils d'administration des dépôts, bâtiments et services administrés comme tels devront s'assurer qu'ils ont été régulièrement établis, certifiés et approuvés.

Ces états ne seront pas mis à l'appui du mandat de solde ou de la traite, mais ils seront annexés aux pièces établies pour servir de décharge au Conseil d'administration (état modèle 1212 spécial aux accessoires de solde) et remis en fin d'année au détail des armements en même temps que la comptabilité.

Les demandes de modification ou d'interprétation du décret du 11 juillet 1908 devront être adressées sous le timbre des Services de la Flotte armée (Bureau des Équipages de la Flotte), mais les demandes d'allocations nouvelles et d'augmentation du taux de celles déjà prévues ne devront, à l'avenir, n'être transmises que le 1er avril et le 1er octobre de chaque année.

Signé : Gaston THOMSON.

Paris, le 11 juillet 1908.

Rapport au Président de la République française, *suivi d'un décret portant règlement sur la solde des marins du corps des Équipages de la Flotte et des marins indigènes.*

Monsieur le Président,

Le budget voté des dépenses de l'exercice en cours prévoit un crédit de 1 million pour le relèvement de la solde des officiers-mariniers et des quartiers-maîtres des Équipages de la Flotte.

Mais il ressort nettement des rapports établis par MM. POIRRIER, sénateur, et CHAUMET, député, rapporteurs du Budget de la Marine pour 1908, et de la discussion de ce budget devant le Parlement, que le relèvement dont il s'agit n'a été envisagé qu'à partir du 1er juillet 1908.

Par suite, en appliquant le crédit de 1 million au deuxième semestre 1908, la Chambre des députés et le Sénat ont bien marqué leur volonté d'affecter, à partir du 1er janvier 1909, une somme de 2 millions à l'amélioration de la situation pécuniaire des officiers-mariniers et des quartiers-maîtres.

Le vote par le Parlement du crédit en question entraîne donc une revision complète des tarifs de solde des Équipages de la Flotte.

Cette revision ne pouvait être limitée à une simple répartition de la somme de 2 millions.

A différentes reprises, en effet, l'attention du Département a été appelée sur l'intérêt qu'il y aurait à diminuer le nombre des suppléments et indemnités qui compliquent les écritures et constituent la source la plus commune des erreurs dans les décomptes des hommes. C'est ainsi que M. MICHEL, député, s'exprime de la manière suivante dans son rapport sur le Budget de la Marine pour l'exercice 1907 :

....

« C'est une besogne très aride, ... quand la réglementation des divers « tarifs de solde, de suppléments, d'indemnités, etc., est si compliquée, que « d'essayer de vérifier les prévisions de dépenses de ce chapitre.

....

« Les tableaux annexés au décret du 10 juillet 1895 ne comprennent pas « moins de 225 tarifications, rien que pour les soldes des divers grades et « emplois à terre, en réserve, à la mer, en disponibilité, en congé, à l'hôpital « en congé.

« Il faut y ajouter, pour obtenir le chiffre des allocations de toute nature « que comportent les décomptes de solde, 234 tarifs d'accessoires de solde, « savoir :

« 32 pour brevets;

« 60 pour suppléments de fonctions,

....

« Soit au total 459 allocations, sans compter le traitement de table, les « hautes payes, les indemnités de logement, les primes, les gratifications « facultatives et de tir. »

Il importait donc de profiter du travail de revision des tarifs de solde pour apporter à ces tarifs toutes les modifications possibles de nature à faciliter le contrôle des droits aux prestations en deniers et pour opérer toutes les suppressions d'allocations accessoires compatibles avec la bonne marche des services.

Par ailleurs, il convenait de coordonner dans un document unique toutes les dispositions éparses concernant les droits aux soldes et accessoires de solde des marins du corps des Équipages de la Flotte et des marins indigènes, et de sanctionner toutes celles relatives au même objet que la pratique avait consacrées ou dont l'adoption s'imposait.

J'ai fait, en conséquence, préparer le projet de décret ci-annexé qui a pour objet à la fois d'améliorer la situation pécuniaire des officiers-mariniers et des quartiers-maîtres, de consacrer un nouveau mode de tarification de la solde des marins de tous grades, et de codifier les règles concernant les droits aux soldes du personnel des Équipages de la Flotte et du personnel indigène.

Ce projet a été élaboré sur les bases ci-après :

a. Attribution aux officiers-mariniers des spécialités du pont d'une solde à peu près équivalente, dans son ensemble, à celle allouée par les décrets des 20 septembre 1906 et 28 janvier 1908 aux sous-officiers de l'armée coloniale;

b. Relèvement sensible de la solde des quartiers-maîtres dans toutes les positions;

c. Création d'une solde spéciale pour les Colonies et les campagnes lointaines;

d. Transformation en indemnité payable comme la solde aux quartiers-maîtres et marins inscrits en activité de service, du secours de 0 fr. 10 prévu par la décision impériale du 26 décembre 1862 pour leurs enfants au-dessous de 10 ans;

e. Intégration de la haute paye dans la solde proprement dite des officiers-mariniers et des quartiers-maîtres, pour constituer une solde progressive basée sur l'ancienneté des services;

f. Création d'une solde spéciale de matelot breveté de spécialité dans laquelle est incorporé le supplément actuel attaché à la possession des brevets ou certificats en réserve et à la mer;

g. Incorporation dans la solde des quartiers-maîtres et dans la haute paye des matelots, à partir du commencemont de la 11ᵉ année de services, de la fraction de prime de réadmission ou de rengagement actuellement payable, en dehors de la solde, jusqu'à 22 ans de services;

h. Calcul de la solde des marins de tous grades sur le pied de 30 jours par mois et de 360 jours par an au lieu de 365, et report de l'économie résultant de cette mesure sur la solde proprement dite de ces mêmes marins;

i. Suppression de toutes allocations accessoires ne constituant pas une rémunération justifiée, et emploi de l'économie réalisée de ce chef au relèvement de la solde des marins de tous grades;

j. Incorporation, dans la solde, de l'indemnité de charge provisoirement maintenue depuis l'application du décret du 19 novembre 1903, relevant les maîtres de spécialités de la charge comptable du matériel, et remplacement de cette indemnité par l'allocation d'une gratification facultative payable annuellement après l'inspection générale.

k. Maintien de la tarification actuelle des soldes, par grade et classe, pour les marins indigènes.

Telle est l'économie générale du projet de décret ci-annexé que j'ai l'honneur de soumettre à votre haute sanction.

Veuillez agréer, Monsieur le Président, l'hommage de mon respectueux dévouement.

Signé : GASTON THOMSON.

Services de la Flotte armée; — Service du Personnel de la Flotte : *Bureau des Équipages de la Flotte.*

Paris, le 27 novembre 1908.

RAPPORT AU PRÉSIDENT DE LA RÉPUBLIQUE FRANÇAISE, *suivi d'un décret portant modification au tarif VIII annexé au décret du 11 juillet 1908, portant règlement sur la solde des marins du corps des Équipages de la Flotte et des marins indigènes.*

MONSIEUR LE PRÉSIDENT,

Le décret du 11 juillet 1908, portant règlement sur la solde des marins du corps des Équipages de la Flotte et des marins indigènes, alloue à l'École de canonnage, à titre de prix de concours et de tirs d'honneur, une somme globale dont le montant est fixé à 3,500 francs par période d'instruction de quatre mois.

En raison de l'importance croissante que présente l'instruction du tir au canon, et dans le but d'encourager et de récompenser comme il convient le zèle et l'habileté professionnelle du personnel au cours des nombreux tirs auxquels il est appelé à participer, je vous propose de relever le taux de cette allocation globale en la portant à 5,400 francs par période.

Pour des raisons analogues, il me paraît opportun de relever également le taux de l'allocation globale afférent au prix de concours et de tirs d'honneur du bataillon des Apprentis fusiliers qui est chargé de l'instruction du personnel affecté à l'artillerie légère, et de porter cette dernière, qui est actuellement de 4,000 francs par période semestrielle, à 6,000 francs.

J'ai fait préparer dans cet ordre d'idées le projet de décret ci-joint, que j'ai l'honneur de soumettre à votre haute sanction.

Je vous prie d'agréer, Monsieur le Président, l'hommage de mon profond respect.

Le Ministre de la Marine,

A. PICARD.

Services de la Flotte armée; — Service du Personnel de la Flotte :
Bureau des Équipages de la Flotte.

Paris, le 2 octobre 1909.

Rapport au Président de la République française, *suivi d'un décret concernant la répartition de la somme affectée annuellement aux prix de fin d'instruction de l'École de canonnage.*

Monsieur le Président,

Le décret du 11 juillet 1908 portant règlement sur la solde des marins du corps des Équipages de la Flotte et des marins indigènes, modifié par décret du 27 novembre 1908, alloue à l'École de canonnage, à titre de prix de concours et de tirs d'honneur, une somme de 5,400 francs par période d'instruction.

Ces périodes, au nombre de trois par an, avaient respectivement jusqu'à présent une durée de quatre mois, mais le régime de l'École vient d'être modifié, et la durée des périodes d'instruction portée à six mois, de telle sorte que leur nombre n'est plus que de deux par an.

Cette disposition ne doit pas avoir pour conséquence une diminution de l'allocation globale annuelle qui résultait de la répartition prévue par le décret du 11 juillet 1908, et il convient, par suite, de modifier cette dernière de façon à l'adapter au nouveau régime de l'École.

J'ai fait préparer dans cet ordre d'idées le décret ci-joint, que j'ai l'honneur de soumettre à votre haute sanction.

Je vous prie d'agréer, Monsieur le Président, l'hommage de mon profond respect.

Le Ministre de la Marine,

DE LAPEYRÈRE.

Service central du Personnel militaire de la Flotte :
Bureau des Équipages de la Flotte.

Paris, le 17 janvier 1910.

RAPPORT AU PRÉSIDENT DE LA RÉPUBLIQUE FRANÇAISE *suivi d'un décret fixant la répartition de la somme affectée annuellement aux prix de fin d'instruction de l'École d'application de tir à la mer.*

MONSIEUR LE PRÉSIDENT,

Le décret du 11 juillet 1908 portant règlement sur la solde des marins des Équipages de la Flotte et des marins indigènes, modifié par les décrets des 27 novembre 1908 et 2 octobre 1909, alloue à l'École d'application de tir à la mer, à titre de prix de concours et de tirs d'honneur, une somme de 150 francs par période d'intruction.

Au nombre de trois par an, ces périodes avaient respectivement jusqu'à présent une durée de deux mois; mais le régime de l'École vient d'être modifié, la durée des périodes d'instruction a été portée à trois mois et leur nombre réduit à deux par an.

Cette disposition ne doit pas avoir pour conséquence une diminution de l'allocation globale annuelle qui résultait de la répartition prévue par le décret du 11 juillet 1908, et il convient, par suite, de modifier cette dernière de façon à l'adapter au nouveau régime de l'École.

J'ai fait préparer dans cet ordre d'idées le décret ci-joint, que j'ai l'honneur de soumettre à votre haute sanction.

Je vous prie d'agréer, Monsieur le Président, l'hommage de mon profond respect.

Le Ministre de la Marine,
DE LAPEYRÈRE.

Service central du Personnel militaire de la Flotte :
Bureau des Équipages de la Flotte.

Paris, le 5 juillet 1910.

RAPPORT AU PRÉSIDENT DE LA RÉPUBLIQUE FRANÇAISE, *suivi d'un décret modifiant le décret du 11 juillet 1908 sur la Solde des Équipages de la Flotte.*

MONSIEUR LE PRÉSIDENT,

Par une décision en date du 13 mars 1899, un de mes prédécesseurs a été amené à créer une catégorie spéciale de pointeurs pour la mise en œuvre des pièces de gros calibre à bord des bâtiments de combat.

Dans le but d'obtenir de notre artillerie le meilleur rendement possible, mon Département a été conduit depuis l'année dernière à soumettre le personnel pointeur à une sélection plus sévère et à affecter des canonniers pointeurs aux pièces de tous calibres.

Mais l'avancement étant très lent dans la spécialité du canonnage, il a paru indispensable, pour attirer et retenir dans le personnel pointeur des sujets de valeur, d'augmenter le taux des suppléments actuellement prévus par le décret du 11 juillet 1908 pour les pointeurs des pièces de gros calibres, et d'étendre l'allocation des suppléments en question aux pointeurs des pièces d'artillerie moyenne.

Le projet de décret ci-joint, que j'ai l'honneur de soumettre à votre haute sanction, a pour but principal de fixer la nouvelle quotité de ces suppléments pour la concession desquels le Parlement vient d'accorder un crédit de 177,000 francs au budget de l'exercice 1910.

Ce projet apporte, en outre, quelques légères modifications au décret du 11 juillet 1908 précité. La plupart de ces modifications ont pour objet de préciser certains points dudit acte; les autres, qui portent concession d'allocations nouvelles, sont motivées par le souci d'assurer la bonne marche du service, en accordant aux marins une juste et équitable rémunération, ou en dotant les services d'un fonds de masse convenable.

Je vous prie d'agréer, Monsieur le Président, l'hommage de mon profond respect.

Le Ministre de la Marine,

DE LAPEYRÈRE.

Direction du Personnel militaire de la Flotte : *Bureau des Équipages de la Flotte; Bureau de l'État-Major de la Flotte et de la Justice maritime.* = Service central de l'Intendance maritime : *Bureau du Personnel de l'Intendance, de la Solde et des Revues.* = Direction centrale des Constructions navales : *Bureau administratif.* = Service central des Travaux hydrauliques : *Bureau admininistratif.*

Paris, le 10 janvier 1911.

RAPPORT AU PRÉSIDENT DE LA RÉPUBLIQUE FRANÇAISE, *suivi d'un décret modifiant le décret du 15 novembre 1895 relatif aux congés et permissions des officiers, fonctionnaires et agents de la Marine et le décret du 11 juillet 1908 portant règlement sur la solde des marins du Corps des Équipages de la Flotte et des marins indigènes.*

MONSIEUR LE PRÉSIDENT,

Aux termes des articles 3 du décret du 15 novembre 1895 et 32 du décret du 11 juillet 1908, les permissions accordées aux officiers, fonctionnaires et agents, ainsi qu'au personnel des Équipages de la Flotte, ne donnent droit à la solde de présence que si le total des permissions concédées dans une même année ne dépasse pas 30 jours, le surplus de l'absence ne donnant droit, pour les premiers, qu'à la demi-solde, et pour les équipages, qu'à la solde n° 5 de congé.

Ces prescriptions sont actuellement applicables aux officiers, officiers-mariniers, quartiers-maîtres et marins désignés pour campagne lointaine. Il en résulte que ceux qui reçoivent une destination coloniale en fin d'année n'ont généralement droit, pendant la permission qui leur est accordée avant leur départ, qu'à la demi-solde ou à la solde de congé, parce qu'ils ont déjà obtenu d'autres permissions dans le courant de l'année. Or les états-majors et les équipages des bâtiments en campagne n'obtiennent pas de permissions pendant leur absence de France, c'est-à-dire pendant dix-huit mois ou deux ans. Il paraît donc équitable et logique de ne pas faire entrer en ligne de compte dans le total de 30 jours prévu par les textes précités comme donnant droit à la solde de présence les permissions accordées avant leur départ aux officiers et marins de tous grades qui reçoivent une destination coloniale. Le projet de décret ci-joint, que j'ai l'honneur de soumettre à votre haute sanction, a essentiellement pour but de consacrer cette mesure bienveillante.

J'ai saisi cette occasion pour apporter au décret susvisé du 11 juillet 1908 sur la solde des Équipages de la Flotte quelques légères modifications nécessitées par la mise en vigueur, à partir du 1er janvier 1911, du décret du 17 octobre 1910 sur l'administration et la comptabilité du Service de la Solde, en ce qui concerne le mode de remboursement à l'État de la valeur des effets d'habillement délivrés, lors de leur admission dans les Équipages de la Flotte, à certaines catégories de marins.

Je vous prie d'agréer, Monsieur le Président, l'hommage de mon profond respect.

Le Ministre de la Marine,

DE LAPEYRÈRE.

Direction du personnel militaire de la Flotte : *Bureau des Équipages de la Flotte.* — Service central de l'Intendance maritime : *Bureau du Personnel de l'Intendance, de la Solde et des Revues.*

Paris, le 15 novembre 1911.

RAPPORT AU PRÉSIDENT DE LA RÉPUBLIQUE FRANÇAISE, *suivi d'un décret modifiant le décret du 11 juillet 1908 sur la Solde des Équipages de la Flotte.*

MONSIEUR LE PRÉSIDENT,

Des nécessités de service avaient conduit mon Département à prévoir au budget de l'exercice 1911 les crédits nécessaires pour l'augmentation des masses d'entretien des Dépôts des Équipages de la Flotte, Écoles des mécaniciens et chauffeurs, etc., l'attribution d'une indemnité représentative de dépenses personnelles au personnel des bâtiments naviguant dans le Haut Yang-Tsé, ainsi que pour la création de deux suppléments destinés à être alloués, l'un aux canonniers remplissant les fonctions de télémétriste, et l'autre aux marins affectés au pilotage des bâtiments de l'État naviguant dans le Haut Yang-Tsé.

Le Parlement venant d'accorder ces crédits par la loi de finances du 13 juillet 1911, il y a lieu de modifier le décret du 11 juillet 1908 sur la solde des marins du corps des Équipages de la Flotte et des marins indigènes.

J'ai, en conséquence, fait préparer le projet de décret ci-annexé, que j'ai l'honneur de soumettre à votre haute sanction.

Indépendamment du relèvement du taux des masses et des nouvelles allocations qu'il prévoit, ce projet apporte quelques légères modifications de détail au texte du décret du 11 juillet 1908 précité.

Je vous prie d'agréer, Monsieur le Président, l'hommage de mon profond respect.

Le Ministre de la Marine,

DELCASSÉ.

Direction du Personnel militaire de la Flotte : *Bureau des Équipages de la Flotte.*
Service central de l'Intendance maritime : *Bureau du Personnel de l'Intendance, de la Solde et des Revues.*

Paris, le 24 janvier 1912.

RAPPORT AU PRÉSIDENT DE LA RÉPUBLIQUE FRANÇAISE, *suivi d'un décret relatif à la répartition des prix de concours et de tirs d'honneur.*

MONSIEUR LE PRÉSIDENT,

Le décret du 11 juillet 1908 portant règlement sur la solde des marins du Corps des Équipages de la Flotte alloue aux différentes écoles, à titre de prix de concours et de tirs d'honneur, une certaine somme qui est répartie, en fin d'instruction, entre les meilleurs instructeurs et les meilleurs apprentis.

Le montant de cette somme s'élève actuellement à 8,100 francs pour l'École de canonnage et à 6,000 francs pour le bataillon des Apprentis fusiliers.

Par suite des changements d'attribution envisagés dans le rapport que vous avez bien voulu approuver le 3 juin 1911, pour les spécialités de la mousqueterie et du canonnage, et qui doivent avoir une répercussion sur les cadres du personnel de ces spécialités, mon Département a été amené à augmenter le contingent des apprentis canonniers et à diminuer, par contre, celui des apprentis fusiliers.

Il y a donc lieu de modifier la répartition de la somme globale actuellement attribuée aux deux écoles dont il s'agit, de manière à mettre la part revenant à chacune d'elles en rapport avec les nouveaux contingents à entretenir.

Tel est le but du projet de décret ci-joint, que j'ai l'honneur de soumettre à votre haute sanction.

J'ai saisi cette occasion pour réunir sous une nouvelle rubrique, en tenant compte des modifications apportées à la durée des périodes d'instruction, les deux allocations actuellement prévues pour les écoles des gabiers et de timonerie.

En raison de la fusion prochaine des spécialités de la manœuvre et de la timonerie, ces deux écoles qui fonctionnent aujourd'hui séparément vont être, en effet, remplacées le 1er janvier 1912 par une école unique dite des «Manœuvriers».

Je vous prie d'agréer, Monsieur le Président, l'hommage de mon profond respect.

Le Ministre de la Marine,

DELCASSÉ.

Service central de l'Intendance maritime : *Bureau du Personnel de l'Intendance, de la Solde et des Revues.* — Service du Personnel militaire de la Flotte : *Bureau de l'État-Major de la Flotte et de la Justice maritime; Bureau des Équipages de la Flotte.*

Paris, le 12 mars 1912.

RAPPORT AU PRÉSIDENT DE LA RÉPUBLIQUE FRANÇAISE, *suivi d'un décret modifiant le tarif 6 B du décret du 7 janvier 1908 et le tarif VI, paragraphe* a, *du décret du 11 juillet 1908.*

MONSIEUR LE PRÉSIDENT,

Des officiers de marine et des marins du corps des Équipages de la Flotte viennent d'être désignés pour le contrôle technique de la fabrication des poudres. En raison de leurs fonctions, il conviendrait d'attribuer aux premiers le même supplément qu'aux officiers détachés à la Commission de Gâvres ou dans les Directions d'artillerie, c'est-à-dire 720 francs par an, et d'étendre aux seconds les suppléments actuellement prévus pour les marins en service hors des ports militaires.

C'est dans ce sens que j'ai fait préparer et que je soumets à votre haute sanction le projet de décret ci-joint, complétant les décrets des 7 janvier 1908 sur la solde des officiers des différents corps, fonctionnaires et agents divers du Département de la Marine, et 11 juillet 1908 sur la solde des marins du corps des Équipages de la Flotte.

Je vous prie d'agréer, Monsieur le Président, l'hommage de mon profond respect.

Le Ministre de la Marine,

DELCASSÉ.

Direction militaire des Services de la Flotte; — Service central de l'Intendance maritime : *Bureau du Personnel de l'Intendance, de la Solde et des Revues.* — Service du Personnel militaire de la Flotte : *Bureau de l'État-Major de la Flotte et de la Justice maritime; Bureau des Équipages de la Flotte.*

Paris, le 12 mai 1912.

RAPPORT AU PRÉSIDENT DE LA RÉPUBLIQUE FRANÇAISE, *suivi d'un décret portant modification de l'article 62 du décret du 7 janvier 1908 sur la solde des officiers, fonctionnaires et agents divers du Département de la Marine, et de l'article 79 du décret du 11 juillet 1908 sur la solde des marins des Équipages de la Flotte.*

MONSIEUR LE PRÉSIDENT,

En vue d'arriver progressivement à l'application du programme d'armement prévu pour 1913, certaines modifications vont être apportées à la constitution des flottilles de la 1re Armée navale et de la Méditerranée, et notamment une Escadrille de sous-marins offensifs va être affectée, à compter du 1er mai prochain, à la 1re Armée navale.

L'application de la réglementation actuelle, telle qu'elle est fixée par les décrets des 7 janvier et 11 juillet 1908, donnerait aux officiers et marins embarqués sur les bâtiments de cette escadrille non plus le traitement spécial réduit des flottilles, mais le traitement de table complet attribué aux officiers et équipages embarqués sur les autres bâtiments de l'Armée navale, ce qui serait excessif, si l'on considère que l'escadrille ne participera qu'à quelques-uns des mouvements de l'Armée navale.

Il me paraît que le traitement de table complet ne devrait être alloué aux officiers et marins de l'escadrille de sous-marins que dans les cas où les exercices auxquels elle prendrait part avec l'Armée navale la tiendraient pendant plus de quarante-huit heures éloignée de son point normal de stationnement. Dans les autres cas, ces officiers et marins n'auraient droit qu'au traitement de table réduit spécial aux flottilles de torpilleurs et de sous-marins.

C'est dans ce sens qu'a été rédigé le projet de décret ci-joint, que j'ai l'honneur de soumettre à votre haute sanction.

Je vous prie d'agréer, Monsieur le Président, l'hommage de mon profond respect.

Le Ministre de la Marine,

DELCASSÉ.

Direction militaire des Services de la Flotte; — Service du Personnel militaire de la Flotte : *Bureau des Équipages de la Flotte.*

Paris, le 20 juillet 1912.

RAPPORT AU PRÉSIDENT DE LA RÉPUBLIQUE FRANÇAISE, *suivi d'un décret modifiant le décret du 11 juillet 1908 sur la solde des marins du corps des Équipages de la Flotte et des marins indigènes.*

MONSIEUR LE PRÉSIDENT,

Le Parlement a accordé, par la loi de finances du 27 février 1912, au titre du chapitre 10 du budget de la Marine, des crédits destinés notamment à améliorer la situation des matelots soutiers aides de chauffe et à relever le taux des masses générales d'entretien des Dépôts, des gratifications de tirs au canon et des gratifications pour travaux sous-marins.

Il y a lieu de modifier en conséquence les tarifs annexés au décret du 11 juillet 1908 sur la solde des marins du corps des Équipages de la Flotte.

Tel est le but du projet de décret ci-annexé, qui prévoit en outre la solde à allouer aux marins affectés au centre d'aviation, aux armuriers en instruction à l'École de canonnage et aux marins en complément d'instruction à bord des bâtiments armés en vue de l'obtention du brevet supérieur prévu par le décret du 17 juillet 1908, modifié le 4 mars 1912.

J'ai l'honneur de soumettre ce projet à votre haute sanction.

Je vous prie d'agréer, Monsieur le Président, l'hommage de mon profond respect.

Le Ministre de la Marine,

DELCASSÉ.

Direction militaire des Services de la Flotte; — Service du Personnel militaire de la Flotte : *Bureau des Équipages de la Flotte.* = Direction de la Comptabilité générale : *Bureau de la Centralisation financière et des Pensions.*

Paris, le 23 octobre 1912.

RAPPORT AU PRÉSIDENT DE LA RÉPUBLIQUE FRANÇAISE, *suivi d'un décret portant modification aux décrets des 11 et 17 juillet 1908. (Envoi en congé des quartiers-maîtres et marins en instance de pension proportionnelle.*

MONSIEUR LE PRÉSIDENT,

Aux termes de la réglementation en vigueur, les quartiers-maîtres et marins en instance d'une pension de retraite à titre de blessures ou d'infirmités, ou d'une réforme n° 1 avec ou sans gratification renouvelable, peuvent être envoyés en congé en attendant la notification soit du règlement de leur pension, soit de la décision ministérielle les admettant à la réforme n° 1.

Il m'a paru rationnel d'étendre cette mesure aux marins en instance de pension proportionnelle.

Tel est le but du projet de décret ci-joint, que j'ai l'honneur de soumettre à votre haute sanction et qui, en outre, rend applicables aux marins indigènes les règles relatives aux congés, aux permissions, etc., en vigueur pour le corps des Équipages de la Flotte.

Je vous prie d'agréer, Monsieur le Président, l'hommage de mon profond respect.

Le Ministre de la Marine,

DELCASSÉ.

Direction militaire des Services de la Flotte; — Service du Personnel militaire de la Flotte : *Bureau des Équipages de la Flotte.*

Paris, le 17 octobre 1913.

RAPPORT AU PRÉSIDENT DE LA RÉPUBLIQUE FRANÇAISE, *suivi d'un décret modifiant le décret du 11 juillet 1908 sur la solde des marins des Équipages de la Flotte et des marins indigènes.*

MONSIEUR LE PRÉSIDENT,

La loi des finances du 30 juillet 1913 a accordé, au titre des chapitres 10 et 11 du budget de la Marine, des crédits destinés notamment à relever le taux de la prime de réadmission et de rengagement des canonniers pointeurs, à améliorer la situation pécuniaire des instructeurs des compagnies de formation, et à attribuer une gratification aux apprentis civils des ateliers centraux de la Flotte, une indemnité spéciale de résidence aux marins détachés à terre au Maroc et une allocation de traitement de table aux officiers-mariniers affectés aux services à terre des ports militaires.

La réalisation de ces différentes mesures nécessite une modification au décret du 11 juillet 1908 sur la solde des Équipages de la Flotte et des marins indigènes.

J'ai, en conséquence, fait préparer le projet de décret ci-joint, qui précise, d'autre part, le droit aux frais d'arrestation des marins absents et prévoit une nouvelle règle pour le calcul des sommes à allouer au personnel des torpilleurs et des sous-marins à la suite des concours d'honneur ou des tirs semestriels de vérification de réglage de torpilles.

J'ai l'honneur de soumettre ce projet à votre haute sanction.

Je vous prie d'agréer, Monsieur le Président, l'hommage de mon profond respect.

Le Ministre de la Marine,

PIERRE BAUDIN.

LE MINISTRE DE LA MARINE *à Messieurs les Vice-Amiraux commandant en chef, Préfets maritimes; Officiers généraux, supérieurs et autres commandant à la mer, en Indo-Chine, en Corse, à Dakar et à Diégo-Suarez.*

Direction militaire des Services de la Flotte; — Service du Personnel militaire de la Flotte : *Bureau des Équipages de la Flotte.* — Service central de l'Intendance maritime : *Bureau du Personnel de l'Intendance maritime, de la Solde et des Revues.*

Paris, le 28 janvier 1914.

Notification d'un décret modifiant celui du 11 juillet 1908 et portant amélioration de la solde des marins du corps des Équipages de la Flotte.

MONSIEUR LE PRÉSIDENT,

J'ai l'honneur de vous notifier un décret en date du 28 janvier 1914 modifiant celui du 11 juillet 1908 sur la solde des marins du corps des Équipages de la Flotte et des marins indigènes.

Ce décret fait suite à la loi du 30 décembre 1913 portant ouverture de crédits supplémentaires en vue de l'amélioration de la situation matérielle des officiers, des sous-officiers des armées de terre et de mer ainsi que des militaires de la gendarmerie, et instituant en faveur des mêmes personnels des indemnités pour charges de famille. Il consacre les améliorations suivantes :

a. Création d'un nouvel échelon de haute paye pour les matelots brevetés et sans spécialité;

b. Création d'un nouvel échelon de solde progressive pour les quartiers-maîtres de toutes spécialités;

c. Relèvement dans toutes les positions de la solde proprement dite des officiers-mariniers ayant plus de cinq ans de services;

d. Allocation d'une prime de réadmission ou de rengagement jusqu'à seize ans de services, incorporation de cette prime dans la solde progressive pour les quartiers-maîtres, et dans la haute paye pour les matelots;

e. Concession d'une indemnité de logement pour charges de famille aux quartiers-maîtres et matelots brevetés rengagés ou réadmis et mariés ou veufs avec enfant mineur à leur charge.

f. Attribution de la solde n° 1 pendant la durée des congés et prolongations de congés de convalescence aux marins de tous grades réunissant cinq ans de services à l'État. Toutefois cette nouvelle mesure ne sera appliquée qu'à partir du 1er janvier 1915.

Les dispositions du nouvel acte appellent les explications et commentaires ci-après :

L'article 38 détermine les nouveaux échelons de haute paye; l'abaissement de cinq à quatre ans du temps de services donnant droit à la première haute paye pour les matelots et à la première augmentation de solde pour les quartiers-maîtres a été adopté en principe par la loi du 30 décembre 1913, mais cette amélioration ne sera réalisée qu'en 1915.

L'article 43 pose, en ce qui concerne les primes de réadmission et de rengagement, de nouvelles règles qui sont en harmonie avec les dispositions de l'article 6 de la loi du 8 août 1913 sur les engagements et les rengagements dans l'Armée de mer, et avec celles déjà adoptées au Département de la Guerre pour l'application de l'article 61 de la loi du 21 mars 1905 sur le recrutement de l'armée.

Les primes, qui étaient jusqu'ici acquises du jour de la signature de l'acte, ne seront dues désormais que du jour où la réadmission ou le rengagement commence à courir.

Une circulaire en date de ce jour relève le taux des primes de réadmission et de rengagement, qui a été fixé en dernier lieu par la circulaire du 15 décembre 1913 relative à la formation des contingents des différentes spécialités des Équipages de la Flotte.

Les quartiers-maîtres et matelots ayant moins de seize ans de services et ayant contracté une réadmission et un rengagement postérieurement au 27 janvier 1914 pourront seuls prétendre aux nouvelles primes dans les conditions stipulées à l'article 43 susvisé.

Par suite de la faculté ouverte aux marins de percevoir la prime en une ou plusieurs fois, les conditions de payement de cette allocation seront stipulées dans l'acte de réadmission ou de rengagement, et transcrites sur le livret de solde des intéressés par les autorités visées à l'article 139 du décret du 17 juillet 1908 portant réorganisation du corps des Équipages de la Flotte.

D'autre part, l'article 43 précité dispose que les quartiers-maîtres réadmis ou rengagés par anticipation n'auront pas droit à la prime s'ils sont nommés seconds-maîtres au plus tard pour compter du jour où commence à courir le nouveau lien qu'ils ont souscrit.

Par extension de la disposition bienveillante déjà prévue par l'article 156, § 5, de l'arrêté du 30 juillet 1910 modifié le 26 novembre 1912, sur le service courant des Équipages de la Flotte, les réadmissions ou les rengagements contractés par les quartiers-maîtres ainsi exclus du droit à la prime par suite de leur nomination au grade de second-maître seront nuls de plein droit. Les intéressés seront admis dans le cadre de maistrance à l'expiration du lien qui précède celui devenu nul; ils auront droit à partir de ce moment, dans les conditions prévues à l'article 50 du nouvel acte, à l'indemnité de logement de 0 fr. 50, mais ne pourront solliciter leur radiation des contrôles de l'activité que trois ans après leur admission dans ledit cadre.

Les quartiers-maîtres et matelots brevetés, mariés ou rengagés ou réadmis devant recevoir désormais une indemnité de logement pour charges de famille de 0 fr. 35 par jour, et étant appelés par ailleurs à bénéficier à partir du 1er janvier 1914 d'une indemnité annuelle de 200 francs par enfant âgé de moins de 16 ans légalement à leur charge en sus du second, le nouveau décret supprime l'indemnité de 0 fr. 10 par enfant, dont la concession a été réglementée en dernier lieu par l'article 52 du décret du 11 juillet 1908.

Toutefois, afin de ne pas diminuer la situation pécuniaire des matelots sans spécialité qui ne bénéficient pas de la nouvelle indemnité de logement attribuée aux quartiers-maîtres et matelots brevetés, l'indemnité de 0 fr. 10 en question a été maintenue transitoirement en faveur de ceux de ces matelots en activité de service au 1er décembre 1913. Cependant cette indemnité ne sera pas allouée, à partir du 1er janvier 1914, aux matelots sans spécialité ayant plus de deux enfants de moins de 16 ans qui sont appelés à bénéficier de l'indemnité annuelle de 200 francs créée par la loi précitée.

La constatation du droit de l'indemnité transitoire de 0 fr. 10 et le payement de cette indemnité continueront à être assurés suivant les règles tracées par l'article 52 aujourd'hui abrogé du décret du 11 juillet 1908.

Des instructions ultérieures feront connaître les conditions d'allocation de l'indemnité pour charges de famille instituée par l'article 2 de la loi du 30 décembre 1913.

Dans un but de simplification d'écritures, l'article 4 du décret dispose que les rappels de solde découlant de l'application des nouveaux tarifs et à effectuer pour le mois de décembre 1913 seront payés sous forme de gratifications dont le montant s'ajoutera à celui des gratifications facultatives déjà acquises par chaque unité administrative au titre de l'exercice 1913.

Le crédit concernant ces rappels sera justifié par un état nominatif décompté qui devra comprendre tous les bénéficiaires, même ceux débarqués qui ont figuré au rôle de l'unité en décembre 1913. Cet état devra être annexé au carnet de gratifications facultatives dont la tenue est prescrite par l'article 359 de l'instruction du 26 octobre 1910.

Les sommes dues aux hommes débarqués ou congédiés seront versées sans retard, par les soins de l'unité, à la Caisse des Gens de mer.

Si, au moment de la réception de la présente circulaire, les pièces de comptabilité de l'année 1913 ont déjà été adressées par l'unité au port comptable, les rappels dans les conditions indiquées ci-dessus seront effectués par les soins du chef du Service de la Solde, qui devra, à cet effet, demander à ladite unité tous les renseignements complémentaires dont il pourra avoir besoin.

Les rappels afférents à l'année 1914 et concernant les hommes débarqués seront effectués par chaque unité administrative intéressée par voie de redressement des comptes individuels du rôle d'équipage.

Les torpilleurs provenant des mécaniciens torpilleurs et bénéficiant des dispositions transitoires prévues à l'article 5, § 4, du décret du 4 mars 1912, auront droit, bien entendu, aux nouvelles soldes prévues pour leur spécialité d'origine.

Les mécaniciens de tous grades et les matelots brevetés du personnel sédentaire des Défenses fixes des ports militaires auxquels il est attribué une gratification par application des dispositions transitoires contenues à l'article 138, § 3°, du décret du 11 juillet 1908 continueront à recevoir une allocation de l'espèce calculée sur les bases adoptées jusqu'à ce jour. Les intéressés bénéficieront par suite intégralement des améliorations de solde consacrées par le nouveau décret.

Le Ministre de la Marine,

MONIS.

Direction militaire des Services de la Flotte; — Service du Personnel militaire de la Flotte : *Bureau des Équipages de la Flotte*; — Service central de l'Intendance maritime : *Bureau du Personnel de l'Intendance, de la Solde et des Revues.* = Direction de la Comptabilité générale : *Bureau du Budget.*

Paris, le 28 janvier 1914.

RAPPORT AU PRÉSIDENT DE LA RÉPUBLIQUE FRANÇAISE, *suivi d'un décret modifiant le décret du 11 juillet 1908 sur la solde des marins des Équipages de la Flotte et des marins indigènes.*

MONSIEUR LE PRÉSIDENT,

La loi du 30 décembre 1913, portant ouverture de crédits supplémentaires en vue de l'amélioration de la situation matérielle des officiers et sous-officiers des armées de terre et de mer ainsi que des militaires de la gendarmerie, a accordé une certaine somme pour le relèvement de la solde des marins de tous grades réadmis ou rengagés.

Il y a lieu de modifier en conséquence le décret du 11 juillet 1908, portant règlement sur la solde des marins du corps des Équipages de la Flotte et des marins indigènes.

Tel est le but du projet de décret ci-joint, que j'ai l'honneur de soumettre votre haute sanction.

Je vous prie d'agréer, Monsieur le Président, l'hommage de mon profond respect.

Le Ministre de la Marine,

MONIS.

Direction militaire des Services de la Flotte; — Service du Personnel militaire de la Flotte : *Bureau des Équipages de la Flotte.* — Service central de Santé; — Service central de l'Intendance maritime : *Bureau du Personnel de l'Intendance, de la Solde et des Revues.* = État-Major général : 2ᵉ *Section (Aviation).* = Direction de la Comptabilité générale : *Bureau du Budget.* = Direction du Contrôle.

Paris, le 10 août 1914.

RAPPORT AU PRÉSIDENT DE LA RÉPUBLIQUE FRANÇAISE, *suivi d'un décret modifiant le décret du 11 juillet 1908 sur la solde des marins du corps des Équipages de la Flotte et des marins indigènes.*

MONSIEUR LE PRÉSIDENT,

La loi de finances du 15 juillet 1914 a accordé, au titre des chapitres 10 et 11 du budget de la Marine, des crédits destinés notamment à créer des prix de fin d'instruction pour certaines écoles de spécialités, à améliorer la situation pécuniaire des marins T. S. F. en complément d'instruction, à instituer de nouvelles allocations de solde en faveur du personnel de l'aéronautique, des marins chefs des stations côtières radiotélégraphiques ou détachés dans les centres houillers hors de la métropole, et à attribuer le traitement de table intégral aux officiers mariniers embarqués sur les bâtiments des escadrilles de sous-marins détachés aux escadres.

La réalisation de ces différentes mesures nécessite une modification au décret du 11 juillet 1908 sur la solde des marins du corps des Équipages de la Flotte et des marins indigènes.

J'ai, en conséquence, fait préparer le projet de décret ci-joint, qui précise en outre, à l'égard des marins indigènes, les droits aux soldes nᵒˢ 2 et 3, et étend aux artificiers et canonniers employés normalement dans les soutes à munitions, le bénéfice des dispositions déjà prévues pour les mécaniciens, chauffeurs, etc., et aux termes desquelles les congés de convalescence accordés pour anémie professionnelle à ces catégories de personnel entraînent la concession de la solde n° 1.

J'ai l'honneur de soumettre ce projet à votre haute sanction.

Je vous prie d'agréer, Monsieur le Président, l'hommage de mon profond respect.

Le Ministre de la Marine,

VICTOR AUGAGNEUR.

LE MINISTRE DE LA MARINE *à Messieurs les Vice-Amiraux commandant en chef, Préfets maritimes; Contre-Amiral commandant la brigade de Fusiliers marins; Capitaine de vaisseau commandant le 1er régiment de Canonniers marins.*

Direction militaire des Services de la Flotte; — Service central de l'Intendance maritime : *Bureau du Personnel de l'Intendance, de la Solde et des Revues;* — Service du Personnel militaire de la Flotte : *Bureau de l'État-Major de la Flotte; Bureau des Équipages de la Flotte.*

Paris, le 28 décembre 1914.

Notification d'un décret modifiant les décrets des 7 janvier et 11 juillet 1908 (indemnité de résidence à Paris).

Je vous notifie un décret du 10 décembre 1914 modifiant les décrets des 7 janvier et 11 juillet 1908 et ayant pour objet de maintenir, sauf décision spéciale du Ministre, pendant la durée des hostilités (exception faite pour le Personnel de la réserve), l'indemnité de résidence à Paris aux officiers et autres qui, en résidence dans cette ville après le premier jour de la mobilisation, ont reçu une affectation les éloignant de Paris.

J'ai décidé que l'indemnité en question sera conservée :

1° Aux officiers et officiers-mariniers;

2° Aux quartiers-maîtres et marins mariés destinés :

a. Aux formations de combat constituées par la Marine pour coopérer avec une armée en campagne;

b. A des services des armées en campagne.

3° Aux officiers, officiers-mariniers, quartiers-maîtres et marins, fonctionnaires et agents envoyés en mission ou en service momentané en dehors de Paris pendant la mobilisation, même pour une durée de plus de deux mois.

Elle ne sera pas continuée, comme elle ne l'était pas d'ailleurs dans le passé, aux officiers, officiers-mariniers, quartiers-maîtres et marins, fonctionnaires ou agents ayant reçu une destination à la mer ou une affectation à un port ou établissement impliquant changement définitif de résidence.

Le rappel de l'indemnité sera fait aux intéressés par l'unité administrative ou le service qui les tiendra au courant de leur solde à la date de la réception de la présente circulaire.

Le Ministre de la Marine,

VICTOR AUGAGNEUR.

Direction militaire des Services de la Flotte; — Service central de l'Intendance maritime : *Bureau du Personnel de l'Intendance, de la Solde et des Revues.* — Service du Personnel militaire de la Flotte : *Bureau de l'État-Major de la Flotte; Bureau des Équipages de la Flotte.*

Paris, le 10 décembre 1914.

RAPPORT AU PRÉSIDENT DE LA RÉPUBLIQUE FRANÇAISE, *suivi d'un décret portant modifications et additions aux décrets du 7 janvier 1908 sur la solde des officiers des différents corps, fonctionnaires et agents divers du Département de la Marine, et du 11 juillet 1908 portant règlement sur la solde des marins du Corps des Équipages de la Flotte.*

MONSIEUR LE PRÉSIDENT,

Aux termes des articles 29 du décret du 7 janvier 1908 sur la solde des officiers, fonctionnaires et agents divers du Département de la Marine, et 48 du décret du 11 juillet 1908 sur la solde des marins du Corps des Équipages de la Flotte, l'indemnité de résidence dans Paris n'est conservée que dans la limite de deux mois aux officiers, fonctionnaires, agents, officiers-mariniers et marins qui se déplacent pour le service.

Le décret portant règlement (Guerre) du 10 janvier 1912 sur la Solde et les Revues contient une disposition analogue pour l'indemnité de cherté de vie correspondant à l'indemnité de résidence allouée dans la Marine, mais cette disposition ne s'applique que hors le cas de mobilisation ou d'envoi à un corps expéditionnaire. Dans ce cas, l'indemnité de cherté de vie de la garnison de départ doit être maintenue pendant toute la durée de la guerre *aux militaires de l'armée active*, qu'ils soient affectés à des formations mobilisées ou à des services du territoire, sauf décision spéciale du Ministre de la

Guerre. Le Département de la Guerre considère, en effet, que les affectations successives de ces militaires à partir de la mobilisation, suivant les nécessités constamment variables du service, ne sauraient avoir pour effet de leur faire perdre comme résidence normale celle qu'ils avaient au premier jour de la mobilisation (Circ. du Ministre de la Guerre du 9 octobre 1914, *J. O.* du 11 octobre).

Il me paraît équitable de faire bénéficier d'avantages analogues les officiers, officiers-mariniers et marins, fonctionnaires et agents de la Marine qui, étant en résidence à Paris après le premier jour de la mobilisation, ont reçu, par la suite, des affectations qui n'ont pas eu pour effet de leur faire perdre cette résidence normale. C'est le cas notamment des officiers, etc., qui ont suivi le Gouvernement à Bordeaux ou qui ont été appelés à continuer momentanément leurs services dans les ports et établissements et qui doivent rentrer à Paris avec le Gouvernement, ainsi que des officiers et officiers-mariniers en service à Paris après le premier jour de la mobilisation, affectés aux formations appelées à coopérer avec l'armée ou à un service de l'armée en campagne.

Tel est l'objet du présent décret que j'ai l'honneur de soumettre à votre haute sanction.

Je vous prie d'agréer, Monsieur le Président, l'hommage de mon profond respect.

Le Ministre de la Marine,

VICTOR AUGAGNEUR.

Direction militaire des Services de la Flotte; — Service central de l'Intendance maritime : *Bureau du Personnel de l'Intendance, de la Solde et des Revues.* — Service du Personnel militaire de la Flotte : *Bureau de l'État-Major de la Flotte; Bureau des Équipages de la Flotte.*

Paris, le 2 janvier 1915.

RAPPORT AU PRÉSIDENT DE LA RÉPUBLIQUE FRANÇAISE, *suivi d'un décret modifiant les décrets du 7 janvier 1908 sur la solde des officiers des différents corps, fonctionnaires et agents divers du Département de la Marine, et du 11 juillet 1908 sur la solde des marins du corps des Équipages de la Flotte.*

MONSIEUR LE PRÉSIDENT,

D'après le décret (Guerre) du 10 janvier 1912 sur la solde et les revues en temps de guerre, les officiers traités aux hôpitaux ou aux ambulances pour blessures reçues ou *maladies* contractées en service commandé et dûment constatées par un certificat d'origine sont dispensés de rembourser leurs frais d'hospitalisation.

Les militaires non officiers admis dans les hôpitaux dans les conditions envisagées ci-dessus ont droit à la solde de présence sans retenue pendant la durée du traitement, en temps de paix comme en temps de guerre.

Or, d'après la réglementation de la Marine, le bénéfice du traitement dans les hôpitaux sans retenue sur la solde ou sans diminution de solde n'est accordé qu'aux officiers et aux marins qui y sont admis pour blessures reçues en service commandé; il est refusé aux officiers et marins admis dans les hôpitaux pour *maladies* contractées en service commandé.

Les officiers des divers corps de la Marine et les marins des formations de combat constituées par la Marine qui, coopérant avec l'Armée de terre, partagent les mêmes fatigues et sont soumis aux mêmes conditions d'hygiène que les militaires de cette armée, sont par suite moins bien traités que ces derniers lorsqu'ils sont admis dans les hôpitaux à la suite de maladies contractées en service commandé.

Afin de faire cesser cette inégalité de traitement qui ne se justifie pas, j'ai fait préparer le projet de décret ci-joint que j'ai l'honneur de soumettre à votre haute sanction.

Je vous prie d'agréer, Monsieur le Président, l'hommage de mon profond respect.

Le Ministre de la Marine,

VICTOR AUGAGNEUR.

Paris, le 20 avril 1915.

RAPPORT AU PRÉSIDENT DE LA RÉPUBLIQUE FRANÇAISE, *suivi d'un décret modifiant les décrets des 15 novembre 1895 et 11 juillet 1908 et réglant la situation des marins victimes de blessures reçues ou de maladies contractées au cours de la guerre, lorsqu'ils sont : 1° en congé de convalescence; 2° en instance de retraite ou de réforme.*

MONSIEUR LE PRÉSIDENT,

Un décret (Guerre) du 1er janvier 1915 accorde aux militaires victimes de blessures reçues ou de maladies contractées au cours des opérations de guerre un certain nombre d'avantages ayant pour but d'empêcher qu'à aucun moment ces militaires puissent se trouver sans ressources.

Il nous a paru équitable d'étendre le bénéfice de ces dispositions au personnel de la Marine qui serait dans les mêmes conditions.

Tel est l'objet du décret que nous avons l'honneur de soumettre à votre haute sanction.

Veuillez agréer, Monsieur le Président, l'hommage de notre respectueux dévouement.

Le Ministre des Finances,

A. RIBOT.

Le Ministre de la Marine,

VICTOR AUGAGNEUR.

LE MINISTRE DE LA MARINE *à Messieurs les Vice-Amiraux commandant en chef, Préfets maritimes; Officiers généraux, supérieurs et autres commandant à la mer; Capitaine de vaisseau commandant la Marine en Corse; Directeurs des Établissements hors des ports; Directeurs de l'Inscription maritime.*

Direction militaire des Services de la Flotte; — Service central de l'Intendance maritime : *Bureau du Personnel de l'Intendance, de la Solde et des Revues.*

Paris, le 25 avril 1915.

Notification d'un décret modifiant les articles 94 du décret du 7 janvier 1908, 96 du décret du 11 juillet 1908, et l'article 2 du décret du 17 décembre 1914.

Je vous notifie un décret du 20 avril 1915, modifiant les articles 94 du décret du 7 janvier 1908 sur la solde des officiers des différents corps, fonctionnaires et agents divers du Département de la Marine, et 96 du décret du 11 juillet 1908 sur la solde des marins des Équipages de la Flotte, et concernant les allocations à payer aux familles des prisonniers de guerre ou présumés tels.

Les dispositions de ce décret doivent s'appliquer également aux familles des disparus, pendant les six premiers mois de la disparition, conformément au principe posé dans la circulaire du 17 décembre 1914 notifiant le décret de même date.

En conséquence, les prescriptions de cette circulaire subsistent, sauf qu'aux deux tiers de la solde de captivité des officiers et marins se substituent les allocations prévues au décret du 20 avril précité.

Les rappels de différence entre les deux tiers de la solde de captivité et ces dernières allocations doivent être effectués aux familles dans le plus bref délai.

Le Ministre de la Marine,

VICTOR AUGAGNEUR.

Paris, le 20 avril 1915.

RAPPORT AU PRÉSIDENT DE LA RÉPUBLIQUE FRANÇAISE, *suivi d'un décret modifiant les articles 94 du décret du 7 janvier 1908, 96 du décret du 11 juillet 1908 et l'article 2 du décret du 17 décembre 1914.*

MONSIEUR LE PRÉSIDENT,

Je soumets ci-joint à votre haute sanction un projet de décret ayant pour objet d'allouer, par analogie avec la mesure en vigueur au Département de la Guerre, aux familles des officiers de l'Armée de mer, des officiers-mariniers, quartiers-maîtres et marins prisonniers de guerre ou présumés tels, la moitié des allocations de solde de leur ayant cause, au lieu des deux tiers de la solde de captivité de ce dernier auxquels elles ont droit dans la réglementation actuelle.

Je vous prie d'agréer, Monsieur le Président, l'hommage de mon profond respect.

Le Ministre de la Marine,

VICTOR AUGAGNEUR.

Direction militaire des Services de la Flotte; — Service du Personnel militaire de la Flotte : *Bureau des Équipages de la Flotte.*

Paris, le 21 mai 1915.

RAPPORT AU PRÉSIDENT DE LA RÉPUBLIQUE FRANÇAISE, *suivi d'un décret modifiant celui du 11 juillet 1908 sur la solde des Équipages de la Flotte.*

MONSIEUR LE PRÉSIDENT,

La loi du 26 décembre 1914 portant ouverture sur l'exercice 1915 des crédits provisoires applicables au premier semestre 1915 a accordé la somme nécessaire en vue de ramener de cinq à quatre ans le temps de service exigé pour l'attribution aux quartiers-maîtres et aux matelots d'une première augmentation de solde.

La réalisation de cette mesure, qui constitue la dernière des améliorations de solde adoptées en faveur des Équipages de la Flotte par la loi du 30 décembre 1913, nécessite une modification au décret du 11 juillet 1908 sur la solde des Équipages de la Flotte et des marins indigènes.

J'ai, en conséquence, fait préparer le projet de décret ci-joint, qui prévoit, en outre, un léger relèvement de situation pécuniaire des employés retraités et apporte quelques précisions à la réglementation en vigueur qui a donné lieu à des divergences de vues en ce qui touche notamment l'attribution aux marins mobilisés de certaines allocations de solde.

J'ai l'honneur de soumettre ce projet à votre haute sanction.

Je vous prie d'agréer, Monsieur le Président, l'hommage de mon profond respect.

Le Ministre de la Marine,

Victor AUGAGNEUR.

Direction militaire des Services de la Flotte; — Service du Personnel militaire de la Flotte : *Bureau des Équipages de la Flotte.* — Service central de l'Intendance maritime : *Bureau du Personnel de l'Intendance, de la Solde et des Revues.*

Paris, le 22 juin 1915.

RAPPORT AU PRÉSIDENT DE LA RÉPUBLIQUE FRANÇAISE,

MONSIEUR LE PRÉSIDENT,

Dans la réglementation actuelle, les marins qui sont en traitement sur les navires-hôpitaux n'ont droit qu'à la solde n° 5 (solde réduite).

Le texte de l'article 19, § 1er, du décret du 11 juillet 1908 sur le solde des marins des Équipages de la Flotte spécifie, en effet, «que la solde n° 5 est due aux marins en traitement dans les hôpitaux à terre ou flottants».

Au contraire, l'article 114 du décret du 7 janvier 1908 sur la solde des officiers des divers corps de la Marine, qui est relatif à la retenue d'hôpital, ne désigne pas d'une façon particulière les hôpitaux : il n'y est fait mention que «d'hôpitaux».

Une simple interprétation du texte pourrait donc, à la rigueur, en donnant au mot «hôpitaux» un sens restrictif, décider que cet article 114 n'a entendu viser que les hôpitaux à terre, à l'exclusion des hôpitaux flottants. La solde des officiers admis en traitement sur les navires hôpitaux ne supporterait ainsi aucune retenue d'hôpital.

Pour éviter toute difficulté sur ce point particulier, et comme il importe par ailleurs qu'officiers et marins soient, à cet égard, sans contestation possible, traités suivant une même règle, il paraît nécessaire de modifier ou de compléter la réglementation actuelle.

J'estime qu'il n'y a lieu de faire subir ni aux officiers, ni aux marins en traitement dans un hôpital flottant une diminution de solde; les malades qui sont embarqués sur les hôpitaux flottants subissent toutes les gênes et les incommodités du service à la mer; il est, par suite, tout indiqué d'assimiler les hôpitaux flottants aux infirmeries de bord où les marins en traitement conservent la solde à la mer et où les officiers ne subissent pas de retenues d'hôpital.

En ce sens, les officiers et marins en traitement sur les hôpitaux flottants auraient droit à la solde prévue par les règlements pour les officiers et marins embarqués sur les bâtiments de l'État; en particulier, les officiers et marins actuellement en traitement sur les navires-hôpitaux percevraient la même solde que les officiers et marins composant l'état-major et l'équipage de ces bâtiments.

C'est là précisément l'objet du présent projet de décret que j'ai l'honneur de soumettre à votre haute sanction.

Je vous prie d'agréer, Monsieur le Président, l'hommage de mon profond respect.

Le Ministre de la Marine,

VICTOR AUGAGNEUR.

DÉCRET *portant règlement sur la Solde des marins du corps des Equipages de la Flotte et des marins indigènes.*

(Du 11 juillet 1908.)

LE PRÉSIDENT DE LA RÉPUBLIQUE FRANÇAISE,

Vu le décret du 10 juillet 1895 et les actes modificatifs sur la solde, l'administration et la comptabilité des Équipages;

Vu la décision impériale du 26 décembre 1862, relative aux secours journaliers de dix centimes aux enfants des marins inscrits en activité de service;

Vu le décret du 25 août 1886 et les actes modificatifs, portant réorganisation du personnel des marins indigènes du Sénégal;

Vu le décret du 28 octobre 1891, portant réorganisation du corps militaire des armuriers de la Marine;

Vu le décret du 15 juin 1892 et actes modificatifs, portant organisation du personnel des marins indigènes de la Cochinchine;

Vu le décret du 26 mai 1895 et actes modificatifs, portant organisation du personnel des marins indigènes de l'Annam et du Tonkin;

Vu le décret du 30 avril 1897 et actes modificatifs, portant réorganisation du corps des Équipages de la Flotte;

Vu la décision présidentielle du 13 mars 1899, concernant l'institution des marins canonniers;

Vu le décret du 1er août 1899, réglant la situation du personnel des ateliers centraux de la Flotte;

Vu le décret du 29 janvier 1906, portant réorganisation des flottilles de torpilleurs;

Vu la décision présidentielle du 21 février 1906, portant allocation d'un supplément aux équipages des sous-marins;

Vu les décrets en date des 10 mars et 9 juillet 1906, relatifs à l'organisation en

Algérie et en Tunisie du corps des marins indigènes dits Baharia, créé par la loi du 18 juillet 1903;

Vu l'article 55 de la loi de finances du 25 février 1901;

Sur le rapport du Ministre de la Marine,

DÉCRÈTE :

DISPOSITIONS GÉNÉRALES.

ARTICLE PREMIER.

Les dispositions du présent décret ont pour objet de déterminer les droits aux prestations qui entrent dans la composition du traitement en deniers soit des marins de tous grades [1] des Équipages de la Flotte considérés individuellement, soit des unités administratives considérées comme parties prenantes collectives. Objet du présent décret.

ART. 2.

1. Les prestations en deniers auxquelles ont droit les individus et les collectivités sont : Prestations auxquelles ont droit les individus et les collectivités.

La solde proprement dite;

Les accessoires de la solde;

Les masses générales d'entretien, les fonds de masse pour frais de bureau et les fonds de musique;

Le traitement de table et les frais de passage.

2. Elles sont fixées par les tarifs ci-annexés et accordées dans les cas et suivant les conditions indiqués au présent décret.

ART. 3.

1. Les droits aux prestations en deniers résultent des positions dans lesquelles se trouvent placés les individus ou les collectivités. Positions donnant droit aux allocations en deniers.

2. La seule position prévue pour les marins de tous grades est celle de l'«activité», qui comprend également la disponibilité pour les officiers-mariniers du cadre de maistrance.

---

[1] L'expression «marins de tous grades des Équipages de la Flotte», ou celle de «marin» employée seule, s'appliquent d'une manière générale non seulement au personnel des Équipages de la Flotte proprement dit, mais encore aux personnels suivants : musiciens, armuriers affectés au service des Equipages, agents de service civils et marins indigènes, sous réserve pour ces deux dernières catégories des dispositions spéciales du présent décret les concernant.

3. Les positions individuelles des marins en activité se subdivisent en position de présence et position d'absence.

4. La position de présence est celle de tout marin :

Présent à son poste ;
Ou faisant route pour s'y rendre ;
Ou en mission ;
Ou en permission ;
Ou admis à l'hôpital étant en position de présence[1].

5. La position d'absence est celle :

a. De l'officier-marinier du cadre de maistrance en disponibilité ;

b. De tout marin :

En congé ;
En jugement ou en détention ;
En captivité à l'ennemi ;
Admis à l'hôpital étant en position d'absence.

6. La position de présence et la position d'absence des marins ne sont pas interrompues du fait de leur entrée à l'hôpital. De même, le séjour à l'hôpital n'a pas pour effet d'empêcher le passage de l'une de ces positions à l'autre.

TITRE I.

De la solde proprement dite.

DISPOSITIONS GÉNÉRALES.

ART. 4.

Des droits à la solde.

1. Aucun marin ne peut jouir d'une solde s'il n'est en activité de service.

2. Les marins rendus à la vie civile sont, en cas *de convocation pour exercices, de rappel ou de mobilisation,* traités sur le même pied que les marins en activité et reçoivent la solde correspondant au temps de service qu'ils ont passé en activité, en tenant compte, en outre, des services accomplis en mobilisation. Toutefois, sur les navires de commerce réquisitionnés comme bâtiments de la Flotte auxiliaire de combat, la solde du personnel marin maintenu à bord reste fixée par la loi du 2 mai 1899.

[1] *Circulaire du 19 janvier 1909,* B. O. — Point de départ des congés de convalescence obtenus par des marins entrant à l'hôpital étant en permission.

3. La solde varie non pas d'après la fonction momentanément remplie, mais uniquement d'après le grade ou la classe des marins, et pour certains grades d'après l'ancienneté totale des services.

ART. 5.

En cas de décès ou de disparition d'un marin, les arrérages non réglés de sa solde sont dus à ses héritiers ou ayants droit.

Arrérages de solde en cas de décès ou de disparition.

CHAPITRE I.

POINT DE DÉPART ET DE CESSATION DES SOLDES.

SECTION I.

POINT DE DÉPART ET DE CESSATION DE LA SOLDE D'ACTIVITÉ.

ART. 6.

Les droits à la solde d'activité commencent :

Point de départ de la solde d'activité.

1° Pour les marins arrivant au service *par suite de levée, d'admission définitive à l'École des mousses*[1] *ou à l'École des apprentis mécaniciens*[1], *de convocation pour exercices, de rappel ou de mobilisation*, à compter du jour où ils sont mis en route pour rejoindre la destination qui leur est assignée;

2° Pour les marins arrivant au service *par suite d'engagement, de rengagement ou de réadmission*, à compter du jour de la signature de l'acte;

Toutefois, pour les marins visés aux paragraphes 1° et 2°, le droit à la solde d'activité ne commence, conformément aux dispositions de l'article 110, que du jour de l'arrivée en cas de retard non justifié.

3° Pour le *personnel commercial des navires de commerce réquisitionnés comme bâtiments de la Flotte auxiliaire de combat*, à compter du jour de la réquisition du navire sur lequel il se trouve embarqué; à compter du jour de l'embarquement pour le personnel embarqué pendant la durée de la réquisition;

4° Pour les marins *provenant des corps de troupes*, à compter du jour de leur départ de leur ancien corps, à moins de décision contraire;

---

[1] *Dépêche à la Division des Écoles de l'Océan, le 14 novembre 1913.* — Les mousses et les apprentis mécaniciens en stage n'ont droit à aucune solde. Toutefois ceux admis définitivement ont droit à la solde prévue par les décrets en vigueur, pour compter du jour de leur mise en route.

5° Pour les marins *rendus à la Marine par d'autres départements ministériels ou les Gouvernements étrangers*, à compter de la date fixée par l'acte les réaffectant au service de la Marine et qui doit être en principe celle à laquelle ils reprennent effectivement leur service actif;

6° Pour les marins *provenant des corps disciplinaires de la Guerre ou des Colonies*, à compter du jour où ils cessent d'être à la charge de ces départements;

7° Pour les officiers-mariniers *rayés du cadre de maistrance et réintégrés, ou admis dans le cadre de maistrance après congédiement*, à compter du jour fixé par la décision les concernant;

8° Pour les marins autres que ceux désignés à l'alinéa 6, *réintégrés dans les Équipages de la Flotte afin d'y terminer leur temps de service à l'expiration d'une peine subie après jugement*, à compter du lendemain du jour de l'expiration de cette peine;

9° Pour les marins *déserteurs condamnés avec application de la loi du 26 mars 1891 relative à l'atténuation et à l'aggravation des peines*, à compter du jour où, après leur arrestation ou leur soumission, ils ont été mis à la disposition de l'autorité maritime;

10° Pour les marins *déserteurs amnistiés*, à compter du jour où, après leur soumission, ils ont été mis à la disposition de l'autorité maritime;

11° Pour les *agents de service civils*, soit à compter de leur entrée en fonctions à bord, soit à compter de la date de leur embarquement comme passagers sur un bâtiment de l'État ou du commerce pour accompagner ou rejoindre les officiers qui les ont choisis.

ART. 7.

Modifications de la solde d'activité.

Les droits à la solde d'activité se modifient:

1° Pour les marins *avancés en solde dans les grades à solde progressive* [1], à compter du jour où l'ancienneté des services prévue est acquise, sauf application des dispositions du décret portant organisation du corps des Équipages de la Flotte relatives aux retards du passage d'un échelon de solde à l'échelon supérieur par suite de punitions disciplinaires de prison. Ces services sont comptés de la manière indiquée aux articles 38 et suivants du présent décret;

2° Pour les marins *avancés en grade ou en classe*, à compter de la date fixée par la décision portant avancement;

---

[1] *Circulaire du 7 décembre 1908, B. O.* — L'accession à un échelon de solde supérieur dans le même grade doit avoir lieu suivant la procédure adoptée pour la concession des hautes payes d'ancienneté.

Circulaire du 21 juin 1909. — En annexe. — Mode de calcul de la date d'obtention de la solde progressive pour les marins dont le passage à l'échelon de solde supérieur est retardé, dans les conditions prévues à l'article 336 du décret du 17 juillet 1908, par suite de punitions de prison ou d'arrêt de rigueur.

3° Pour les marins *rétrogradés d'un échelon de solde, suspendus ou réduits de grade ou de classe*, et pour ceux *suspendus ou privés de leur brevet de spécialité*, à compter de la date fixée par la décision les concernant;

4° Pour les marins *réintégrés après suspension, réduction de grade ou de classe, rétrogradation d'un échelon de solde, suspension ou retrait de leur brevet de spécialité*, à compter soit de la date fixée par la décision les concernant, soit de l'expiration de la punition lorsque la réintégration a lieu de plein droit, dans les conditions déterminées par le décret portant organisation du corps des Équipages de la Flotte.

ART. 8.

(Modifié le 4 août 1915.)

Cessation de la solde d'activité.

Les droits à la solde d'activité cessent :

1° Pour les marins *admis à la retraite ou à la réforme*, à compter du jour où ils sont rayés des contrôles, conformément aux dispositions du décret portant organisation du corps des Équipages de la Flotte;

2° Pour les marins *arrivés au terme de leur lien de service*, à compter de la date de leur congédiement, tel qu'il est défini par le décret portant organisation du corps des Équipages de la Flotte, sous réserve des cas prévus aux articles 35 et 36 pour les droits à une indemnité représentative de la solde[1];

3° Pour le *personnel commercial des navires de commerce réquisitionnés comme bâtiments de la flotte auxiliaire de combat*, à compter du jour de la remise des navires aux compagnies ou à compter du jour du débarquement pour le personnel débarqué pendant la durée de la réquisition;

4° Pour les marins *promus à un grade dans un autre corps de la Marine*, à compter de la date de leur nomination;

5° Pour les marins *nommés à un emploi dans un autre corps de la Marine*, à compter de la date de leur entrée en fonctions dans leur nouveau corps;

6° Pour les marins *passant dans un corps de troupes ou admis dans la Gendarmerie*, à compter du jour de leur mise en route pour rejoindre leur nouveau corps, à moins de décision contraire;

7° Pour les marins *mis à la disposition d'autres Départements ministériels ou de Gouvernements étrangers*, à compter de la date fixée par la décision les concernant et qui doit être en principe celle à laquelle ils sont mis en route pour rejoindre la nouvelle destination;

---

(1) *Dépêche à la première Armée navale le 17 janvier 1913* (*B. O.*, p. 66). — En annexe. — Un marin maintenu sans lien au service en attendant de contracter un acte de réadmission ou de rengagement n'a droit à aucune solde à partir de la date de l'expiration du dernier lien s'il vient à être congédié par suite de refus de signer ledit acte.

Circulaire du 23 juillet 1913 (*B. O.*, p. 550). — Situation, au point de vue solde et service, des marins maintenus dans leurs foyers entre l'expiration de leur congé et de leur congédiement.

8° Pour les marins *dirigés sur un corps disciplinaire de la Guerre ou des Colonies*, à compter de la date de la décision ministérielle les concernant pour les hommes présents en France, et pour les autres à compter du jour de leur incorporation dans le corps disciplinaire;

9° Pour les officiers-mariniers *rayés du cadre de maistrance*, soit sur leur demande, soit d'office, à compter du jour fixé par la décision les concernant, ou, à défaut de jour fixé, à compter du lendemain de la notification de cette décision;

10° Pour les marins *condamnés après jugement* sans bénéfice de la loi du 26 mars 1891 (loi Bérenger), à compter du jour où ils ont été écroués préventivement [1];

11° Pour les marins *déclarés déserteurs*, du jour de l'absence constatée, à moins qu'ils n'aient été déchargés du délit de désertion par un refus d'informer, une ordonnance de non-lieu ou un jugement d'acquittement [2].

12° Pour les marins *décédés*, à compter du lendemain du décès;

13° Pour les marins présents à bord d'un *bâtiment disparu en mer*, ainsi que pour ceux qui sont *disparus individuellement* et dont le décès n'a pas été constaté dans le délai de six mois (*a*), à compter du premier jour du septième mois qui suit soit la date des dernières nouvelles telle qu'elle est fixée par le Ministre pour les premiers, soit la date indiquée par le procès-verbal de disparition pour les marins disparus individuellement [3] [4] [5]; lorsque le décès est constaté avant l'expiration du délai de six mois, la solde d'activité cesse à compter du lendemain du jour où le corps a été retrouvé.

14° Pour les agents de service civils *ne se trouvant pas en instance d'une pension de retraite ou de réforme n° 1* :

a. A compter du jour où ils cessent leurs fonctions à bord, si le bâtiment est en France, ou s'ils ont été renvoyés en France sur leur demande, ou si,

---

(*a*) Le délai de six mois dont il est question à ce paragraphe doit se compter de date à date en partant de celle des dernières nouvelles ou de la disparition. Ainsi, pour deux marins disparus l'un le 30 mai, l'autre le 8 juin, la solde d'activité doit en tout état de cause cesser respectivement les 1er et 9 décembre.

[1] *Dépêche à Toulon le 26 février 1910*. — Maintien de la solde à un officier-marinier pendant sa mise en liberté provisoire.

[2] L'autorité maritime appréciera s'il y a lieu de faire application des dispositions des articles 109 et 110 aux marins déchargés du délit de désertion par un refus d'informer, une ordonnance de non-lieu ou un jugement d'acquittement.

[3] *Dépêche à Brest le 14 septembre 1909*. — La radiation du contrôle doit être opérée six mois après la disparition constatée.

[4] *Dépêche à Toulon le 23 avril 1907*. — Le bénéfice de cette mesure a été refusé aux marins disparus de l'*Iéna*, et accordé par contre aux marins disparus lors de la catastrophe de la *Liberté*. (*Dépêche à Toulon le 24 novembre 1911*.)

[5] *Dépêche à Cherbourg le 24 juin 1912*. — Il n'y a pas lieu d'allouer la solde de présence pendant un laps de temps de six mois à un marin disparu en mer *au cours d'une promenade*. La radiation du contrôle doit être opérée six mois après la disparition constatée.

étant renvoyés pour inconduite ou insuffisance, ils n'ont pas rempli leurs fonctions à bord pendant une année entière;

b. A compter du jour de leur rentrée en France : 1° s'ils ont été renvoyés pour une cause de force majeure, telle que décès du commandant ou de l'officier qui les a choisis, désarmement du bâtiment, naufrages, etc., ou pour cause de maladie dûment constatée par les Conseils de santé ou les Commissions de santé des bâtiments; 2° s'ils sont rapatriés après avoir accompli le temps de campagne, de séjour ou d'embarquement réglementaire, ou si, étant renvoyés pour inconduite ou insuffisance, ils ont rempli leurs fonctions à bord pendant une année entière. Dans ce dernier cas, ils n'ont droit qu'à la solde n° 5 pendant la traversée;

c. Par dérogation aux dispositions des deux paragraphes qui précèdent, les droits aux soldes d'activité des agents de service civils en traitement dans les hôpitaux ou envoyés en congé de convalescence cessent au plus tard le premier jour du cinquième mois qui suit la date de la cessation de leurs fonctions à bord.

SECTION II.

POINT DE DÉPART ET DE CESSATION DE LA SOLDE EN POSITION DE PRÉSENCE ET EN POSITION D'ABSENCE.

ART. 9 (1).

Dispositions générales.

1. Toute position de présence ou d'absence cesse soit du jour où la position d'activité elle-même cesse, soit du jour où commence une autre position de présence ou d'absence.

2. Le passage d'une position à une autre position a lieu, en principe, à la date fixée par l'ordre de service émané de l'autorité compétente.

ART. 10.

Cessation des positions de présence et point de départ des droits aux soldes en position d'absence.

Les positions de présence cessent et les droits aux soldes en position d'absence commencent :

1° Pour les *officiers-mariniers envoyés en disponibilité et les marins de tous grades envoyés en congé à quelque titre que ce soit*, à compter du jour où ils sont mis en route pour le lieu de leur résidence;

2° Pour les marins *qui ont recouvré les droits aux soldes en position de présence dans les conditions indiquées aux paragraphes* d et c *de l'article suivant et qui retournent dans leurs foyers, leur mission terminée*, à compter du jour où leur présence a cessé d'être nécessaire;

(1) *Arrêté ministériel du 27 septembre 1910, art. 37.* — Les apprentis marins provenant des mousses ont droit à la solde de leur grade dès la signature de leur engagement; les mousses renvoyés avant l'engagement, même après seize ans, n'ont droit qu'à la solde de mousse.

3° Pour les marins *en captivité*, à compter du lendemain du jour où ils sont tombés au pouvoir de l'ennemi.

ART. 11.

Cessation des positions d'absence et point de départ des droits aux soldes en position de présence.

Les positions d'absence cessent et les droits aux soldes en position de présence recommencent :

1° *Pour les officiers-mariniers du cadre de maistrance, rappelés de disponibilité*, à compter du jour où ils sont mis en route pour rejoindre leur poste, et, s'ils sont à l'hôpital, à compter du jour où leur ordre de rappel leur est notifié par le commandant du dépôt, chargé d'en assurer l'exécution;

2° *Pour les marins en captivité*, à compter du jour de leur rentrée sur un territoire français ou de leur embarquement sur un bâtiment français de l'État ou du commerce pour être rapatriés;

3° *Pour les marins en position de congé :*

a. À compter du jour où, leur congé étant expiré, ils ont rejoint leur poste;

b. A compter du jour de leur rentrée, s'ils ont usé de la faculté de rentrer à leur poste avant l'expiration de leur congé [1];

c. A compter du jour de leur embarquement pour ceux qui, avant l'expiration de leur congé, ont été embarqués par ordre sur un bâtiment de l'État ou du commerce pour effectuer leur retour;

d. A compter du jour de leur départ du lieu de leur résidence pour ceux qui sont cités en témoignage devant un tribunal civil, militaire ou maritime siégeant hors du lieu de leur résidence, ainsi que pour ceux qui ont reçu l'ordre de quitter le lieu de leur résidence pour rejoindre leur poste, se rendre à une nouvelle destination ou remplir une mission ou un service quelconque avant l'expiration de leur congé, et si d'ailleurs ils arrivent à destination à l'époque fixée par l'ordre qu'ils ont reçu;

e. A compter du jour de leur entrée en fonctions pour ceux qui ont été appelés à siéger, au lieu de leur résidence, comme membres d'un conseil de guerre ou d'enquête, à y remplir une mission ou à y effectuer un service quelconque relevant de la Marine;

f. A compter du lendemain de l'expiration du congé pour ceux qui, cités en témoignage devant un tribunal civil, maritime ou militaire siégeant au lieu de leur résidence, sont retenus au delà du terme de leur congé;

4° Pour les *marins qui ont subi une peine disciplinaire de détention*, à compter du jour de leur mise en route pour rejoindre leur corps.

---

[1] Sont traités de la même manière les marins maintenus au dépôt pendant la durée de leur congé de convalescence, à partir du jour où, admis à renoncer au régime des convalescents, ils reprennent le service ordinaire.

CHAPITRE II.

CLASSIFICATION DES SOLDES. — DROITS AUX DIVERSES SOLDES.

Dispositions générales.

ART. 12.

Les soldes des marins des Équipages de la Flotte, autres que les marins indigènes, sont fixées par le tarif n° I annexé au présent décret et comprennent :

Énumération des soldes des marins des Équipages de la Flotte, autres que les marins indigènes.

La solde n° 1 ;
La solde n° 2 ;
La solde n° 3 ;
La solde n° 4 ;
La solde n° 5 ;
La solde n° 6.

ART. 13.

Les droits aux différentes soldes dérivent, pour les marins de tous grades, des conditions particulières d'après lesquelles les services qu'ils accomplissent doivent être rémunérés; mais les droits aux soldes ne peuvent avoir pour effet de modifier la nature de ces services en ce qui touche les conditions imposées pour l'avancement ou pour la retraite par les lois organiques en vigueur.

Les droits aux soldes ne modifient pas la nature des services pour l'avancement ou la retraite.

SECTION I.

DES DROITS À LA SOLDE EN POSITION DE PRÉSENCE.

ART. 14.
(Modifié le 20 juillet 1912.)

La solde n° 1 est due :

Droits à la solde n° 1 [1].

1° Aux marins à terre :

a. *Disponibles ou indisponibles dans les dépôts des Équipages de la Flotte et*

[1] *Dépêche à Rochefort le 3 août 1912.* — Les candidats au brevet supérieur en instruction à l'École des fourriers ne peuvent recevoir que la solde n° 1.

Dépêche à Lorient le 5 septembre 1912. — Les candidats au cours du brevet

services extérieurs rattachés auxdits dépôts, à l'exclusion des hommes affectés au cadre permanent, mobile ou supplémentaire de ces dépôts ou services :

b. *En service à Paris ;*

c. *Détachés aux charbonnages en France continentale ;*

d. *Faisant partie d'une expédition* aux colonies ou à l'étranger ;

e. *Appartenant au personnel militaire des aides ouvriers* des arsenaux en Tunisie ;

2° Aux mécaniciens de tous grades en *instruction* dans les écoles de mécaniciens, et aux marins de tous grades en *instruction* soit à l'École des élèves officiers, soit au cours préparatoire à cette école ;

3° Aux marins *en instruction* dans les diverses écoles de spécialités[1] fonctionnant, soit à terre, soit à bord des bâtiments armés ou en réserve, sauf les exceptions prévues aux articles 15, § *h*, et 16, § 1 (*e*) et 2 (*c*), ainsi qu'aux armuriers en instruction à l'École de canonnage ;

4° Aux marins *en stage* en attendant leur admission à une école de spécialité ou *en stage* à la défense fixe ;

5° Aux marins *mis en subsistance, sans y accomplir de service*, dans les dépôts et services ou à bord des bâtiments dans toutes les positions, sauf l'exception prévue à l'article 18, § 1 (*a*).

6° Aux marins *en mission ou en route par terre ou par mer pour rejoindre leur poste*, toutes les fois qu'une solde supérieure n'a pas été spécialement prévue pour eux.

ART. 15.

(Modifié le 10 août 1914.)

Droits à la solde n° 2. La solde n° 2 est due, en *France continentale :*

a. Aux marins *embarqués ou en subsistance, pour y accomplir du service*, sur les bâtiments en réserve, sauf l'exception prévue à l'article 16 § 1 (*c*) ;

b. Aux marins affectés à *l'entretien et à la garde des bâtiments désarmés ;*

---

supérieur ne peuvent recevoir que la solde n° 1 pendant la durée du stage dans les compagnies de formation.

Dépêche à Toulon le 23 juin 1913. — Les armuriers en instruction à l'École de canonnage n'ont droit qu'à la solde n° 1.

Circulaire du 16 janvier 1914. — En annexe. — Allocation de la solde n° 1 aux apprentis embarqués en attendant leur entrée dans une école de spécialité.

Circulaire du 18 janvier 1909. — En annexe. — Solde à allouer aux marins prenant part, hors de leur bord ou service, aux épreuves d'un examen ou concours.

Circulaire du 20 avril 1912 (*B. O.*, p. 793). — *Dépêche du 7 juillet 1913 à la 1re Escadre légère.* — En annexe. Allocation de solde à allouer aux marins des bâtiments en campagne lointaine lorsqu'ils sont détachés temporairement à terre à l'étranger.

[1] *Dépêche du 3 février 1909 à l'Escadre de la Méditerranée.* — En annexe. — Les élèves de la marine marchande en instruction n'ont droit qu'à la solde n° 1.

c. Aux marins employés à suivre les travaux des *bâtiments neufs sur cale ou en achèvement à flot;*

d. Aux fourriers détachés dans les services de l'Inscription maritime hors des ports militaires;

e. Aux marins affectés aux postes d'arraisonnement;

f. Aux marins faisant partie soit de *l'effectif*, soit *du cadre*[1] *permanent, mobile ou supplémentaire* des Écoles et Services ci-après : Préfectures maritimes, Majorités générales, Dépôts des Équipages de la Flotte[2], Directions des Mouvements du Port, Ateliers centraux de la Flotte, Bataillon des apprentis fusiliers et annexes, Services administratifs de la Flotte, Défenses fixes (marins sédentaires et marins du service actif), Hôpitaux[3] et École principale du Service de Santé de la Marine, Écoles des mécaniciens et des mécaniciens torpilleurs, Commission supérieure d'expériences des torpilles;

g. Aux marins *en subsistance, pour y accomplir du service,* aux Ateliers centraux de la Flotte, aux Défenses fixes[4], aux Écoles de mécaniciens et chauffeurs ou aux Flottilles de torpilleurs et de sous-marins, sauf s'ils sont détachés d'un bâtiment ou service donnant droit à la solde n° 3[5].

h. Aux marins *en instruction*[6] à l'École de voilerie ou en service à terre dans les postes de T. S. F.

---

(1) *Circulaire du 29 mars 1909.* — En annexe. — Il y a lieu de continuer de payer la solde n° 2 aux marins en excédent au cadre des dépôts, etc., par suite de promotion.

Dépêche à Rochefort le 7 avril 1909. — Il y a lieu d'accorder la solde n° 2 aux matelots télégraphistes des ports en surnombre à l'effectif réglementaire des marins de cette spécialité.

(2) Sont considérés comme faisant partie de l'effectif permanent du dépôt les officiers-mariniers, quartiers-maîtres et marins des spécialités suivantes : mécaniciens, chauffeurs, charpentiers, gabiers et voiliers maintenus au dépôt sur ordre du Préfet maritime pour assurer le service courant de mise en œuvre, d'entretien et de réparations du matériel du dépôt.

(3) *Dépêche du 15 novembre 1909.* — En annexe. — Tous les infirmiers en service dans les hôpitaux de la Marine sont considérés comme faisant partie des cadres permanents ou mobiles et ont droit à la solde n° 2.

(4) *Circulaire ministérielle du 17 juillet 1909.* — Allocation de la solde n° 3 aux marins du Service actif des Défenses fixes des ports militaires pour les sorties à la mer effectuées dans les conditions de durée indiquées par la Circulaire du 19 février 1909.

(5) *Circulaire du 21 juin 1909.* — En annexe. — Il y a lieu d'allouer la solde n° 2 aux marins des Services à terre ou en réserve placés en subsistance, pour y accomplir du service, à bord des bâtiments (contre-torpilleurs, aviso-torpilleurs, etc.) faisant partie des flottilles de torpilleurs.

(6) *Circulaire du 27 janvier 1913.* — Concession de la solde n° 2 aux torpilleurs sédentaires, commis aux vivres et patrons-pilotes en instruction dans une école de spécialité.

i. Aux marins visés au présent article *en mission* hors de leur bord ou de leur service ou *en permission*, sauf, dans ce dernier cas, sous réserve de l'application des dispositions prévues à l'article 32 du présent décret.

ART. 16.

(Modifié le 20 juillet 1912 et le 10 août 1914.)

Droits à la solde n° 3[3].

1. La solde n° 3 est due :

Dans la zone comprise entre les parallèles 30 et 70° de latitude Nord et les méridiens 15° Est et Ouest (zone n° 1) :

a. Aux marins *embarqués ou en subsistance, pour y accomplir du service*, sur les bâtiments de l'État en préparation d'essais, en premier armement pour essais, armés[1], en disponibilité, armés pour essais après grosses réparations;

b. Aux marins affectés aux *Flottilles de torpilleurs et de sous-marins, aux postes de stationnement et de refuge de torpilleurs et sous-marins, aux missions ostréicoles*, ainsi qu'aux marins composant l'effectif réglementaire des *torpilleurs armés annexés aux différentes écoles, ou en subsistance, pour y accomplir du service, aux flotilles de torpilleurs et de sous-marins rattachés aux escadres.*

c. Aux marins *embarqués ou en subsistance, pour y accomplir du service*[2], sur les bâtiments de l'État en réserve, chaque fois que ces bâtiments effectuent des sorties à la mer ou en rade; toute sortie de moins de 24 heures

---

[1] *Dépêche du 7 décembre 1908 aux cinq ports.* — Les marins faisant partie de l'armement des bâtiments de servitude doivent être traités, au point de vue de la solde et du traitement de table, comme ceux des bâtiments armés.

Dépêche du 1er octobre 1908 aux cinq ports. — Les mécaniciens et chauffeurs des embarcations à vapeur des Préfectures maritimes et Majorités générales n'ont droit qu'à la solde n° 2.

Dépêche à Lorient le 7 novembre 1908. — Les officiers-mariniers désignés au tour colonial pour les bâtiments armant chaque année pour la surveillance des grandes pêches ne peuvent prétendre à la solde n° 3 pour le laps de temps pendant lequel ces bâtiments sont placés en réserve; application de ce principe à un officier-marinier désigné au tour colonial pour un bâtiment en réserve appelé à armer pour campagne.

Circulaire du 7 décembre 1908 (B. O.). — Les musiciens du cadre mobile des dépôts ont droit à la solde n° 2.

[2] *Circulaire du 11 juin 1910.* — En annexe. — Il y a lieu d'allouer la solde n° 3 aux marins embarqués en subsistance pour y accomplir du service à bord des bâtiments des flottilles *effectuant des sorties à la mer.*

[3] *Dépêche aux cinq ports le 10 septembre 1912.* — La solde n° 3 ne peut être accordée au personnel des Défenses fixes des ports militaires, sauf exception prévue par la circulaire du 19 février 1909, en annexe (*B. O.*, p. 232).

Dépêche à la Division des Écoles de l'Océan, le 16 septembre 1912. — Il n'y a pas lieu d'allouer la solde n° 3 aux instructeurs des élèves officiers de marine.

Dépêche à la Division des Écoles de la Méditerranée, le 30 novembre 1912. — Concession de la solde n° 3 aux anciens timoniers T. S. F. classés comme électriciens et admis en stage à l'École des électriciens.

portant sur deux jours ne donne lieu qu'à l'allocation d'une seule journée de solde; une deuxième journée de solde n'est acquise que lorsque la sortie dépasse de huit heures au moins la durée de vingt-quatre heures;

d. Aux marins en service à terre *dans un établissement de la Marine à l'étranger;*

e. Aux marins en *instruction* dans les Écoles de pilotage, et aux chefs de poste de T. S. F.

f. Aux marins détachés en mission sur un navire n'appartenant pas à la Marine militaire, *en vue de participer à des voyages de découvertes ou à des études scientifiques entrepris avec le concours de l'État*, même pour la période de temps qu'ils sont appelés à passer à terre au cours de leur mission après leur départ de France;

g. Aux marins à terre affectés, en dehors des ports militaires, à la surveillance de la pêche;

2. La solde n° 3 est également due :

a. Aux marins en service à terre ou à bord des bâtiments en réserve, *en Corse, en Algérie et Tunisie*, sauf l'exception prévue à l'article 14, § 1° (*e*):

b. Aux *instructeurs* du Bataillon des apprentis fusiliers et annexes, aux *instructeurs* des Écoles de mécaniciens et mécaniciens-torpilleurs, de l'École des officiers torpilleurs et de l'École des officiers canonniers, aux *instructeurs* à bord des bâtiments-dépôts des apprentis gabiers, timoniers, etc., et aux *instructeurs* dans les centres d'instruction de T. S. F.;

c. Aux marins en complément d'instruction à bord des bâtiments armés et au bataillon des apprentis fusiliers en vue de l'obtention du brevet supérieur[1];

d. Aux marins affectés aux centres d'aviation;

---

[1] *Dépêche à Lorient le 29 décembre 1908.* — Les quartiers-maîtres tambours et clairons admis en stage au Bataillon des apprentis fusiliers pour y compléter leur instruction ont droit à la solde n° 3.

Dépêche du 12 novembre 1914 (*B. O.*, p. 921). — Allocation de la solde n° 3 aux marins de tous grades faisant partie des formations militaires opérant à terre dans la zone des armées.

Dépêche à Rochefort le 13 janvier 1915. — La solde à la mer devra être payée au personnel de tous grades suivant à Rochefort, les travaux *d'achèvement* des sous-marins.

Circulaire du 22 avril 1915 (*B. O.*, p. 611). — Solde à allouer au personnel officiers et marins détaché à l'aéronautique de la Guerre (solde n° 3 : services *aériens*; solde n° 2 : services *d'ateliers*).

e. *Quelle que soit la zone*, aux marins qui, *pour suivre une destination à la mer ou hors du territoire continental, ou pour rentrer en France à la suite d'une campagne de mer ou d'un séjour à terre*, sont embarqués pour ordre comme passagers à bord d'un bâtiment de l'État ou du commerce, ou sont obligés de voyager par terre à l'étranger ou aux colonies;

f. Aux marins visés au présent article *en mission hors de leur bord ou de leur service* ou *en permission*, sauf, dans ce dernier cas, sous réserve de l'application des dispositions prévues à l'article 32 du présent décret.

ART. 17 (1).

Passage de la solde n° 3 à la solde n° 4 et inversement.

Les droits à la solde n° 4 sont acquis ou cessent du jour, indiqué au journal de bord, où le bâtiment sort de la zone indiquée au paragraphe 1er de l'article 16 ou y rentre.

ART. 18.

Droits à la solde n° 4.

1. La solde n° 4 est due :

En dehors de la zone indiquée au paragraphe 1er de l'article 16 (zone n° 2) :

a. Aux marins *embarqués ou en subsistance* sur les bâtiments de l'État dans toutes les positions;

b. Aux marins affectés *aux flottilles de torpilleurs ou de sous-marins;*

c. Aux marins en *service à terre* dans les colonies, les pays de protectorat et les établissements de la Marine à l'étranger;

d. Aux marins détachés en mission sur un navire n'appartenant pas à la Marine militaire, *en vue de participer à des voyages de découvertes ou à des études scientifiques entrepris avec le concours de l'État*, même pour la période de temps qu'ils sont appelés à passer à terre au cours de leur mission.

2. La solde n° 4 est également due :

a. *Quelle que soit la zone*, aux marins *embarqués par ordre sur les navires de commerce pour y accomplir un service à bord*. Dans cette situation, ces marins reçoivent une solde au moins égale au salaire commercial correspondant à leur grade ou emploi. Dans le cas où ce salaire est inférieur à la solde n° 4 (accessoires compris), c'est cette dernière solde qui leur est allouée. Le payement de ces soldes est, en principe, à la charge des armateurs (2);

b. Aux marins visés au présent article *en mission* hors de leur bord ou

---

(1) *Dépêche au Maroc le 12 juin 1913.* — En annexe. — Au sujet du maintien des avantages spéciaux de solde et de traitement de table aux bâtiments de la Division navale du Maroc séjournant à Gibraltar.

(2) *Circulaire du 5 août 1910.* — En annexe. — Règlement de la solde du personnel détaché dans un port de commerce pendant une grève d'inscrits maritimes.

service ou *en permission*, sauf, dans ce dernier cas, sous réserve de l'application des dispositions prévues à l'article 32 du présent décret.

ART. 19.

(Modifié le 5 juillet 1910, le 15 novembre 1911, le 28 janvier 1914, le 2 janvier 1915 et le 22 juin 1915.)

1. La solde n° 5 est due aux marins en traitement dans les hôpitaux à terre s'ils avaient droit à une solde avant leur entrée à l'hôpital. [1] Droits à la solde n° 5.

2. Par exception :

a. Les marins admis dans les hôpitaux à la suite de blessures reçues en service commandé conservent, pendant leur première admission [2] et dans la limite de 90 jours, sauf prolongation accordée par le Ministre, la solde à laquelle ils avaient droit au moment de leur hospitalisation (*a*);

Les marins qui, après une première hospitalisation, sont admis à nouveau en traitement pour blessures reçues en service commandé reçoivent la solde n° 1 au lieu de la solde n° 5 lorsque cette dernière solde est inférieure au montant de la tenue réglementaire d'habillement, augmenté, le cas échéant, de celui de la retenue pour délégation consentie antérieurement à l'accident [3].

En temps de guerre, le bénéfice de cette disposition est étendu, pour les marins des formations de combat constituées par la Marine et coopérant avec l'Armée de terre, au cas où ils sont admis dans les hôpitaux à la suite de maladies contractées en service commandé.

b. Les marins en traitement dans les hôpitaux situés en dehors de la zone indiquée au paragraphe 1 de l'article 16, les infirmiers de tous grades en traitement dans tous les hôpitaux autres que les établissements et asiles d'aliénés

---

(1) *Dépêche du 9 juin 1914* (*B.O.*, p. 1806). — Solde d'hôpital à attribuer éventuellement aux marins en traitement à l'infirmerie de division à Saïgon.

(2) Par l'expression *première admission*, il y a lieu d'entendre la durée totale du traitement subi dans un ou plusieurs hôpitaux à la suite de la blessure reçue en service commandé et jusqu'au jour où le marin quitte l'hôpital étant proposé pour un congé, une pension de retraite, etc., ou reconnu apte à reprendre du service. (Circulaires manuscrites aux cinq ports, du 19 juillet 1907, et à Diégo-Suarez du 18 août 1911.)

(*a*) *Circulaire du 18 février 1915* (*B. O.*, p. 171). — Les marins des formations de combat admis dans les hôpitaux pour blessures reçues ou maladies contractées en service commandé conserveront la solde à laquelle ils avaient droit, même lorsque la durée de l'hospitalisation dépassera quatre-vingt-dix jours.

Circulaire du 2 juin 1915 (*B. O.*, p. 910). — Application des dispositions de la circulaire du 18 février 1915 aux marins mis à la disposition du Département de la Guerre.

(3) Voir circulaire interprétative du 14 avril 1914 (*B. O.*, p. 899). — En annexe (au sujet de la délégation «imposée d'office»).

publics ou privés, reçoivent la solde n° 1, à moins qu'ils n'aient droit à une solde supérieure conformément aux dispositions du paragraphe *a* ci-dessus;

c[1]. Les marins envoyés à l'hôpital par application des dispositions relatives à la prophylaxie de la fièvre typhoïde, de la méningite cérébro-spinale, etc., conservent, pendant la durée de leur mise en observation, la solde à laquelle ils avaient droit au moment de leur hospitalisation. Toutefois ceux de ces marins maintenus en traitement à la suite d'un examen bactériologique ou autre qui les a fait reconnaître malades ne bénéficient plus que de la solde n° 5 à partir de cette constatation.

La même règle est applicable aux marins envoyés en observation à l'hôpital pour y être examinés au point de vue de leur aptitude à servir à bord des sous-marins.

ART. 20.

Fixation par le Ministre des droits à la solde dans les cas exceptionnels non prévus au décret.

Dans le cas exceptionnel où des marins se trouvent momentanément dans une situation de service non expressément prévue aux articles 14, 15, 16 et 18, le Ministre fixe la catégorie dans laquelle ils doivent être compris au point de vue des droits à la solde.

SECTION II.

DES DROITS À LA SOLDE EN POSITION D'ABSENCE.

§ A. *Solde en disponibilité.*

ART. 21.

Droits à la solde n° 6.

La solde n° 6 est due aux officiers-mariniers du cadre de maistrance placés dans la position de disponibilité 1re ou 2e catégorie et qui ne sont pas en traitement dans les hôpitaux, ainsi qu'à ceux qui obtiennent des sursis de rappel de disponibilité.

§ B. *Solde en position de congé.*

ART. 22.

Droits à la solde en congé pour affaires personnelles.

1. Les congés et prolongations de congé pour affaires personnelles peuvent donner droit à la solde n° 5 dans la limite maximum de six mois: lorsqu'ils dépassent cette durée, ils ne donnent droit, à aucune solde.

2. Les conditions d'obtention et de durée de ces congés sont déterminées par le décret portant organisation du corps des Équipages de la Flotte.

---

[1] *Circulaire du 22 octobre 1912* (*B. O.*, p. 719). — Conditions dans lesquelles le bénéfice des dispositions de la circulaire du 18 décembre 1911 (*B. O.*, p. 1306) est acquis aux officiers, etc., en suspicion de *tuberculose pulmonaire*, envoyés d'office en observation à l'hôpital.

ART. 23.

(Modifié le 5 juillet 1910, le 28 janvier 1914, le 10 août 1914 et le 20 avril 1915.)

Droits à la solde en congé de convalescence.

1. Donnent droit à la solde n° 1 dans la limite des six premiers mois et à la solde n° 5 dans la limite de six autres mois, les congés et prolongations de congé de convalescence accordés :

a. A tous les marins ;

1° Pour *blessures* reçues en service commandé ;

2° Pour *maladies endémiques ou contagieuses* contractées par eux en quelque lieu que ce soit et aux influences desquelles *ils ont été soumis par les obligations de leur service* [1] ;

3° Pour *affections graves* intéressant les voies respiratoires contractées par eux *par le fait du service* [2] ;

4° Pour maladies qui sont la conséquence du service, savoir : intoxication par les substances alimentaires, les conserves, etc., intoxication saturnine, asphyxies par les gaz toxiques ; intoxications par d'autres causes (non compris les empoisonnements volontaires) ; piqûres venimeuses ou septiques.

b. Aux marins appartenant aux catégories ci-après atteints d'*anémie professionnelle :*

1° Mécaniciens, chauffeurs, cuisiniers, boulangers-coqs, caliers [3] inscrits en cette qualité aux rôles de service, canonniers et artificiers spécialement affectés à l'entretien, à la visite, à la ventilation et à la réfrigération des soutes à munitions, réunissant sans interruption dix-huit mois d'embarquement en cette qualité sur les bâtiments armés.

2° Marins de toutes les spécialités réunissant sans interruption plus d'une année d'embarquement effectif sur les sous-marins et submersibles ;

3° Marins réunissant sans interruption plus d'une année d'affectation à une station côtière radio-télégraphique ou à une station de bord.

---

(1) *Circulaire du 9 octobre 1909.* — En annexe. — Nomenclature des maladies endémiques ou contagieuses donnant droit à la solde n° 1 pendant la durée des congés de convalescence accordés aux marins du corps des Équipages de la Flotte.

Circulaire du 22 juillet 1911. — Les congés de convalescence accordés aux marins pour *paludisme* donnent droit à la solde n° 1. (Addition à la circulaire du 9 octobre 1909.)

(2) *Circulaire du 12 janvier 1910.* — En annexe. — Nomenclature des maladies intéressant les voies respiratoires et donnant droit à la solde n° 1 pour les congés de convalescence accordés aux marins du corps des Équipages de la Flotte.

(3) Ces caliers devront avoir exercé leurs fonctions pendant dix-huit mois sans interruption.

2. Ces congés doivent toutefois, pour conférer les droits aux soldes prévues au paragraphe 1, être obtenus :

1° Pour les marins provenant de campagne, dans les deux mois qui suivent soit la rentrée en France, soit la sortie de l'hôpital après traitement consécutif[1].

2° Pour les autres marins, à leur sortie de l'hôpital ou de l'infirmerie du dépôt après traitement.

Ces droits ne peuvent être exercés qu'une seule fois pour la même cause.

3. Donnent droit à la solde n° 5, mais dans la limite de six mois seulement, les congés et prolongations de congé de convalescence accordés aux marins dans tous les cas autres que ceux indiqués au paragraphe 1 du présent article.

4. Par dérogation aux dispositions du présent article, les marins de tous grades ont droit, du jour où ils réunissent cinq années de services effectifs à l'État, à la solde n° 1 pour les congés et prolongations de congés de convalescence qui leur sont accordés.

En temps de guerre, les marins de moins de cinq ans de services ont droit, dans la limite de six mois, à la solde n° 1 pour les congés et prolongation de congés de convalescence obtenus pour blessures reçues ou maladies contractées au cours des opérations. Au delà des six premiers mois, la solde n° 1 peut être maintenue à ces marins, mais seulement par décision spéciale du Ministre.

ART. 24.

(Modifié le 5 juillet 1910.)

Droits à la solde en congé pour faire usage des eaux thermales et minérales.

Les congés pour faire usage des eaux thermales ou minérales sont accordés dans les conditions fixées par le décret portant organisation du corps des Équipages de la Flotte. Sauf pour les journées d'hospitalisation qui comportent la concession de la solde n° 5, ces congés donnent droit à la solde n° 1, mais seulement pendant deux années de suite. S'ils sont accordés pour une troisième année, ils donnent droit à la solde n° 5.

ART. 25.

Droits à la solde en congé pour fin de campagne.

1. Les congés pour fin de campagne donnent droit à la solde n° 1.

2. Les conditions d'obtention et de durée de ces congés sont déterminées par le décret portant organisation du corps des Équipages de la Flotte.

---

[1] Le congé de convalescence accordé dans le délai de deux mois après l'expiration d'un congé de fin de campagne est considéré comme une prolongation de congé de convalescence au point de vue des droits à la solde (*art. 360, § 5, du décret du 17 juillet 1908 et dépêche à Rochefort du 3 mai 1910*).

ART. 26.

1. Les congés par suite d'engagement à long terme, de réadmission ou de rengagement donnent droit :

Droits à la solde en congé par suite d'engagement à long terme, de réadmission ou de rengagement.

a. A la solde n° 5 s'ils sont accordés pour une durée supérieure à deux mois ;

b. A la solde n° 1 s'ils sont accordés pour *une durée de deux mois au plus.*

La solde n° 1 est également allouée au titulaire d'un congé de plus de deux mois s'il rentre volontairement ou d'office au corps avant que son absence autorisée ait excédé deux mois.

2. Lorsqu'un marin titulaire d'un congé est rappelé d'office avant l'expiration normale dudit congé et après avoir passé plus de deux mois dans ses foyers, la solde n° 1 lui est allouée pour les deux premiers mois de congé, et la solde n° 5 pour la durée de l'absence supplémentaire.

ART. 27.

(Modifié le 23 octobre 1912 et le 20 avril 1915.)

1. Les congés pour attendre la notification du règlement d'une pension de retraite à titre d'infirmités ou de blessures ou de la décision admettant à la retraite proportionnelle ou à la réforme n° 1 avec ou sans gratification renouvelable donnent droit à la solde n° 1 s'ils sont imposés d'office, et à la solde n° 5 s'ils sont accordés sur la demande des intéressés.

Droits à la solde en congé pour attendre la notification du règlement d'une pension de retraite à titre d'infirmités ou de blessures ou la décision admettant à la retraite proportionnelle ou à la réforme n° 1 avec ou sans gratification renouvelable.

Toutefois, si les blessures ont été reçues ou les infirmités contractées au cours d'opérations de guerre, la solde n° 1 est allouée dans tous les cas.

2. En cas de rejet de la demande de pension ou de gratification, la solde n° 1 ou n° 5, suivant le cas, est continuée jusqu'au jour de la radiation des contrôles de l'activité, dans les conditions prévues par le décret portant organisation du corps des Équipages de la Flotte.

ART. 28.

1. Les marins qui, à l'expiration d'un congé avec ou sans solde, n'ont pu, par suite de circonstances de force majeure ou de maladie, rejoindre leur poste sont considérés, au point de vue des droits à la solde, comme continuant leur position de congé jusqu'au jour de leur rentrée.

Droits à la solde pour les marins qui ont dépassé les limites de leur congé par suite de circonstances de force majeure.

2. Toutefois, si ces marins ont été maintenus dans leurs foyers sur un ordre de l'autorité, motivé par un cas de force majeure, ils ont droit à la solde n° 1 à partir du lendemain du jour de l'expiration de leur congé.

§ C. *Solde en jugement et en détention.*

ART. 29.

Droits à la solde en jugement et en détention.

1. Les marins *condamnés par jugement* n'ont droit à aucune solde à partir du jour où ils ont été écroués préventivement.

2. *En cas d'acquittement*, ils sont rappelés de leur solde selon leur position antérieure, pour tout le temps pendant lequel ils ont été détenus[1].

3. *En cas de condamnation avec application de la loi du 26 mars 1891* relative à l'atténuation et à l'aggravation des peines, les marins sont provisoirement rappelés de leur solde pour la durée de leur emprisonnement préventif.

Toutefois, en cas de nouvelle condamnation dans les conditions prévues par la loi du 26 mars 1891, la première peine devant d'abord être exécutée sans qu'elle puisse se confondre avec la seconde, l'intéressé est constitué débiteur envers l'État des sommes qui lui ont été ainsi rappelées.

4. Dans tous les cas, les marins *condamnés par jugement* dans les conditions prévues à l'article 250 du Code de justice maritime[2] à une peine comportant suspension de solde conservent leurs droits à la portion de la solde déléguée à la famille[3].

§ D. *Solde en captivité à l'ennemi.*

ART. 30.

Droits à la solde en captivité.

Les marins *en captivité à l'ennemi* ont droit à la solde n° 5.

§ E. *Solde à l'hôpital en position d'absence.*

ART. 31.

Droits à la solde à l'hôpital en position d'absence.

Les marins *en traitement à l'hôpital* au cours d'une position d'absence avec solde reçoivent la solde n° 5.

---

(1) Ce rappel est également fait en faveur des héritiers ou ayants droit du marin, en cas de décès ou de disparition au cours de la détention préventive.

(2) ART. 250 du *Code de Justice pour l'Armée de mer* (loi du 4 juin 1858). « La durée de la peine du cachot ou double boucle est de cinq jours au moins et de trente jours au plus. Cette peine comporte la suspension de la solde, sans préjudice de la portion de cette solde déléguée à la famille. »

(3) Le mot « famille » s'entend uniquement de la femme, des ascendants et descendants qui ont droit aux aliments conformément aux règles du droit civil.

SECTION III.

DES DROITS À LA SOLDE EN PERMISSION.

ART. 32.

(Modifié le 5 juillet 1910 [§ 1], le 10 janvier 1911 [§ 3].)

1. Les marins conservent la totalité de la solde qui leur est attribuée d'après la position qu'ils occupent, lorsque la durée totale de l'absence par permission en une ou plusieurs fois n'est pas prolongée au delà de trente jours, du 1er janvier au 31 décembre de la même année. **Droits à la solde résultant des permissions (a).**

2. Si l'ensemble des permissions accordées dans cette période d'une année dépasse la limite ci-dessus, la totalité de la solde n'est maintenue que jusqu'à concurrence de trente jours et le surplus de l'absence ne donne droit qu'à la solde n° 5 [1].

3. Ne sont pas comprises dans l'ensemble dont il est question au paragraphe précédent :

a. Les permissions accordées pendant leur semaine de repos aux marins faisant partie du cadre permanent, mobile et supplémentaire des dépôts des Équipages de la Flotte.

b. Les permissions dont la durée n'excède pas trois jours. Ces permissions ne sont pas mentionnées sur les rôles [2].

c. Les permissions accordées en remplacement de congé, dans les conditions prévues par le décret portant organisation du corps des Équipages de la Flotte.

d. Les permissions accordées avant leur départ de France aux marins de tous grades qui reçoivent et suivent une destination coloniale.

---

[1] *Circulaire du 7 décembre 1908.* — En annexe. — Au point de vue des droits à la solde, les permissions faisant suite à un congé doivent être considérées comme une prolongation de congé.

[2] Rappelé par Circulaire du 5 février 1909 (*B. O.*, p. 64).

Circulaire du 3 juin 1912 (B. O., p. 1267). — Les marins autorisés, après visite médicale, à jouir d'un repos à domicile doivent être considérés comme permissionnaires.

(a) *Dépêche du 24 janvier 1913 à la 2e Division de la 1re Escadre légère.* — Les marins du *Léon-Gambetta* en permission au départ de leur bâtiment pour Constantinople ont droit à la solde n° 4 *à partir du jour où le bâtiment a franchi le 15e de longitude Est,* et non seulement à partir du jour où ils ont rallié le bord.

4. Par exception aux dispositions du paragraphe 1, les permissions d'une durée supérieure à trente jours, accordées dans les conditions prévues par le décret portant organisation du corps des Équipages de la Flotte aux marins qui demandent à se rendre en Corse, en Algérie ou en Tunisie et à ceux qui y servent et qui viennent en France, donnent droit à la totalité de la solde pendant toute leur durée.

5. En cas de retard justifié, les titulaires d'une permission conservent l'intégralité de leur solde dans les limites déterminées aux paragraphes précédents en tenant compte de la durée des permissions accordées depuis le 1er janvier de l'année. Au delà de cette limite, ils n'ont droit qu'à la solde n° 5, à moins qu'ils n'aient été maintenus dans leurs foyers après l'expiration de leur permission sur un ordre de l'autorité, motivé par un cas de force majeure.

TITRE II.

Des accessoires de la solde.

ART. 33.

Division générale des accessoires de la solde.

Les accessoires de la solde des marins sont :

1° Les indemnités tenant lieu de solde;

2° Les indemnités représentatives de la solde;

3° Les suppléments de solde dus en raison du lieu au service;

4° Les suppléments de solde pour fonctions spéciales momentanément remplies;

5° Les indemnités représentatives de dépenses personnelles occasionnées par la résidence temporaire ou les charges de famille;

6° Les indemnités représentatives de dépenses personnelles occasionnelles;

7° Les gratifications d'encouragement et autres.

CHAPITRE I.

INDEMNITÉS TENANT LIEU DE SOLDE.

ART. 34.

Conditions dans lesquelles est due l'indemnité tenant lieu de solde pour les retraités pourvus d'un emploi d'activité.

1. Les marins en retraite pourvus d'un emploi d'activité reçoivent, pour leur tenir lieu de solde, une indemnité fixée par le tarif n° III annexé au présent décret.

2. Le taux de l'augmentation que ces marins retraités peuvent obtenir

dans chaque classe, à titre d'avancement, est fixé par le même tarif; le nombre de ces augmentations successives ne peut excéder deux.

3. L'indemnité est due du jour de l'entrée en fonctions au jour de la cessation du service. L'allocation réduite prévue pour le cas d'entrée à l'hôpital est due si le titulaire n'a pas été rayé des contrôles et remplacé. Par contre, elle n'est due ni pendant la durée des congés de convalescence, ni pendant la durée du traitement dans un établissement ou asile d'aliénés public ou privé.

4. Le payement de cette indemnité ne peut, en aucun cas, ouvrir des droits à pension ou à revision de pension.

CHAPITRE II.

INDEMNITÉS REPRÉSENTATIVES DE LA SOLDE.

ART. 35.

Ont droit à une indemnité représentative de leur solde :

Conditions dans lesquelles est due l'indemnité représentative de la solde.

a. *A partir du jour où ils ont droit à leur congédiement jusqu'au jour de leur sortie de l'hôpital*, les marins maintenus en traitement dans les hôpitaux, pour maladies, blessures et affections pouvant ouvrir des droits à un congé de convalescence avec solde n° 1.

b. *A partir du jour où ils ont droit à leur congédiement jusqu'à l'expiration du congé de convalescence dont ils sont titulaires*, les marins en jouissance d'un congé de convalescence obtenu dans les conditions prévues aux paragraphes 1 et 2 de l'article 23 du présent décret.

c. *Pendant la durée de leur hospitalisation et celle du congé de convalescence qui leur a été accordé*, les marins provenant d'un bâtiment ou service situé dans la zone n° 2, congédiés à leur retour en France et admis à bénéficier des dispositions prévues par le décret portant organisation du corps des Équipages de la Flotte.

d. *Pendant la durée du service qu'ils ont effectivement accompli*, les marins dont l'acte d'engagement a été annulé dans les conditions prévues par le décret portant organisation du corps des Équipages de la Flotte. Cette indemnité est due jusqu'au jour soit du renvoi dans les foyers, soit de la signature du nouvel acte d'engagement, suivant le cas.

ART. 36.

Quotité de l'indemnité représentative de la solde.

1. Le montant de l'indemnité représentative allouée en vertu de l'article précédent est égal, pour les marins visés aux paragraphes a, b et c, à la

solde proprement dite, dégagée de tous accessoires, à laquelle les intéressés auraient eu droit dans chaque cas particulier si leur lien s'était continué.

2. Pour les marins dont l'acte d'engagement a été annulé, ce montant est égal à la solde, accessoires compris, à laquelle les intéressés auraient eu droit si leur lien avait été régulier.

CHAPITRE III.

SUPPLÉMENTS DE SOLDE DUS EN RAISON DU LIEN AU SERVICE.

ART. 37.

Définition des suppléments de solde dus en raison du lien militaire.

1. Les suppléments dus en raison du lien au service sont :

Les hautes payes;

Les primes de réadmission ou de rengagement;

Les indemnités de maintien au service;

Les primes aux marins faisant partie de la 1re catégorie du personnel des Ateliers centraux de la Flotte et aux quartiers-maîtres et matelots brevetés des Défenses fixes des ports militaires.

2. Les suppléments prévus au présent article se cumulent entre eux et avec toutes autres allocations individuelles.

SECTION I.

HAUTES PAYES D'ANCIENNETÉ.

ART. 38.

(Modifié le 28 janvier 1914 et le 21 mai 1915.)

Droits aux hautes payes d'ancienneté.

1. Une haute paye journalière d'ancienneté, dite «de chevrons,» est due aux marins de toute provenance *n'ayant pas droit à la solde progressive, présents au service*[1], lorsqu'ils réunissent quatre années de services effectifs, soit depuis l'âge de seize ans dans les Équipages de la Flotte, soit depuis l'âge de dix-huit ans dans les différents corps militaires de la Guerre ou de la Marine ou dans les corps étrangers soldés par la France.

2. Une deuxième haute paye journalière d'ancienneté leur est due après huit ans de services révolus, une troisième après douze ans, une quatrième après seize ans, une cinquième après vingt ans, dans les mêmes conditions qu'au paragraphe précédent.

---

[1] Dans les grades de quartier-maître et d'officier-marinier, la haute paye est incorporée dans la solde pour constituer la *solde progressive*.

3. La quotité des hautes payes est fixée, pour chaque degré d'ancienneté et pour chaque grade, par le tarif n° IV annexé au présent décret.

4. La haute paye d'ancienneté est allouée dans toutes les positions comportant une solde.

5. Les hautes payes ne sont dues aux marins réservistes que pendant les périodes de mobilisation: elles ne sont pas dues pendant les périodes de convocation pour exercices.

6. Dans aucun cas, les *agents de service civils* n'ont droit à la haute paye d'ancienneté, mais les services accomplis en qualité d'agents de service civil comptent à l'égard des marins de tous grades pour le droit à la haute paye d'ancienneté et à la solde progressive.

ART. 39.

1. La haute paye d'ancienneté cesse d'être due toutes les fois qu'il y a suspension ou privation de solde; elle reprend du jour de la rentrée en solde. **Privation du droit à la haute paye.**

2. Elle n'est pas allouée aux marins incorporés dans un corps disciplinaire.

ART. 40.

1. Les services donnant droit à la haute paye d'ancienneté dans les Équipages de la Flotte sont comptés à partir du jour inclus de l'entrée en solde d'activité des marins, sans distinction de provenance [1,2]. **Services donnant droit à la haute paye d'ancienneté.**

2. En principe, le temps de service comportant une solde est seul admis dans le décompte des services donnant droit à la haute paye d'ancienneté. Cependant il est fait exception à cette règle en ce qui concerne les punitions disciplinaires et les absences illégales n'excédant pas les délais fixés par la loi

---

(1) *Circulaire du 18 juin 1897.* — Il convient de compter dans les services donnant droit à la haute paye le temps passé dans les arsenaux de la Marine en qualité d'ouvrier jusqu'au 1er janvier 1896. Toutefois les hommes incorporés ou réadmis après congédiement, postérieurement au 1er janvier 1896, ne bénéficieront pas de cette faveur, quelle que soit l'époque à laquelle ils auront servi dans les arsenaux.

Circulaire du 1er février 1906. — Les services accomplis dans les arsenaux de la Marine jusqu'au 1er janvier 1896, date de la mise en vigueur du décret du 10 juillet 1895, ne doivent entrer en ligne de compte dans la supputation des droits à la haute paye qu'à la *double condition* que ces services aient été rendus par des marins *inscrits pendant le temps de leur inscription et que les intéressés aient été incorporés dans les Équipages de la Flotte en qualité d'inscrits maritimes.*

Dépêche du 19 janvier 1909 à l'Escadre de la Méditerranée. — En annexe. — Le temps passé dans la douane métropolitaine ne compte pas comme service pour le droit à la solde progressive ou à la haute paye.

(2) *Circulaire du 30 octobre 1911* (*B. O.*, p. 944). — Décompte des services des marins provenant du recrutement ou de l'engagement volontaire et congédiés par anticipation sous l'empire des lois des 27 juillet 1872 et 15 juillet 1889.

pour constituer l'homme en état de désertion ou d'insoumission. Quant au temps de service supplémentaire que sont tenus d'accomplir les marins qui, pendant la durée de leur présence sous les drapeaux, ont encouru une peine d'emprisonnement en vertu d'un jugement ou d'une punition disciplinaire [1], il n'entre en ligne de compte pour les droits à la haute paye que si le temps passé en prison n'est pas déjà compté lui-même pour l'admission à la haute paye.

ART. 41.

Services ne comptant pas pour l'obtention des hautes payes.

Sont déduits des services comptant pour l'obtention de la haute paye :

1° Le temps passé au service par les réservistes appelés pour accomplir une période légale d'exercices;

2° Le temps passé dans un corps disciplinaire et celui passé dans la légion étrangère sous un faux nom;

3° Le temps passé dans les hôpitaux par les infirmiers temporaires non liés au service.

ART. 42.

Droits à la haute paye en cas de passage d'un militaire dans les Équipages de la Flotte.

Les militaires en jouissance d'une haute paye ont droit, lorsqu'ils passent dans les Équipages de la Flotte, soit à la haute paye, soit à la solde progressive afférente à leur grade et à leur ancienneté de services, à compter du jour de leur entrée en solde dans leur nouveau corps.

SECTION II.

PRIMES DE RÉADMISSION ET DE RENGAGEMENT.

ART. 43.

(Modifié le 28 janvier 1914.)

Droits aux primes de réadmission ou de rengagement.

1. Tout quartier-maître ou matelot breveté qui contracte un rengagement ou une réadmission a droit, en principe, à une prime dont la quotité est proportionnelle à la durée du lien souscrit. Le fait pour les marins sans spécialité d'obtenir un brevet au cours d'une réadmission ou d'un rengagement n'entraîne pas le droit à la prime [2].

2. Le taux de la prime varie, suivant le grade et la spécialité, en tenant compte des conditions de recrutement, de formation et d'utilisation; ce taux est fixé par le Ministre, entre les limites prévues au tarif n° IV, § *b*.

---

[1] Article 47, loi du 15 juillet 1889, et article 28, loi du 24 décembre 1896.

[2] *Circulaire du 22 juillet 1909* (*B. O.*, p. 790). — Droit à la prime des militaires des troupes coloniales et métropolitaines qui contractent un rengagement dans le corps militaire des Armuriers de la Marine.

La prime à payer est celle du tarif en vigueur au moment de la signature de l'acte, même si le nouveau lien est contracté avec effet rétroactif [1].

3. La prime est acquise du jour où le rengagement ou la réadmission commence à courir, et ne peut être payée avant ce jour. Sur la demande de l'intéressé, la prime peut ne lui être versée immédiatement qu'en partie. Le reliquat ou, s'il y a lieu, la totalité de la prime lui est payée soit par annuité égale, soit en un seul versement au moment où il quitte le service. Toutefois, en cas de mariage ou autre obligation dûment constatée, l'intéressé peut, avec l'autorisation du commandant sous les ordres duquel il est placé, percevoir la totalité ou la fraction de la prime qui lui reste due.

La portion de la prime non touchée porte intérêt simple à 2.50 p. % à partir du jour où le contrat a commencé à courir.

Les intérêts simples des primes, fractions de primes, annuités sont payés en même temps que ces sommes.

4. N'ont pas droit à la prime :

1° Sauf décision contraire du Ministre, les quartiers-maîtres et matelots qui ont quitté le service pour un motif quelconque [2];

2° Les quartiers-maîtres et les matelots qui, contractant une réadmission ou un rengagement, ont passé pendant le lien en cours plus d'un an dans la position de dispense ou en congé à n'importe quel titre, y compris les congés de convalescence;

3° Les quartiers-maîtres qui ont au moins seize ans de services comptant pour l'obtention de la solde progressive;

4° Les matelots qui ont au moins seize ans de services comptant pour la haute paye.

---

(1) Voir Circulaire interprétative du 14 avril 1914 (*B. O.*, p. 899). — En annexe.

(2) L'expression : *qui ont quitté le service*, doit être entendue dans le sens de : *qui sont libérés de leurs obligations militaires d'activité* (disponibilité pour les inscrits maritimes, réserve pour les hommes du recrutement, de l'engagement volontaire ou les inscrits maritimes).

Par suite, cette expression ne s'applique pas aux hommes envoyés en congé illimité ou en position de dispense, tant qu'ils se trouvent dans l'une ou l'autre de ces situations. Ces derniers ont donc droit à la prime, mais à la condition de n'avoir pas passé plus d'un an dans leurs foyers pendant la durée du lien initial. (Circ. du 4 avril 1907, *B. O.*)

Le passage dans le corps des marins vétérans, suivi de réintégration dans les Équipages de la Flotte, ne constitue pas, au point de vue du droit à la prime, une interruption de service. (Circ. manuscrite du 28 janvier 1904.)

Circulaire du 16 mars 1915 (*B. O.*, p. 295). En annexe. — Au sujet du droit à la prime des quartiers-maîtres et matelots brevetés qui contractent un nouveau lien, en vue de leur changement de spécialité.

Circulaire du 17 juin 1915 (*B. O.*). En annexe. — Droit à la prime pour les marins qui, en temps de guerre, contractent un nouveau lien après un premier refus de se faire réadmettre et maintenus au service en vertu de l'ordre général de mobilisation.

5° Les quartiers-maîtres et matelots ajournés par la Commission des réadmissions.

6° Les quatiers-maîtres qui, rengagés ou réadmis par anticipation, sont nommés seconds-maîtres au plus tard pour compter du jour où commence à courir le nouveau lien qu'ils ont souscrit.

5. Les quartiers-maîtres et matelots qui, pendant le cours du nouveau lien souscrit, doivent atteindre une durée de seize ans de services comptant pour l'obtention de la solde progressive ou pour la haute paye ont droit à une prime proportionnelle au temps de service restant à faire jusqu'à l'expiration de la seizième année de service.

ART. 44.

(Modifié le 28 janvier 1914.)

Cas dans lesquels la prime est définitivement acquise.

1. Le montant de la prime demeure acquis en cas de passage dans un corps de troupe, d'admission dans la gendarmerie ou les corps suivants : marins des Directions de port, surveillants des prisons maritimes, pompiers, gardes-consignes et guetteurs des électro-sémaphores, ou lorsque la radiation des contrôles du corps des Équipages est indépendante de la volonté de l'homme (réforme, admission à la retraite, etc.).

2. Lorsqu'un officier-marinier, quartier-maître ou matelot est, sur sa demande, et avant l'expiration du lien qu'il a contracté, congédié pour quelque cause que ce soit : nomination à un emploi civil dépendant ou non du Département de la Marine, admission à une pension proportionnelle, etc., il est tenu de rembourser la part proportionnelle de prime afférente au temps de service non accompli, si la durée en est supérieure à six mois.

SECTION III.

INDEMNITÉ DE MAINTIEN AU SERVICE.

ART. 45.

(Modifié le 21 mai 1915.)

Droits à l'indemnité de maintien au service.

1. Les marins de toutes provenances retenus d'office sous les drapeaux pour toute cause autre que la mobilisation, après avoir accompli la période de service actif [1] ou leur engagement volontaire, ont droit à une allocation spéciale journalière dite *indemnité de maintien au service*, dont la quotité est fixée par le tarif n° IV annexé au présent décret.

2. Cette indemnité, qui se cumule avec la haute paye d'ancienneté, est également due aux marins maintenus, en dehors de la période de mobilisation, d'office au service après l'expiration de leur réadmission ou de leur rengagement.

---

[1] Pour les inscrits maritimes, la période de service actif est la période de cinq ans prévue par l'article 23 de la loi du 24 décembre 1896.

SECTION IV.

PRIMES SPÉCIALES AUX MARINS FAISANT PARTIE DE LA PREMIÈRE CATÉGORIE DU PERSONNEL DES ATELIERS CENTRAUX DE LA FLOTTE ET AUX QUARTIERS-MAÎTRES ET MATELOTS BREVETÉS DES DÉFENSES FIXES DES PORTS MILITAIRES.

ART. 46.
(Modifié le 5 juillet 1910.)

Droits à ces primes spéciales. Quotités.

1. Des primes spéciales peuvent être allouées, pour chaque période d'affectation, aux marins de la première catégorie du personnel des Ateliers centraux de la Flotte qui contractent un engagement spécial de servir dans ces ateliers.

2. Des primes spéciales peuvent être également allouées aux quartiers-maîtres et matelots brevetés des Défenses fixes des ports militaires [1].

3. La quotité de ces primes [2], dans la limite prévue au tarif IV annexé au présent décret, et leur mode de payement sont fixés par le Ministre de la Marine.

CHAPITRE IV.

SUPPLÉMENTS DE SOLDE POUR FONCTIONS SPÉCIALES MOMENTANÉMENT REMPLIES.

ART. 47.
(Modifié le 5 juillet 1910.)

Suppléments de fonctions.

1. Les marins remplissant effectivement certaines fonctions dépendant de leur grade ou de leur utilisation momentanée ont droit aux suppléments spéciaux prévus par le tarif n° V annexé au présent décret.

2. Ces suppléments ne sont acquis que pendant la durée effective des fonctions ou de l'utilisation; à moins de décision contraire du Ministre, ils cessent en conséquence d'être dus en cas de mission, de permission, d'entrée à l'hôpital, etc. Toutefois, ils sont acquis pendant la durée des permissions n'excédant pas trois jours, à condition que les titulaires n'aient pas été remplacés dans leurs fonctions.

---

(1) *Circulaire du 20 août 1910.* — En annexe. — Fixation de l'allocation d'une prime spéciale aux quartiers-maîtres et matelots brevetés du personnel *sédentaire* des Défenses fixes.

Dépêche du 9 janvier 1912 à Lorient et *Dépêche aux cinq ports du 10 septembre 1912.* — L'allocation de la prime de 0 fr. 20 prévue à l'article 46, § 2, est réservée au personnel *sédentaire* des Défenses fixes.

(2) *Circulaires du 7 septembre 1908* (B. O., p. 884). — Fixation de la quotité de la prime spéciale à payer aux marins faisant partie de la première catégorie du personnel des ateliers centraux de la Flotte. Instructions pour le payement de cette prime.

3. Ils ne se cumulent pas entre eux. Toutefois les patrons-pilotes embarqués sur les sous-marins et submersibles reçoivent, outre le supplément spécial prévu pour les équipages de ces derniers bâtiments, la moitié du supplément qui leur est attribué par le tarif n° V, colonne 10.

CHAPITRE V.

INDEMNITÉS REPRÉSENTATIVES DE DÉPENSES PERSONNELLES OCCASIONNÉES PAR LA RÉSIDENCE TEMPORAIRE OU PAR LES CHARGES DE FAMILLE.

SECTION I.

INDEMNITÉ DE RÉSIDENCE DANS PARIS.

ART. 48.

(Modifié le 10 décembre 1914 et le 21 mai 1915.)

Droit à l'indemnité de résidence dans Paris.

1. Sauf décision contraire du Ministre, une indemnité dite de *résidence dans Paris* est due aux marins pourvus d'un emploi dans un des services installés à Paris.

2. Cette indemnité est allouée à compter du jour où le marin prend son service.

3. Cette indemnité est déterminée par le tarif spécial d'indemnités représentatives de dépenses personnelles occasionnées par la résidence temporaire, annexé au présent décret. Elle n'est due que pour les journées de position de présence, telles qu'elles sont déterminées par les dispositions générales du présent décret, passées à Paris.

Si l'intéressé s'absente de Paris, l'indemnité lui est conservée (sauf s'il appartient à la réserve) :

Pendant un mois, seulement si l'absence ne résulte pas d'une cause de service :

Pendant deux mois, si elle résulte d'une cause de service, hors les cas de mobilisation ou d'expédition.

Pendant tout le temps de son absence et sauf décision spéciale du Ministre, si l'absence est motivée par une affectation donnée en cas de mobilisation ou d'expédition.

SECTION II.

AUTRES INDEMNITÉS.

ART. 49.

Droit aux indemnités de résidence, en France, aux colonies et à l'étranger.

1. Les marins obligés, en raison des nécessités du service, de résider temporairement hors des ports militaires ou appelés à servir dans certains

---

(1) *Circulaire du 17 juin 1903* (B. O.). — L'équipage d'un navire coulé dont le rôle d'équipage est clos postérieurement au jour de la perte de ce navire n'a pas droit, entre ces deux dates, aux allocations diverses attachées aux fonctions qu'il remplissait à bord.

postes spéciaux hors de la métropole, ont droit aux indemnités de résidence prévues par le tarif n° VI annexé au présent décret.

2. Ces indemnités sont dues à compter du jour où le marin prend effectivement possession des fonctions qui ont motivé son déplacement. Elles cessent d'être acquises du jour où les intéressés quittent définitivement leur résidence ou leurs fonctions.

3. L'indemnité prévue pour les marins en service aux colonies et non logés par l'État se cumule avec l'indemnité de logement prévue à l'article 50 du présent décret, lorsque la famille ne réside pas dans la colonie.

4. Ces indemnités sont dues pendant la durée des permissions, des missions et des séjours à l'hôpital. Toutefois les indemnités prévues pour les marins détachés à terre dans les expéditions aux colonies ou à l'étranger ne sont dues, à l'hôpital, que si les intéressés ont été blessés en service commandé et dans la limite de quatre-vingt-dix jours, sauf prolongation accordée par le Ministre.

SECTION III.

INDEMNITÉS POUR CHARGES DE FAMILLE.

ART. 50.

(Modifié le 28 janvier 1914 et le 21 mai 1915.)

Droits à l'indemnité de logement pour charges de famille pour les officiers-mariniers et assimilés.

1. Les officiers-mariniers, quartiers-maîtres et matelots brevetés mariés, divorcés ou veufs avec enfant mineur à leur charge, ou qui, étant séparés de corps, sont tenus par jugement d'assurer une pension alimentaire à leur femme, ont droit, à partir du jour de l'expiration de la première période de service actif, [1] à une indemnité journalière de logement pour charges de famille dont la quotité est fixée par le tarif n° VI, § *b*, annexé au présent décret. Cette indemnité cesse d'être allouée le quinzième jour qui suit le décès de la femme s'il s'agit de marins devenus veufs sans enfant mineur, ou le décès du dernier enfant mineur s'il s'agit de marins déjà veufs [2].

2. Sous les réserves indiquées au paragraphe précédent, les seconds-maîtres tailleurs et cordonniers ont droit à l'indemnité de logement pour charge de famille du jour où ils ont effectué cinq années de services comptant pour la haute paye ou la solde progressive.

3. Les seconds-maîtres du cadre de maistrance suspendus de grade dans les conditions prévues par le décret portant organisation du corps des Équipages de la Flotte conservent, pendant le temps de leur suspension, leurs droits à l'indemnité de logement pour charges de famille.

4. Les officiers-mariniers de tout grade du cadre de maistrance réduits au grade de quartier-maître ou de matelot breveté, dans les conditions définies

---

(1) Voir Circulaire interprétative du 14 avril 1914 (*B. O.*, p. 899). — En annexe.

(2) *Dépêche à Lorient, le 22 août 1912* (*B. O.*, p. 380). — En annexe. — Date de la cessation du droit à l'indemnité de logement pour les marins divorcés sans enfant.

par le décret portant organisation du corps des Équipages de la Flotte, reçoivent l'indemnité de logement pour charges de famille prévue pour leur nouveau grade, du jour de leur réduction, tel qu'il est fixé par la décision intervenue à leur égard.

5. L'indemnité de logement pour charges de famille n'est pas due aux marins réservistes pendant les périodes de convocation pour exercices; en mobilisation, cette indemnité est due seulement aux marins retraités qui ne cumulent pas tout ou partie de leur pension de retraite avec leur solde militaire et qui bénéficiaient déjà de cette indemnité au moment de leur mise à la retraite.

L'indemnité de logement est allouée par continuation aux officiers-mariniers, quartiers-maîtres et matelots brevetés admis à la retraite ou ne renouvelant pas leur lien, et maintenus d'office au service par suite de la mobilisation.

ART. 51.

(Modifié le 28 janvier 1914.)

Marins logés, avec leur famille dans un immeuble appartenant à l'État.

Par exception aux règles posées à l'article 50, l'indemnité de logement pour charges de famille n'est pas due aux marins lorsqu'ils sont logés avec leur famille dans un immeuble appartenant à l'État; par contre, et sauf décision contraire du Ministre, ladite indemnité est due aux marins quand la gratuité du logement leur a été accordée dans les conditions prévues par l'article 56 de la loi de finances du 25 février 1901 [1].

ART. 52.

(Supprimé le 28 janvier 1914.)

CHAPITRE VI.

INDEMNITÉS REPRÉSENTATIVES DE DÉPENSES PERSONNELLES OCCASIONNELLES.

SECTION I.

INDEMNITÉS POUR PERTES D'EFFETS ET DE MATÉRIEL DE GAMELLE.

ART. 53.

Indemnités pour perte, destruction, détérioration d'effets réglementaires dans les circonstances de force majeure.

1. Les marins qui, dans les naufrages ou échouements, et dans toutes circonstances de force majeure dérivant d'un service obligatoire, ont perdu

---

[1] *Art. 56 de la loi de finances du 25 février 1901 :*

Aucun logement ne peut être concédé ou maintenu à titre gratuit dans les bâtiments appartenant à l'État, qu'en raison des besoins des services publics et en vertu d'un décret.

Tout décret portant concession de logement gratuit doit être motivé, publié au *Journal officiel* et inséré au *Bulletin des lois*.

ou détérioré des effets rentrant, tant par leur nombre que par leur nature, dans la composition du trousseau ou du sac, ont droit, sur les crédits du chapitre «Habillement», à une indemnité qui leur est payée en vertu d'une décision spéciale du Ministre de la Marine, rendue sur un rapport motivé.

2. Il en est de même pour les effets dont la destruction et le jet à la mer est ordonné en raison de la nature des maladies contagieuses à l'influence desquelles les équipages ont été soumis.

3. Les pertes totales ou partielles, les destructions ou les détériorations intéressant simultanément 10 hommes et plus ouvrent à chaque marin le droit à l'indemnité forfaitaire du tarif n° VII à laquelle l'autorité administrative fait subir la réduction proportionnelle à l'importance des incomplets et à l'état d'usure du trousseau ou du sac. La réduction est évaluée en fraction simple de l'indemnité maximum (1/2, 1/3, 1/4, 1/5, 1/6, etc.).

4. Les pertes totales ou partielles, les destructions ou les détériorations intéressant simultanément moins de 10 hommes ouvrent à chaque marin le droit à une indemnité calculée de la façon suivante :

Les effets perdus ou détruits et compris dans la limite de la composition réglementaire du trousseau ou du sac sont évalués au prix du neuf; à cette évaluation s'ajoute celle des dépréciations des effets détériorés.

La somme globale calculée ainsi pour chaque ayant droit est diminuée de la valeur correspondant à l'état d'usure des effets ou du trousseau, et ne peut, en aucun cas, dépasser le maximum de l'indemnité prévue au tarif n° VII.

5. Si le propriétaire des effets est décédé ou disparu pendant sa présence au service, l'indemnité est remise intégralement à sa succession. Dans les autres cas, elle est payée à l'intéressé, après prélèvement, s'il y a lieu, des sommes nécessaires à l'extinction de ses dettes.

ART. 54.

Indemnité pour perte ou détérioration d'effets non fournis par l'État.

1. Les pertes d'effets éprouvées dans les circonstances visées à l'article précédent par les agents de service civils embarqués ainsi que par les marins, pour ceux de leurs effets dont le règlement ne prévoit pas la délivrance par les magasins de l'État, ouvrent des droits, dans la limite du maximum fixé pour chaque grade par le tarif n° VII, § *a*, à une indemnité imputable sur les crédits du chapitre «Habillement», et qui ne peut être payée qu'en vertu d'une décision spéciale du Ministre de la Marine, rendue sur un rapport motivé.

2. En cas de décès ou de disparition du propriétaire des effets et s'il y a impossibilité d'en fournir la liste évaluée, la certification par les autorités susvisées qu'il y a eu perte ou destruction totale ouvre des droits à l'intégralité de l'indemnité prévue dans le tarif n° VII, § *a*. Dans tous les autres cas de perte, de destruction ou de détérioration, soit totale, soit partielle, l'indemnité n'est accordée, dans cette limite, qu'au vu d'une énumération détaillée des effets perdus, détruits ou détériorés et jusqu'à concurrence de la valeur à laquelle ils sont appréciés d'après leur état au jour de l'événement. Pour les

simples détériorations, le chiffre de l'indemnité est basé sur la dépréciation occasionnée.

3. Sont seuls admis en compte, pour le calcul de l'indemnité, les effets qui forment, tant au point de vue de leur nombre que de leur nature, le complément raisonnable du sac ou du trousseau, à l'exclusion des bijoux et de tous articles de luxe ou de fantaisie.

ART. 55.

Indemnité pour perte ou détérioration de montre, décorations et ouvrages d'étude.

1. Dans les circonstances visées par l'article 53 une indemnité spéciale payable sur les crédits du chapitre «Habillement» peut être accordée : 1° pour la valeur appréciée des décorations [1] et de tout ouvrage, cours, manuel, instrument acquis à titre onéreux et qu'en raison de sa nature et de la profession du marin, le conseil d'administration certifie répondre à une réelle utilité; 2° jusqu'à concurrence d'un maximum de 30 francs, pour la valeur de la ou des montres dont la possession serait établie.

2. La procédure à suivre pour obtenir le payement de cette indemnité est celle indiquée à l'article 54.

ART. 56.

Indemnité pour perte de matériel des tables.

1. Dans les circonstances visées par l'article 53, il peut être alloué aux tables des officiers-mariniers une indemnité pour perte du matériel des tables qui n'a pas été fourni par l'État.

2. La dépense est imputée sur des fonds autres que ceux de la solde. La procédure à suivre pour obtenir le payement de cette indemnité est celle indiquée à l'article 54.

ART. 57.

Calcul du montant total des indemnités pour perte d'effets et de matériel des tables en nombre exact de francs.

La somme totale des indemnités à payer à chaque ayant droit, conformément aux dispositions des articles précédents, est toujours ramenée à un nombre exact de francs. Les fractions au-dessous de cinquante centimes sont négligées dans le calcul final; celles au-dessus de cinquante centimes sont comptées pour un franc.

ART. 58.

Passagers sur les bâtiments de l'État ou les navires de commerce.

Les dispositions des articles 53, 54 et 55 sont applicables aux marins embarqués comme passagers soit à bord des bâtiments de l'État, soit à bord des navires de commerce en raison d'un service commandé.

---

(1) *Dépêche à Toulon, le 23 novembre 1911.* — En annexe. — Au sujet du remplacement des décorations et brevets perdus dans des circonstances de force majeure.

SECTION II.

INDEMNITÉS DE PREMIÈRE MISE D'HABILLEMENT ET D'ÉQUIPEMENT.

ART. 59.

Droits à l'indemnité de première mise d'habillement et d'équipement.

1. Les maîtres et seconds-maîtres, y compris les maîtres et seconds-maîtres armuriers et musiciens, nommés à un grade ou emploi supérieur, quelle que soit leur position au moment de leur nomination, ont droit, à titre de première mise d'équipement, à une indemnité dont la quotité est déterminée par le tarif n° VII, § *b*.

2. L'indemnité de première mise d'équipement est également due, lors de leur nomination, aux sous-chefs de musique des dépôts des Équipages de la Flotte ainsi qu'aux maîtres musiciens, même s'ils proviennent des corps de troupes de la Guerre.

CHAPITRE VII.

GRATIFICATIONS D'ENCOURAGEMENT ET AUTRES.

SECTION I.

GRATIFICATIONS FACULTATIVES.

ART. 60.

(Modifié le 5 juillet 1910.)

Mode d'attribution des gratifications facultatives.

1. Les marins embarqués, en réserve ou à terre, qui remplissent certaines fonctions d'une manière très satisfaisante ou qui obtiennent les meilleurs résultats dans divers concours, exercices, travaux, etc., peuvent recevoir une gratification dite «facultative».

La liste des fonctions, des exercices, travaux, concours qui permettent l'allocation de ces gratifications est arrêtée par le Ministre.

2. La somme totale que chaque bâtiment ou service est autorisé, suivant la position qu'il occupe, à payer annuellement à titre de gratification facultative est déterminée par le tarif n° VIII, § *a*.

3. Cette somme constitue une allocation collective acquise mensuellement par douzième. Une portion des sommes acquises pendant un ou plusieurs mois peut être reportée au crédit des mois suivants, à la condition qu'il n'y ait pas chevauchement d'exercice. Sous cette dernière réserve également, les sommes perçues par erreur au delà des fixations réglementaires sont déduites du crédit des mois suivants.

4. En cas d'armement, de désarmement ou de changement de position du navire dans le courant d'un mois, le montant global des gratifications facultatives acquises pour cette portion de mois est fixé proportionnellement au nombre de jours passés dans chaque position.

5. Les gratifications sont payées soit mensuellement, soit annuellement, après l'inspection générale ou au moment du désarmement. Toutefois, à bord des bâtiments et dans les services désignés par le Ministre, le payement des gratifications à l'occasion de l'inspection générale peut être reporté en fin d'année.

En fin de mois, la répartition des gratifications facultatives à distribuer est arrêtée par le Commandant d'après les propositions de l'officier en second faites après consultation des officiers chefs de service. La quotité mensuelle de cette gratification est, pour chaque partie prenante, un nombre exact de francs et ne peut être supérieure à 10 francs.

Au moment de l'inspection générale, du désarmement ou en fin d'année, la répartition des gratifications est arrêtée [1], sur la proposition du commandant, par l'inspecteur général dans le premier cas, et par le commandant en chef dans le deuxième cas. La quotité de ces gratifications, qui peuvent se cumuler avec les gratifications mensuelles, est pour chaque partie prenante un nombre exact de francs et ne peut être supérieure à 100 francs.

6. Les marins débarqués dans le courant d'un mois peuvent, au moment où ils quittent le bâtiment ou service, obtenir une gratification facultative. Ce payement est précompté sur l'allocation collective attribuée en fin de mois.

7. Ces gratifications se cumulent avec les suppléments de fonctions et autres et les diverses indemnités. Elles ne donnent lieu, en aucun cas, à reprise sur la solde de ceux qui les ont obtenues.

8. Il est statué, conformément aux règlements en vigueur, sur les responsabilités qui peuvent être encourues si, en fin d'année ou lors du désarmement, le total général des sommes perçues par le bâtiment ou service excède les fixations réglementaires.

9. Les mousses et les apprentis mécaniciens de Lorient pour lesquels des prix spéciaux sont prévus par l'article 64 ne participent pas à la distribution des gratifications facultatives.

SECTION II.

GRATIFICATIONS AUX INSTRUCTEURS.

ART. 61.

(Modifié le 5 juillet 1910.)

Droits à la gratification. — Répartition.

1. Les instructeurs de tous grades attachés aux différentes écoles, dans les conditions prévues par les règlements organiques sur le fonctionnement

---

[1] *Dépêche à Escadre du Nord, le 28 décembre 1908.* — La dépense pour gratifications allouées aux détenteurs et dépositaires de matériel est imputée sur l'exercice en cours, même si la période de gestion récompensée au moment de l'inspection générale porte sur plusieurs exercices.

de ces écoles, peuvent recevoir, à la fin de l'année ou à l'expiration de chaque période d'instruction[1], d'après les ordres du Ministre, au moment de leur débarquement ou de la dissolution de l'École, une gratification dont le montant est fixé de la manière indiquée aux paragraphes 3, 4, 5 et 6.

2. Le chiffre global maximum de la gratification attribuée à chaque École pour une année d'instruction est obtenu en multipliant le taux annuel, indiqué au tarif n° VIII, § *b*, par le nombre réglementaire des instructeurs.

Le chiffre global par période d'instruction est proportionnel à la durée de cette période et au nombre réglementaire correspondant d'instructeurs.

3. La gratification globale est répartie entre les différentes catégories d'instructeurs remplissant les mêmes fonctions proportionnellement au nombre des instructeurs de chacune de ces catégories.

Dans chaque catégorie elle est répartie entre les instructeurs sans distinction de grade, en ayant égard à l'aptitude et au zèle dont ils ont fait preuve pendant les diverses périodes d'instruction, aux résultats obtenus et à la durée de leurs fonctions.

4. La somme allouée à chaque instructeur pour une durée d'une année d'instruction ne peut être inférieure à la moitié du taux qui a servi de base au calcul du chiffre global, ni supérieure au double de ce taux. Pour une durée d'instruction inférieure à une année, le minimum et le maximum sont calculés proportionnellement à cette durée. Dans tous les cas, la somme à payer est un nombre exact de francs.

5. Les propositions de gratifications sont faites, soit en fin d'année, soit en fin d'instruction, soit au moment de la dissolution de l'École, par le Commandant de l'École et approuvées par le Commandant en chef.

6. Si un instructeur débarque en cours d'année ou en cours d'instruction, le Commandant de l'École fixe lui-même le montant de la gratification à payer à cet instructeur dans les limites déterminées au paragraphe 4 ci-dessus.

Les sommes ainsi payées en cours d'année sont précomptées sur le chiffre global.

ART. 62.

Gratification des instructeurs. — Cas de dissolution de l'École. — Modification dans l'effectif réglementaire des instructeurs.

1. Dans le cas de dissolution de l'École en cours d'année, le chiffre global de la gratification des instructeurs est attribué proportionnellement à la durée du fonctionnement de l'École.

2. Dans les Écoles où la répartition des gratifications est faite en fin d'année si l'effectif réglementaire des instructeurs change en cours d'année, le chiffre global de la gratification est obtenu en totalisant les sommes revenant à l'École

---

[1] Dans le cas où la distribution des gratifications est faite à la fin d'une période d'instruction et en cours d'année, la dépense est entièrement imputée sur l'exercice en cours.

pour chacune des périodes pendant lesquelles l'effectif réglementaire est resté invariable. La somme revenant pour chacune de ces périodes est proportionnelle à la durée et au nombre réglementaire correspondant des instructeurs.

SECTION III.

GRATIFICATIONS DE TIR [1].

ART. 63.

Droits aux gratifications de tir.

Les marins reçoivent, à la suite des exercices de tir, les gratifications déterminées par le tarif n° VIII, § *c*.

SECTION IV.

PRIX D'INSTRUCTION, DE CONCOURS ET DE TIR D'HONNEUR. PRIX DES MOUSSES.

ART. 64.

Mode d'attribution des prix.

1. Il est alloué aux divers bâtiments-écoles et services-écoles des prix dont les maxima sont déterminés par le tarif n° VIII, § *d*.

2. La répartition de ces prix est faite en fin d'instruction entre les meilleurs instructeurs et les meilleurs apprentis, en tenant compte des résultats obtenus tant au cours de l'instruction que dans les concours et tirs d'honneur de fin d'instruction.

3. Une somme annuelle dont le montant est déterminé par le même tarif est allouée pour délivrance de livrets de caisse d'épargne, achats de livres et objets utiles destinés à être donnés, à titre de récompense, aux mousses à l'occasion de la distribution des prix de l'École, et aux apprentis mécaniciens de Lorient, à la fin de chaque année d'instruction.

SECTION V.

GRATIFICATIONS À L'OCCASION DE LA FÊTE NATIONALE.

ART. 65.

Gratifications aux marins pour la Fête nationale.

Les marins en position de présence reçoivent, le jour de la Fête nationale, une gratification dont le taux est fixé par le tarif n° VIII, § *e*.

(1) *Dépêche à Cherbourg le 4 décembre 1911; copie aux autres ports et aux Escadres.* — Les gratifications pour tir au fusil prévues au tarif VIII, § c, sont *exclusivement* réservées aux marins *faisant partie des compagnies de débarquement.*

SECTION VI.

GRATIFICATIONS AUX MÉCANICIENS-TORPILLEURS CHEFS D'ATELIER DES TORPILLES AUTOMOBILES.

ART. 66.

Gratification aux chefs d'atelier des torpilles automobiles.

1. Les mécaniciens-torpilleurs, chefs d'atelier des torpilles automobiles, peuvent recevoir des gratifications dont le maximum est fixé par le tarif n° VIII, § *f*.

2. La quotité de la gratification est fixée par le Commandant en chef, dans les conditions déterminées par un arrêté ministériel.

SECTION VII.

GRATIFICATION POUR TRAVAUX SOUS-MARINS À L'AIDE DU SCAPHANDRE.

ART. 67.

Droits à la gratification pour travaux sous-marins à l'aide du scaphandre.

1. Tout marin faisant partie de l'équipage d'un bâtiment ou service, qui descend sous l'eau au moyen du scaphandre, après en avoir reçu l'ordre et en vue d'exécuter un travail, une visite ou une recherche, reçoit une gratification déterminée par le tarif n° VIII, § *g*.

2. Cette gratification se compose d'une gratification fixe de plongée, allouée une fois par jour et pour la même opération, même si le marin effectue plusieurs descentes, et d'une gratification variable avec la durée du séjour sous l'eau.

3. Les gratifications de l'espèce à payer au personnel de la Défense fixe des ports militaires et aux marins indigènes sont déterminées par une décision spéciale du Ministre [1].

SECTION VIII.

GRATIFICATIONS EN CAS D'ÉPIDÉMIE ET GRATIFICATIONS AUX APPRENTIS CIVILS DES ATELIERS CENTRAUX.

ART. 68.

Gratifications au personnel infirmier en cas d'épidémie.

1. En cas d'épidémie grave, à bord ou à terre, le Ministre peut accorder, sur la proposition du Commandant en chef ou du Préfet maritime, telles gratifications qu'il juge convenables aux infirmiers qui lui sont particulièrement signalés.

---

[1] *Circulaire du 10 septembre 1908* (*B. O.*, p. 891). — Fixation du taux des gratifications pour travaux sous-marins à allouer au personnel de la Défense fixe des ports militaires et aux marins indigènes.

2. Ces gratifications sont imputées sur d'autres fonds que ceux de la solde.

ART. 68 *bis*.

(17 octobre 1913.)

Gratifications aux apprentis civils des ateliers centraux.

1. La somme allouée à chaque atelier central par le tarif n° VIII, § *h*, en vue d'encourager le zèle des apprentis, est distribuée en fin de mois à ceux d'entre eux qui ont fait preuve d'assiduité et d'application. L'état de répartition est arrêté par le commandant sur la proposition de l'officier en second faite après consultation de l'officier mécanicien chargé de la direction des travaux.

2. Chaque gratification individuelle est évaluée en nombre exact de francs et ne peut être supérieure à 20 francs.

3. En cas de changement en cours de mois de l'effectif des apprentis, le montant total de la gratification mensuelle est obtenu en totalisant les sommes revenant à l'atelier pour chacune des périodes pendant lesquelles l'effectif est resté invariable; la somme revenant pour chacune de ces périodes est proportionnelle à sa durée et au nombre correspondant des apprentis.

4. Il n'est pas tenu compte des mutations accidentelles : permissions, séjours à l'hôpital, etc.

TITRE III.

Allocations collectives. — Masses générales d'entretien, fonds de masse pour frais de bureau et fonds de musique.

ART. 69.

Masses générales d'entretien.

1. Il est alloué aux dépôts des Équipages de la Flotte, aux ateliers centraux de la Flotte et aux Écoles des mécaniciens, sous la dénomination de «Masse générale d'entretien», un fonds commun destiné à subvenir à certaines dépenses intérieures dont la nomenclature est établie par le Ministre de la Marine.

2. La quotité annuelle de ce fonds de masse est fixée par le tarif n° IX, § *a*.

ART. 70.

Fonds de masse pour frais de bureau.

1. Il est alloué aux bâtiments et services autres que ceux visés à l'article 69, § 1, un fonds de masse destiné à subvenir aux dépenses des fournitures de bureau consommables nécessaires au maître magasinier et au maître commis

ainsi qu'au fonctionnement de l'École élémentaire. En cas de désarmement, le reliquat disponible est reversé au Trésor.

2. La quotité annuelle de ce fonds est déterminée par le tarif n° IX, § *b*.

ART. 71.

1. Il est alloué à chacun des dépôts des Équipages de la Flotte de Brest et de Toulon, à tout bâtiment monté par un officier général, ainsi qu'aux bâtiments-écoles désignés par le Ministre de la Marine, un fonds spécial exclusivement destiné à subvenir aux dépenses de la musique ou de la fanfare, à accorder des gratifications au personnel musicien et à rémunérer les musiciens auxiliaires recrutés à l'extérieur dans les conditions prévues par le décret portant organisation du corps des Équipages de la Flotte. Fonds de musique.

2. La quotité annuelle de ce fonds est déterminée par le tarif n° IX, § *c*.

3. Cette allocation est due aux bâtiments mentionnés au paragraphe 1er du présent article, à partir du jour où le personnel de la musique est embarqué jusqu'au jour où il est débarqué.

TITRE IV.

Traitement de table et frais de passage.

CHAPITRE I.

TRAITEMENT DE TABLE.

ART. 72.

1. Les officiers-mariniers peuvent recevoir, outre la ration du marin, dans les conditions et sous les réserves indiquées au présent chapitre, une prestation journalière en deniers appelée traitement de table. Définition du traitement de table.

2. Le traitement de table est individuel ou collectif.

ART. 73.

(Modifié le 17 octobre 1913 et le 21 mai 1915.)

1. Le traitement de table individuel est dû, à moins de décision contraire du Ministre, au premier-maître commandant un bâtiment en vertu d'une lettre de commandement ou d'un ordre de service émanant du commandant en chef ou du commandant sous les ordres immédiats duquel se trouve placé l'officier marinier; sauf décision spéciale du Ministre, les maîtres, seconds- A qui est dû le traitement de table.

maîtres et quartiers-maîtres ne peuvent recevoir le traitement de table individuel de commandant que lorsqu'ils sont appelés à exercer un commandement provisoire[1] dans les conditions prévues par le décret sur le service à bord des bâtiments de la Flotte.

2. Le traitement de table collectif est dû, pour chacun de leurs membres, aux tables collectives constituées :

1° A bord des bâtiments armés et en réserve;

2° Dans les flottilles de torpilleurs et de sous-marins;

3° Dans les services à terre désignés par le Ministre[2].

Lorsque les membres des tables collectives ne peuvent tenir leur table, chacun d'eux perçoit directement l'allocation, sous réserve de contribuer, le cas échéant, aux frais généraux de la table. En outre, les officiers-mariniers qui, ne bénéficiant pas d'une indemnité de résidence, font partie d'une table collective et qui, pour des motifs de service ou en raison notamment de leur isolement, se trouvent dans l'impossibilité absolue de prendre leurs repas à cette table, peuvent, sur décision spéciale du Ministre, percevoir le traitement de table à titre individuel. La quotité du traitement de table à allouer dans ce cas est celle qui revient normalement à ladite table pour quatre membres et plus.

ART. 74.

Distinction des tables.

Outre la table de l'officier-marinier commandant, les tables qui peuvent exister sont :

La table des premiers-maîtres élèves-officiers[3] [a] [b];

La table des maîtres;

La table des seconds-maîtres [c].

---

[1] *Dépêche du 7 décembre 1908 à Constantinople.* — Les seconds-maîtres et quartiers-maîtres ne peuvent recevoir le traitement de table de commandant que lorsqu'ils sont appelés à exercer un commandement provisoire dans les conditions prévues par le décret sur le service à bord des bâtiments de la Flotte.

[2] *Circulaire du 12 novembre 1913.* — En annexe. — Concession, à dater de la notification du décret du 17 octobre 1913, d'une allocation de traitement de table aux officiers-mariniers des services à terre des ports militaires.

[3] Les premiers-maîtres élèves-officiers embarqués ont droit au traitement de table prévu pour les aspirants. (Décisions présidentielles des 9 septembre 1902 et 9 janvier 1906.)

[a] Voir *Circulaire du 25 octobre 1914* (*B. O.*, p. 683). — Situation, au point de vue de l'admission aux tables, des aspirants, premiers-maîtres élèves officiers et élèves commissaires ou administrateurs, quand il n'existe pas de table de premiers-maîtres élèves officiers ou d'aspirants.

[b] Voir *Circulaire du 9 juillet 1915* (*B. O.*). — Admission à la table de l'État-Major des médecins et pharmaciens auxiliaires lorsqu'il n'existe à bord ni table de premiers-maîtres élèves officiers, ni table d'aspirants.

[c] *Dépêche du 14 juillet 1915, à Aviation Dunkerque.* — Refus d'admettre les quartiers-maîtres et matelots pilotes-aviateurs aux tables d'officiers-mariniers.

Le fonctionnement de la table des premiers-maîtres élèves-officiers fait l'objet d'instructions spéciales du Ministre.

ART. 75.

Constitution des tables d'officiers-mariniers.

1. La table des maîtres est formée de tous les premiers-maîtres, maîtres et assimilés, à l'exception de l'officier-marinier commandant et des premiers-maîtres élèves-officiers.

2. La table des seconds-maîtres est formée de tous les seconds-maîtres et assimilés et des quartiers-maîtres élèves mécaniciens [1].

ART. 76.

Cas où il n'est constitué qu'une table.

1. Lorsque l'effectif réglementaire d'un bâtiment ou service comprend à la fois des premiers-maîtres ou maîtres et des seconds-maîtres et que la disposition des emménagements ne permet pas la formation de deux tables, les seconds-maîtres du bâtiment ou service, quel qu'en soit le nombre, se joignent aux premiers-maîtres ou maîtres pour constituer la table des maîtres.

2. Lorsque le nombre réglementaire des seconds-maîtres et quartiers-maîtres élèves mécaniciens est inférieur à quatre, la table des seconds-maîtres n'est pas constituée s'il existe un premier-maître ou maître à bord. Les ayants cause sont alors admis de droit à la table des maîtres.

3. Quand le débarquement d'un premier-maître ou maître laisse la table uniquement composée de seconds-maîtres, la table est considérée comme table des seconds-maîtres, dix jours après ce débarquement [1].

ART. 77.

Les tables d'officiers-mariniers régulièrement constituées continuent à fonctionner.

Les tables des maîtres et des seconds-maîtres, une fois réglementairement constituées, continuent à fonctionner même si le nombre des membres qui les composent est réduit à un.

ART. 78.

Quotité du traitement de table. — Conditions dans lesquelles sont dues les allocations de la colonne n° 1 ou de la colonne n° 2.

1. Sauf dans les cas prévus aux articles 81 et suivants relatifs aux flottilles de torpilleurs et de sous-marins, le traitement de table comporte deux taux indiqués aux colonnes n° 1 et n° 2 du tarif n° X, § *a*.

---

[1] *Circulaire du 15 avril 1909.* — En annexe. — Traitement de table à allouer lorsque à bord d'un bâtiment qui ne comporte qu'une table de seconds-maîtres un des membres de cette table est promu au grade supérieur.

(*P. M.*) — *Dépêche à la 1re Armée navale, le 19 janvier 1914.* — Au sujet des payements d'acomptes d'indemnités de vivres aux tables.

[1] *Circulaire du 9 décembre 1912.* — En annexe. — Interprétation de l'article 76 du décret du 11 juillet 1908 relatif à la constitution d'une table unique d'officiers-mariniers à bord des bâtiments.

2. Le taux prévu à la colonne n° 1 est alloué au personnel qui navigue ou stationne en dedans de la zone comprise entre les parallèles 30° et 70° de latitude Nord et les méridiens 15° Est et Ouest (zone n° 1).

3. Le taux prévu à la colonne n° 2 est alloué au personnel qui navigue ou stationne en dehors de la zone ci-dessus indiquée (zone n° 2).

4. Le droit au traitement de table de la colonne n° 2 est acquis ou cesse du jour, indiqué au journal de bord, où le bâtiment a coupé les limites de la zone n° 1 pour en sortir ou pour y rentrer.

ART. 79.

(Modifié le 12 mai 1912, le 17 octobre 1913 et le 10 août 1914.)

Droits au traitement de table à bord des bâtiments autres que ceux des flottilles et dans les ateliers centraux.

1. Les officiers-mariniers embarqués, en France continentale, sur les bâtiments armés, et ceux affectés, hors de France continentale, aux bâtiments armés et en réserve et aux services à terre, reçoivent, aussi bien dans le port qu'en rade ou à la mer, l'indemnité entière prévue au tarif n° X, § *a*, annexé au présent décret.

La même indemnité entière est également due aux officiers-mariniers embarqués dans les escadrilles de sous-marins rattachés aux escadres.

2. En France continentale:

1° Les officiers-mariniers embarqués sur les bâtiments en préparation d'essais, en premier armement pour essais, en disponibilité, armés pour essais après grosses réparations, reçoivent l'indemnité entière. Toutefois cette indemnité est réduite de moitié lorsque ces bâtiments séjournent dans les ports militaires;

2° Les officiers-mariniers des bâtiments en réserve et des services à terre ont droit à la moitié de l'indemnité. Toutefois l'indemnité entière leur est due en cas de sortie de ces bâtiments en rade ou à la mer; elle est également due aux officiers-mariniers des bâtiments stationnés à Landévennec et des services à terre hors des ports militaires.

3. Lorsqu'il y a lieu de changer le taux du traitement dans les cas visés au paragraphe 2, les allocations sont calculées en nombre de demi-journées correspondant au nombre de repas principaux effectivement pris à bord et donnant respectivement droit à chaque taux particulier.

ART. 80.

Droits au traitement de table dans le cas de mise en subsistance d'un officier-marinier considéré comme nouveau membre d'une table.

Lorsque, dans les circonstances prévues à l'article 85, un officier-marinier mis en subsistance à bord d'un bâtiment est considéré comme nouveau membre d'une table, celle-ci a les droits ci-après:

1° S'il s'agit d'un officier-marinier admis à une table de son grade ou d'un second-maître admis à la table des maîtres, le taux revenant à cette table est choisi en prenant pour base l'effectif total des membres, embarqués ou subsistants;

2° S'il s'agit d'un premier-maître ou maître admis à la table des seconds-maîtres, le taux revenant à cette table pour chacun des anciens membres ne change pas par suite de cette admission, et elle reçoit pour chaque membre nouveau l'allocation de traitement de table revenant à une table de maîtres de quatre membres et plus;

3° S'il s'agit d'un officier-marinier admis à la table d'un officier-marinier commandant, celui-ci reçoit une allocation égale à celle prévue au paragraphe 5 de l'article 84.

ART. 81.

(Modifié le 10 août 1914 et le 4 août 1915.)

Droits au traitement de table dans les flottilles défensives en temps de guerre.

Les droits au traitement de table dans les flottilles de torpilleurs et sous-marins défensifs sont fixés, en temps de guerre, d'après les règles prévues aux articles 78 et 79, sous cette réserve que les officiers-mariniers des sous-marins en essais seront traités comme ceux des bâtiments armés.

Pour le temps de paix, il est fait application des dispositions des articles suivants.

ART. 82.

(Modifié le 10 août 1914.)

Quotité du traitement de table dans les flottilles défensives.

1. Le traitement des tables d'officiers-mariniers dans les flottilles de torpilleurs et de sous-marins défensifs comporte trois taux applicables, savoir:

Le premier aux flottilles des ports militaires de la métropole et aux sous-marins à Rochefort et à La Pallice;

Le deuxième aux autres flottilles situées dans la zone comprise entre les parallèles 30° et 70° de latitude Nord et les méridiens 15° Est et Ouest (zone n° 1);

Le troisième aux autres flottilles situées en dehors de la zone déterminée ci-dessus (zone n° 2).

2. Les bâtiments des flottilles qui se rendent définitivement d'un centre de flottilles à un autre centre sont, au point de vue du traitement de table, soumis aux mêmes règles que les autres bâtiments, depuis le jour de leur départ inclus jusqu'au jour de leur arrivée exclus.

ART. 83.

(Modifié le 5 juillet 1910 et le 10 août 1914.)

Droits au traitement de table dans les flottilles défensives en temps de paix[1].

1. Les officiers-mariniers des bâtiments des flottilles en disponibilité, en essais (sous-marins en essais non compris), en réserve, ceux des torpilleurs-

[1] *Circulaire du 11 juin 1910.* — En annexe. — Le droit au traitement de table forfaitaire n'est interrompu pour les officiers-mariniers des flottilles que pendant la durée des absences excédant dix jours.

Circulaire du 15 mai 1913. — En annexe. — Traitement de table à allouer aux

pilotes, reçoivent, en dehors des jours où ces unités effectuent des sorties, l'indemnité prévue au tarif n° X, § b (1°).

Les officiers-mariniers affectés au Service central reçoivent la même indemnité.

2. Les officiers-mariniers des bâtiments des flottilles armés, des torpilleurs affectés à l'école de chauffe et des sous-marins en essais reçoivent, à titre forfaitaire pendant la durée de leur embarquement, le traitement de table prévu par le tarif n° X, § b (2°).

3. Les officiers-mariniers des bâtiments des flottilles visés au paragraphe 1er ont droit, pour chaque sortie et pour chaque période de mobilisation[1] d'au moins six heures, à l'indemnité de traitement de table prévue, pour les bâtiments n'appartenant pas aux flottilles, au tarif n° X, § a. Toutefois une sortie ou une période de mobilisation d'au moins six heures, et de moins de vingt-quatre heures, portant sur deux journées, ne donne lieu qu'à l'allocation d'une seule journée de traitement de table.

4. Lorsqu'une des sorties dont il est question au paragraphe précédent se trouve ajournée au delà de vingt-quatre heures, elle est considérée, au point de vue du droit aux indemnités, comme effectuée pendant une journée.

CHAPITRE II.

FRAIS DE PASSAGE.

ART. 84.

Tables auxquelles les passagers sont admis.

1. Les passagers du grade ou de l'emploi correspondant à celui de second-maître au moins sont, en principe, admis aux différentes tables du bord

---

premiers-maîtres· patrons pilotes appelés à commander momentanément un torpilleur à défaut de commandant titulaire.

Circulaire du 15 mai 1913. — En annexe. — Traitement de table à allouer aux officiers-mariniers embarqués sur les torpilleurs annexes des bâtiments-écoles.

Circulaire du 26 mai 1913. — En annexe. — Dispositions relatives à la nourriture des équipages des sous-marins affectés aux escadres pendant leurs séjours au centre habituel de stationnement.

Dépêche du 12 août 1913. — En annexe. — Traitement de table à allouer aux officiers-mariniers embarqués sur les torpilleurs annexes de la *Foudre*.

Dépêche du 25 mars 1915 à Dakar. — Allocation d'une indemnité de traitement de table de 0 fr. 20 aux seconds-maîtres indigènes en service à terre à Dakar.

[1] La période de mobilisation commence dès la réception de l'ordre de mobilisation.

d'après leur grade ou assimilation telle qu'elle résulte des règlements spéciaux sur la matière [1].

2. Les pilotes-côtiers et lamaneurs sont admis à la table des maîtres; les pilotes étrangers sont admis à la table désignée par le Commandant en chef ou, à défaut, et en cas d'urgence, par le Commandant.

3. Lorsque les passagers qui, conformément aux règles établies, doivent être admis à la table des seconds-maîtres sont embarqués sur les bâtiments où cette table n'existe pas, ils sont admis comme passagers à la table des maîtres.

4. Lorsque à bord d'un bâtiment la table des maîtres n'existe pas, les premiers-maîtres, maîtres et assimilés *passagers* sont admis à la table des seconds-maîtres, qui perçoit pour eux les allocations revenant à une table de maîtres.

5. Lorsque à bord d'un bâtiment aucune table d'officiers-mariniers n'est constituée, les passagers sont admis à la table de l'officier-marinier commandant, qui perçoit pour eux les allocations de frais de passage revenant à une table de maîtres.

ART. 85.

Définition du marin passager au point de vue du droit aux allocations.

Lorsque les officiers-mariniers et quartiers-maîtres élèves mécaniciens des Équipages de la Flotte et assimilés sont mis en subsistance à bord d'un bâtiment ou d'un service comportant des tables d'officiers-mariniers, ils ne sont considérés comme passagers que s'ils ont à rejoindre une nouvelle destination; dans les autres cas les intéressés sont traités comme des membres nouveaux de la table qui les reçoit et donnent droit à cette dernière aux allocations ordinaires de traitement de table [2].

ART. 86.

Quotité des frais de passage.

Les indemnités désignées sous le titre de «Frais de passage» à allouer aux diverses tables pour la nourriture des passagers qui y sont admis sont fixées par le tarif n° X, § c, du présent décret.

---

[1] Voir, pour le classement des passagers des divers Ministères à bord des bâtiments de l'État, les circulaires des 23 février 1887 (*B. O.*, p. 146) et 14 octobre 1891 (*B. O.*, p. 568). — Les quartiers-maîtres élèves mécaniciens sont assimilés aux seconds-maîtres pour le droit au traitement de table et aux frais de passage.

[2] *Dépêche du 9 juin 1909 à Toulon.* — En annexe. — Les marins vétérans admis aux tables de bord le sont comme *passagers* et non comme *membres nouveaux*.

CHAPITRE III.

DISPOSITIONS COMMUNES AU TRAITEMENT DE TABLE ET AUX FRAIS DE PASSAGE.

ART. 87.

Officiers-mariniers embarqués ou mis en subsistance sur les sous-marins et torpilleurs qui ne peuvent être nourris à bord.

Lorsque les officiers-mariniers ne peuvent plus être nourris à bord des torpilleurs et des sous-marins sur lesquels ils sont embarqués ou placés en subsistance, et que ces unités sont momentanément éloignées de leur centre de stationnement, ils reçoivent des indemnités spéciales payables sur d'autres fonds que ceux de la solde et exclusives de toute indemnité de traitement de table et de frais de passage.

ART. 88.

Application aux tables d'officiers-mariniers des règles concernant les tables d'officiers.

Sont applicables aux tables d'officiers-mariniers toutes les dispositions concernant le traitement de table et les frais de passage alloués aux tables des officiers et aspirants embarqués, en tant qu'elles ne sont pas contraires aux règles spéciales prévues au présent décret.

TITRE V.

Mode de décompte des allocations. — Époque des payements. Avances.

CHAPITRE UNIQUE.

SECTION I.

DISPOSITIONS GÉNÉRALES.

ART. 89 [1].

Décompte de la solde, des accessoires de solde, des masses, fonds de musique, etc.

1. La solde et les accessoires de solde des marins dont la quotité est fixée par jour sont décomptés par mois à raison de trente fois la fixation journalière, et par an à raison de douze fois la fixation mensuelle.

---

[1] *Circulaire du 27 octobre 1913* (*B. O.*, p. 1569). — Mode de décompte des suppléments de sortie et de chauffe alloués aux marins des Directions de port et au personnel sédentaire des Défenses fixes.

2. Les masses générales d'entretien, les fonds de masse pour frais de bureau, les fonds de musique et les autres allocations dont la quotité est fixée par an, sont décomptés par mois à raison du douzième de la fixation annuelle, et par jour à raison du trentième de la fixation mensuelle.

3. Les journées à ajouter au mois de février pour compléter le nombre 30 se décomptent sur le pied de la solde fixée pour la position dans laquelle se trouve le marin au dernier jour de ce mois.

4. Si un marin embarque le 31 d'un mois et débarque le lendemain, il est considéré comme embarqué pour la journée du 30. La sortie à la mer d'un bâtiment en réserve limitée au 31 d'un mois est considérée comme effectuée le 30.

ART. 90.

(Modifié le 15 novembre 1911.)

Décompte du traitement de table. — Décompte des frais de passage.

1. Le traitement de table, sauf les exceptions spécialement prévues ou décisions contraires du Ministre, est décompté par jour à raison du nombre effectif des journées à régler depuis le jour inclus de l'arrivée du marin jusqu'à celui du départ exclus.

2. Les frais de passage sont décomptés en nombre exact de demi-journées correspondant au nombre des repas principaux effectivement pris à bord par les passagers.

ART. 91.

Retenues et précomptes à opérer sur la solde.

Les acomptes et les parfaits payements de solde doivent toujours être diminués des retenues et précomptes réglementaires.

SECTION II.

ÉPOQUES DES PAYEMENTS ET PARFAITS PAYEMENTS.

ART. 92.

Époque des payements du personnel des bâtiments et services.

Dans les dépôts, à bord des bâtiments et dans les services administrés comme les bâtiments, la solde et les accessoires de solde des marins, ainsi que le traitement de table, les masses générales d'entretien, les fonds de masse pour frais de bureau, les fonds de musique et les autres allocations dont la quotité est fixée par an, sont dus mensuellement et à terme échu, si toutefois les circonstances ne s'y opposent pas [1].

[1] En France, les Conseils d'administration sont autorisés à payer les acomptes mensuels en nombre exact de francs si la somme à percevoir est inférieure à 20 francs, et en nombre exact de fois 5 francs si cette somme est supérieure à 20 francs. Les acomptes doivent être alternativement inférieurs et supérieurs à la

ART. 93.

Marins en subsistance ou détachés.

1. Les marins momentanément mis en subsistance en France, aux colonies ou à l'extérieur, dans un service à terre ou à bord d'un bâtiment, continuent à être payés de leur solde par les soins de leur service ou bâtiment. La solde qu'ils n'auraient pu recevoir aux époques réglementaires leur est payée à leur retour à ce service ou à bord de ce bâtiment. Toutefois, en cas d'éloignement du service ou du bâtiment auquel ils appartiennent, ces marins peuvent recevoir leur solde aux époques réglementaires, par les soins du service, du bâtiment ou du détachement qui les a en subsistance depuis plus d'un mois. Ce payement a lieu pour le compte du service ou bâtiment auquel les marins continuent d'appartenir.

2. Les marins détachés isolément de leur service ou bâtiment sont tenus mensuellement au courant de leur solde pour le compte du service ou bâtiment auquel ils appartiennent.

ART. 94.

Payement de la solde des marins à l'hôpital.

1. Les marins en traitement à l'hôpital sont réglés de leur solde soit au premier payement mensuel qui suit leur retour à bord ou à leur service, soit au moment de l'arrêté de leur compte par suite de débarquement, soit au moment de la clôture du rôle s'ils ne sont pas encore rentrés à ce moment.

2. Toutefois le Commandant en chef à terre ou à la mer peut autoriser le payement de leur solde à leur famille.

ART. 95.

Payement de la solde des officiers-mariniers et marins, en disponibilité ou en congé de toute nature.

Les officiers-mariniers et marins en disponibilité ou en congé de toute nature comportant solde ont droit au payement mensuel et à terme échu de leur solde et de leurs accessoires de solde.

ART. 96.

(Modifié le 20 avril 1915.)

Payement de la solde de captivité.

1. Les marins en captivité sont réglés de leur solde au moment de leur retour en France, sous déduction des acomptes qui auraient été payés conformément aux règles énoncées ci-après :

1° Les marins peuvent, si les circonstances le permettent, recevoir des acomptes pendant la période de captivité;

---

somme réellement due, de manière à ne pas changer la valeur moyenne des retenues ordinaires de l'article 122. Cette disposition ne doit pas être appliquée aux marins qui subissent la retenue supplémentaire de solde prévue à l'article 123.

A l'extérieur, les Conseils d'administration appliqueront une règle analogue à la précédente en substituant aux pièces françaises de 1 et 5 francs des pièces étrangères de valeur voisine.

2° La moitié de la solde à terre n° 2 des marins prisonniers de guerre ou présumés tombés au pouvoir de l'ennemi est payée mensuellement et à terme échu aux membres de leur famille auxquels ils déléguaient, ou, pour les marins qui ne déléguaient pas, sur la demande de ceux-ci ou d'office, par décision du préfet maritime, à leur femme, enfants ou à leurs ascendants directs[1].

Si la moitié de la solde à terre n° 2 excède la solde de captivité allouée aux ayants cause, l'allocation payée aux familles est réduite au montant de cette dernière solde.

2. Les avances prévues à l'alinéa 2° ci-dessus cessent de plein droit un an après la réception des dernières nouvelles à l'égard des prisonniers de guerre sur l'existence desquels il n'a pas été produit de renseignements certains. Ces avances ne peuvent donner lieu à reprise en cas de décès d'un prisonnier de guerre.

ART. 97.

Les délégations des marins sont dues aux délégataires par trimestre et à terme échu; toutefois les délégations volontaires exceptionnelles autorisées par le Ministre par application de l'article 115 peuvent être payées par mois et à terme échu.

Payement des délégations.

ART. 98.

Les marins passant d'un dépôt des Équipages de la Flotte à un autre dépôt, à un bâtiment ou à un service administré comme les bâtiments, ou inversement, ont droit au payement intégral de leur solde au titre du dépôt, bâtiment ou service qu'ils quittent définitivement pour quelque motif que ce soit.

Parfait payement des marins changeant de dépôt, bâtiment ou service.

ART. 99.

Ont également droit à leur parfait payement les marins de tout bâtiment ou service dont le rôle est clos pour une raison quelconque, les marins congédiés et les marins placés en position d'absence.

Parfait payement, au moment de la clôture du rôle, des marins placés en position d'absence, congédiés.

ART. 100.

Les marins rapatriés et débarqués en France en dehors des ports chefs-lieux d'arrondissement maritime peuvent recevoir dans le port de débarquement un acompte à valoir sur leur solde de traversée dans la limite des sommes acquises.

Acompte à payer aux marins rapatriés au moment de leur arrivée en France.

---

[1] *Circulaire du 12 juin 1915* (*B. O.*, p. 931). — **Payement** *intégral* **aux familles des prisonniers de guerre des allocations de solde qui leur sont servies en exécution de l'article 96, modifié le 20 avril 1915, du décret du 11 juillet 1908.**

ART. 101.

Modifié le 22 juillet 1915.)

Payement de la solde acquise par les marins disparus [1].

1. Les personnes de la famille en faveur desquelles déléguaient les marins disparus, ou, à défaut de délégation souscrite, les ascendants directs, la femme ou les enfants, peuvent demander le payement mensuel et à terme échu des arrérages de solde dus à ces marins, dans la limite fixée au paragraphe 13° de l'article 8. Ces payements de solde [2] ne peuvent donner lieu à reprise si le décès est ultérieurement constaté.

2. Les sommes restant dues, le cas échéant, à l'expiration des six mois qui suivent les dernières nouvelles après avoir effectué les payements prévus au paragraphe précédent sont déposées à la Caisse des Gens de mer pour être payées à la succession.

ART. 102.

Payement de la solde à la succession des marins décédés.

En cas de décès et à défaut de payement à la veuve en exécution des dispositions de l'article 31 de la loi de finances du 17 avril 1906, les arrérages de la solde des marins qui n'ont pas été réglés sont dus à leurs héritiers [3].

ART. 103.

Payement des masses générales d'entretien et des fonds de musique, ainsi que des fonds de masse pour frais de bureau.

La masse générale d'entretien des dépôts des Equipages de la Flotte, des Écoles des mécaniciens et des Ateliers centraux est payée par mois et à terme échu.

---

(1) *Circulaire du 11 octobre 1913* (*B. O.*, p. 1392). — En annexe. — Les officiers, marins et autres disparus en mer peuvent bénéficier d'avancements en grade, en classe ou en solde pendant la durée de leur maintien sur un rôle d'équipage.

(2) L'expression «solde» s'entend de toutes les allocations journalières dont le marin jouissait au moment de sa disparition.

(3) *Article 31 de la loi de finances du 17 avril 1906*. — «Sont valablement payés entre les mains de leurs veuves (*a*), à moins d'opposition de la part des héritiers légataires ou créanciers :

«Les prorata de traitement, solde ou salaires, y compris les indemnités, accessoires de toute nature, prime, fonds de masse, etc., qui restent dus au décès des fonctionnaires, militaires, ouvriers ou agents quelconques rétribués sur les fonds de l'État, etc. ....

«Les dispositions du présent article ne sont pas applicables aux veuves séparées de corps.»

(*a*) *Circulaire du 6 août 1906* (*B. O.*, p. 745). — Payement entre les mains des veuves des prorata de traitements, solde ou salaires et des décomptes de pensions restant dus au décès des titulaires.

P. M. *Circulaire du 29 juin 1915 aux cinq ports :* Le rôle d'équipage des bâtiments disparus en mer, reconstitué par le chef du Service de la Solde du port comptable, doit rester ouvert jusqu'au premier jour du septième mois qui suit la date de la disparition du bâtiment, et tous les payements de solde aux familles des officiers et marins doivent être rattachés à ce rôle.

Il en est de même des fonds de musique des dépôts et des bâtiments ainsi que des fonds de masse pour frais de bureau. Le payement a lieu en même temps que celui de la solde.

ART. 104.

Payement des indemnités pour perte d'effets et de matériel de table.

1. Les indemnités pour perte d'effets et de matériel de table sont payées sur l'ordre du Ministre.

2. Toutefois, en cas d'urgence reconnue, les commandants en chef ou les commandants des bâtiments isolés peuvent, dès que la perte a été officiellement constatée, faire payer aux marins et aux tables un acompte qui ne peut, en aucun cas, excéder la moitié de l'indemnité demandée pour chacun d'eux.

ART. 105.

Payement du traitement de table.

Les tables sont payées mensuellement et à terme échu. Elles sont réglées, lors de leur dissolution ou à la clôture du rôle d'équipage. Toutefois, si, au moment de la dissolution d'une table, la somme qu'elle doit rembourser pour pertes et bris de matériel de gamelle n'est pas encore liquidée, il est effectué sur les sommes dues une retenue provisionnelle destinée à assurer ce remboursement. Le montant de cette retenue est fixé par le commissaire aux armements après avis du Conseil d'administration dans les ports de France, et par le Conseil d'administration à l'extérieur.

SECTION III.

AVANCES [1].

ART. 106.

(Modifié le 10 août 1914.)

Avances au départ pour une campagne lointaine ou pour les colonies aux officiers-mariniers, quartiers-maîtres et marins voyageant isolément.

1. Les règles relatives aux avances de solde et de traitement de table à allouer aux officiers rejoignant une destination à la mer dans la zone n° 2 ou une destination à terre hors de France, de Corse, d'Algérie ou de Tunisie sont applicables dans les mêmes circonstances aux officiers-mariniers et aux tables d'officiers-mariniers commandants.

---

[1] *Dépêche à Alger le 20 novembre 1911.* — Les tables d'officiers mariniers ne peuvent obtenir le payement, dans le courant du mois, d'acomptes d'indemnités de vivres.

P. M. *Dépêche du 19 janvier 1914 à l'Armée navale* (B. O., *p. 265*). — Au sujet des payements d'acomptes d'indemnités de vivres aux tables. (Voir aussi art. 79, § 6, de l'Instruction «Vivres» du 17 juin 1910.)

2. Elles peuvent être rendues applicables aux quartiers-maîtres et marins dans certains cas particuliers, suivant décision spéciale du Ministre.

ART. 107.

(Modifié le 10 août 1914.)

Avances aux marins de tous grades embarqués sur les bâtiments en partance pour entreprendre une campagne ou une mission dans les zones n° 1 ou 2.

Les règles relatives aux avances de solde, d'accessoires de solde et de traitement de table aux officiers embarquant sur les bâtiments en partance sont respectivement applicables aux officiers-mariniers, quartiers-maîtres et marins et aux tables d'officiers-mariniers.

ART. 108.

(Modifié le 10 août 1914.)

Avances du fonds de musique.

Lorsqu'un bâtiment en partance a droit à l'allocation spéciale pour fonds de musique, des avances lui sont payées dans les mêmes circonstances et dans les mêmes proportions que pour la solde.

TITRE VI.

Privation de solde. — Délégations. — Précomptes et retenues.

CHAPITRE I.

PRIVATION DE SOLDE.

ART. 109.

Privation de la solde pendant la durée des absences irrégulières.

1. Les marins sont privés de leur solde pendant la durée[1] de leur absence irrégulière, s'ils ne peuvent justifier devant l'autorité dont ils relèvent que cette absence résulte soit d'une circonstance de force majeure, soit de maladie.

2. Il appartient au commandant du bâtiment ou service d'apprécier la valeur des motifs allégués par les marins pour justifier leur absence. La privation de solde ne peut, en tout cas, être prononcée que sur un ordre écrit du commandant statuant disciplinairement.

(1) Voir le renvoi de la page suivante.

ART. 110.

Sont considérés comme absents irrégulièrement tant qu'ils n'ont pas rejoint leur bâtiment, leur service ou leur poste : Cas d'absence irrégulière.

1° Les marins qui ont quitté leur bâtiment, leur service ou leur poste sans autorisation régulière;

2° Les marins qui, à la suite d'une mission, d'une permission ou d'un congé ou après leur sortie de l'hôpital, ne sont pas rentrés à bord de leur bâtiment, à leur service ou à leur poste à l'expiration des délais réglementaires;

3° Les marins arrivant au service de la Marine ou y étant déjà qui, ayant reçu l'ordre de se rendre à bord d'un bâtiment, à un service ou à un poste, n'y sont pas arrivés à l'expiration des délais fixés par leur feuille de route;

4° Les marins qui sont entrés à l'hôpital alors qu'ils auraient dû être déjà en route pour rejoindre en temps voulu leur bâtiment, leur service ou leur poste, à moins qu'ils ne fournissent les justifications prévues à l'article précédent.

ART. 111.

(Modifié le 15 novembre 1911.)

1. Sont privés de leur solde pendant la durée[1] de leur punition, mais sous réserve de la portion déléguée à la femme, aux ascendants ou aux descendants, les quartiers-maîtres et marins punis disciplinairement de la prison nominale ou de la prison effective. Toutefois ceux à l'égard desquels il a été sursis à l'exécution de la punition, dans les conditions fixées par le décret portant organisation du corps des Équipages de la Flotte, reçoivent intégralement leur solde; mais, dans le cas où une nouvelle infraction commise dans les six mois qui suivent la faute initiale donne lieu à une seconde punition de prison, la première punition doit être d'abord exécutée sans qu'elle puisse Marins punis disciplinairement de la prison.

---

[1] La durée de la privation de solde par suite d'une punition disciplinaire de prison s'étend de la date où commence la punition jusqu'à la date où elle cesse, en comptant les journées de la manière indiquée à l'article 89. Toutefois, pour les marins hospitalisés au cours d'une punition disciplinaire, la privation de solde cesse et reprend dans les mêmes conditions que la punition elle-même.

La règle ci-dessus, relative à la durée de la privation de solde par suite de punition disciplinaire, est applicable au cas de privation de solde pour absence irrégulière.

Circulaire du 21 juin 1909. — En annexe. — Mode de décompte à adopter pour les journées de privation de solde par suite de punition de prison ou d'absence irrégulière.

Dépêche du 7 juin 1909 à l'Escadre de la Méditerranée. — En annexe. — La mise en prison jusqu'à nouvel ordre, par application de l'article 357 du décret du 17 juillet 1908, ne rentre pas dans le cadre des sanctions disciplinaires entraînant privation de solde.

se confondre avec la seconde, et il est fait application des dispositions du présent article pour la durée totale des journées de prison encourues.

2. Les remises de punition faites dans certains cas particuliers par l'autorité militaire, notamment à l'occasion de la Fête nationale, laissent subsister la privation de solde.

ART. 112.

La privation de solde entraîne la privation des accessoires de solde.

Dans les cas prévus aux articles ci-dessus, la privation de la solde entraîne la privation des accessoires de solde.

CHAPITRE II.

DÉLÉGATIONS. — PRÉCOMPTES ET RETENUES.

Dispositions générales.

ART. 113.

(Modifié le 21 mai 1915.)

La solde des marins est incessible et insaisissable. — Exceptions.

1. La solde des marins est incessible excepté dans le cas de délégation.

2. Elle est insaisissable à raison des dettes ou obligations consenties par les marins.

Elle est saisissable :

1° Dans le cas de dettes envers l'État, savoir : trop-payés ressortissant à l'arrêté des comptes, frais de justice, amendes, impôts ou taxes recouvrables en vertu de contraintes et pension dans les écoles du Gouvernement;

2° Pour aliments, dans les circonstances prévues par les articles 203, 205, 206, 207, 214, 301 et 349 du Code civil.

Les saisies pour aliments sont prononcées dans la forme administrative, indiquée à l'article 116; elles ne peuvent, en aucun cas, excéder le montant de la délégation réglementaire [1].

3. En conséquence, aucune opposition ou saisie-arrêt sur les sommes dues par l'État aux marins ne peut être admise par les trésoriers-payeurs, agents ou préposés du Trésor public ou de l'Établissement des Invalides [2].

---

(1) *Code de procédure, art. 580.* — « Les traitements et pensions dus par l'État ne pourront être saisis que pour la portion déterminée par les lois ou par ordonnances royales. »

Ordonnance du 11 octobre 1836. — Décret du 11 août 1856. — Décret du 29 septembre 1886. — Décret du 10 juillet 1895. — Circulaire du 30 août 1879, B. O., p. 363.

(2) *Circulaire du 12 janvier 1910.* — En annexe. — Les dettes contractées par

SECTION I.

DÉLÉGATIONS.

ART. 114.

Délégations volontaires.

1. Dans toute autre position que celle de congé, de disponibilité et d'emprisonnement par jugement, les marins (à l'exclusion des apprentis marins et des mousses) ont la faculté de déléguer aux personnes ou aux représentants légaux des personnes visées aux articles 203, 205, 206, 207, 214, 301 et 349 du Code civil. Ils ont également la faculté de déléguer à leurs frères ou sœurs et aux tiers pour l'entretien de leur femme, de leurs ascendants ou de leurs enfants mineurs. Par exception aux dispositions qui précèdent, la même faculté de déléguer est accordée aux apprentis mécaniciens âgés de 16 ans.

La délégation de la solde à toute personne autre que celles indiquées ci-dessus doit être autorisée par le Préfet maritime du port comptable où est centralisée la comptabilité du bâtiment ou service auquel appartient le marin.

2. La quotité de la délégation est déterminée par le tarif n° XI, § *a*, annexé au présent décret.

ART. 115.

Délégations volontaires exceptionnelles.

Les marins peuvent, dans des circonstances exceptionnelles, être autorisés par le Ministre à consentir des délégations qui ne seraient pas souscrites dans les conditions de l'article précédent.

ART. 116.

Délégations d'office.

1. Les délégations d'office à titre de retenues pour aliments ou entretien peuvent être prescrites sur la solde des marins, même s'ils sont en congé ou en disponibilité, dans les circonstances déterminées par les articles 203, 205, 206, 207, 214, 301 et 349 du Code civil. La quotité de ces délégations est au plus égale à celle fixée par le tarif n° XI, § *a*.

2. La décision est prise après enquête par le Préfet maritime du port dans lequel est centralisée la comptabilité du bâtiment ou service auquel appartient le marin.

---

les marins envers la *Maison du marin de Marseille* doivent être reprises sous réserve :

1° Que la proportion indiquée au tarif n° XI[a], du décret du 11 juillet 1908, ne sera pas dépassée;

2° Qu'autant que l'engagement aura été pris avec l'assentiment de l'Administrateur de l'Inscription maritime;

3° Que si les intéressés consentent eux-mêmes expressément à se libérer par voie de délégation.

Quand un marin est tenu de servir une pension alimentaire en vertu d'un jugement des tribunaux civils, d'une ordonnance du président du tribunal, la délégation d'office doit toujours être prescrite par le Préfet maritime. Le montant de cette délégation doit autant que possible être égal à celui de ladite pension, sans qu'il puisse dépasser le taux réglementaire.

3. Lorsqu'une délégation d'office est imposée simultanément au profit de plusieurs délégataires, le Préfet maritime établit le partage de la délégation entre les diverses parties prenantes.

ART. 117.

Validité des délégations. — Révocations.

1. Les délégations sont acquittées dans toutes les positions, excepté dans celles de congé, de disponibilité ou dans le cas d'emprisonnement par suite de jugement; elles continuent d'avoir leur effet pendant toute la durée du service si elles ne sont pas révoquées.

Les délégations imposées d'office peuvent, après décision spéciale de l'autorité maritime, être acquittées en position de congé et de disponibilité.

2. La révocation des délégations imposées ou consenties est admise :

1° Si les délégataires y ont renoncé librement;

2° Si, après enquête, il a été reconnu que ces délégations ne sont plus nécessaires aux délégataires, ou enfin que ceux-ci, pour cause d'indignité, ne sont plus aptes à les recevoir.

La révocation est alors prononcée par le Préfet maritime du port comptable où est centralisée la comptabilité du bâtiment sur lequel le marin intéressé est en service.

Toutefois les délégations qui résultent d'une décision judiciaire ne peuvent pas être révoquées tant que ces décisions sont en vigueur.

ART. 118.

Commencement des délégations, modifications et cessation des délégations.

1. La délégation des marins nouvellement admis au service commence du jour de leur entrée en solde.

La délégation consentie au cours du service commence du jour où elle est souscrite.

La délégation d'office commence à la date fixée par la décision qui l'impose.

La délégation des marins rentrant de congé, de disponibilité ou reprenant du service après l'accomplissement d'une peine d'emprisonnement prononcée par jugement recommence du jour de leur réintégration dans une position de présence.

2. Dans les cas de variation de la solde résultant des changements de grade ou de classe, par suite d'avancement, de suspension, de réduction de grade ou de classe, de réintégration, etc., le taux de la délégation change en même temps que celui de la solde.

3. La délégation des marins cesse :

a. Du jour où ils cessent d'avoir droit à une solde : lendemain du décès des délégants, jour du congédiement, jour de la désertion, etc.;

b. Du jour de leur passage dans une position ne comportant pas payement de la délégation : congé, disponibilité, emprisonnement après jugement, etc.;

c. Du jour du décès du délégataire ou pour compter de la date de sa renonciation;

d. Du jour fixé par la décision du Préfet maritime qui révoque une délégation.

4. Dans les cas indiqués aux paragraphes précédents, si les états de délégations ont été expédiés au port comptable, les mouvements indiqués ci-dessus sont reportés au premier jour du trimestre suivant, sous réserve de la dérogation ci-après.

Dans les cas de décès du délégant, de congédiement anticipé, de désertion. d'emprisonnement après jugement, des mesures sont prises pour que les états de délégations soient rectifiés et que la portion non acquise de la délégation ne soit pas payée aux délégataires ou soit recouvrée sur la somme restant due au marin. Si ces mesures sont inefficaces. les sommes indûment payées ne donnent lieu à aucune reprise.

ART. 119.

1. En cas de décès des délégataires, les arrérages non payés font retour au délégant, sauf les exceptions prévues aux paragraphes suivants du présent article. Décès des délégataires.

2. Les délégations consenties en faveur des père et mère simultanément sont, en cas de décès de l'un des deux, intégralement payées au survivant.

3. La même disposition est applicable aux délégations consenties en faveur de la femme et des enfants simultanément.

4. Si la délégation a été consentie en faveur de la femme seulement, elle est acquise, en cas de décès de celle-ci, aux enfants mineurs du délégant et payée en leur nom aux personnes qui les auront recueillis. Il en est de même, en cas de décès du délégataire, de la délégation souscrite en faveur d'un tiers pour l'entretien d'enfants mineurs. Dans l'un et l'autre cas, les sommes sont payées sur le vu d'un certificat du maire ou du syndic constatant les faits qui ouvrent des droits à des tiers.

ART. 120.

1. La délégation est décomptée conformément au tarif n° XI, § *a*, par trimestre et par mois et, lorsqu'il y a lieu, par jour à raison de la trentième partie de sa fixation mensuelle. Mode du décompte des délégations.

2. Sauf les exceptions spécialement prévues, la privation de solde entraîne la privation de la délégation.

SECTION II.

PRÉCOMPTES ET RETENUES.

ART. 121.

(Modifié le 10 janvier 1911.)

Avances en nature. — Prélèvements.

1. Les effets d'habillement sont délivrés par l'État aux marins, à charge d'en rembourser la valeur sur leur solde; il en est de même du tabac et du savon. La valeur du premier sac est déterminée d'après sa composition; le remboursement à l'État en est effectué au moyen d'une diminution de solde, sauf en ce qui concerne certaines catégories de marins désignées par le Ministre.

Le fonctionnement de la diminution de solde, ainsi que le nombre de jours pendant lesquels elle est faite, sont fixés par l'Instruction sur l'administration et la comptabilité du Service de la Solde.

Pour les effets du premier sac délivré aux marins qui ne sont pas tenus de se libérer du montant de cette délivrance par voie de diminution de solde, ainsi que pour les effets de remplacement délivrés à tous les marins sans exception, la valeur à rembourser à l'État résulte de l'application des prix unitaires fixés par le Ministre aux quantités effectivement délivrées.

2- Chaque marin, au moment de son admission au service, reçoit, à titre gratuit, un jeu d'ustensiles de plat qui devient sa propriété. Le remplacement de ces ustensiles est effectué à titre remboursable.

3. L'Administration prélève sur le solde des marins, pour les rembourser aux services intéressés de la Marine : la valeur des manuels délivrés à titre onéreux, celle des réparations de chaussures, celle des pertes, cessions et dégradations de matériel, des dégâts commis à bord des navires ou des bâtiments militaires et celle des imputations régulièrement mises à leur compte.

L'évaluation de ces prélèvements résulte des dispositions des règlements en vigueur.

Les frais de capture, d'arrestation et d'escorte des marins sont également prélevés sur leur solde [1] [2].

---

(1) *Dépêche du 24 mai 1909 à Indo-Chine.* — Les frais de rapatriement des marins déserteurs restent à la charge de l'État.

(2) *Dépêche du 9 mai 1911 à l'Algérie.* — Les frais de visite d'un médecin légiste pour constatation de coups et blessures ne peuvent être mis à la charge du marin inculpé.

Les frais de capture et d'arrestation sont fixés par le tarif n° XI, § *d*, et les frais d'escorte d'après les tarifs en usage au Département de la Guerre.

ART. 122.

(Modifié le 10 janvier 1911 et le 21 mai 1915.)

1. Le montant des prélèvements, des avances en nature et des dettes visées au paragraphe 2 (1°) de l'article 113 est, en temps ordinaire, précompté au moyen d'une retenue journalière dite «d'habillement», dont la quotité est fixée par le tarif n° XI, § *b*, annexé au présent décret. **Retenue d'habillement pour les marins.**

2. Le montant des «diminutions de solde» faites en compensation de la délivrance du premier sac est également repris sur la solde. La quotité journalière de la diminution de solde est fixée par le tarif n° XI, § *c*, annexé au présent décret.

3. La retenue d'habillement est exercée sur la solde des marins dans toutes les positions de présence et d'absence, quelle que soit d'ailleurs leur situation financière. Lorsque la solde, déduction faite, s'il y a lieu, de la délégation, est inférieure à la quotité réglementaire de la retenue d'habillement, la totalité de cette solde est retenue.

4. Lorsqu'il s'agit de calculer le parfait payement des marins subissant encore la diminution de solde mais n'étant pas en dette, la retenue (0 fr. 15) spécialement affectée au remboursement des effets de remplacement n'est exercée que jusqu'à concurrence de la valeur desdits effets délivrés à ces marins et, s'il y a lieu, du montant des prélèvements, des trop payés de solde, etc.

5. La retenue d'habillement n'est exercée, s'ils ne sont pas en dette envers l'État, ni sur la solde des officiers-mariniers en disponibilité, ni sur celle des officiers-mariniers et marins mis en position de congé en attendant la notification de leur retraite ou de leur réforme. Comme conséquence, il n'est délivré d'effets d'habillement à ces officiers-mariniers et marins que sous la condition du remboursement intégral immédiat de ces effets, soit au moyen d'un reversement au Trésor, soit par voie de retenue sur le premier payement à percevoir. Toutefois, lorsque des officiers-mariniers en disponibilité sont promus au grade supérieur, le montant des effets délivrés aux intéressés du fait de changement de grade est remboursé au moyen de la retenue journalière d'habillement.

ART. 123.

(Modifié le 21 mai 1915.)

1. En cas d'insuffisance de la retenue ordinaire d'habillement, pour assurer le remboursement des dettes envers l'État, des avances en nature et des prélèvements, les Conseils d'administration peuvent prescrire, s'ils le jugent utile, une retenue supplémentaire qui ne doit pas être supérieure aux deux tiers de la solde et des accessoires de solde restant à payer, après déduction **Retenues supplémentaires pour les marins.**

de la retenue ordinaire d'habillement et de la délégation, s'il y a lieu. Cette retenue est continuée jusqu'à l'acquittement des sommes dues.

2. Toutefois la retenue prescrite au présent article doit être calculée de telle sorte qu'elle laisse payer, en position de présence, au marin qui la subit, un minimum de 10 centimes par jour à titre d'argent de poche.

ART. 124.

Reprise des avances de solde, de traitement de table, de frais de passage.

Les règles relatives à la reprise des avances de solde faites aux officiers et des avances de traitement de table et de frais de passage faites aux tables d'officiers sont respectivement applicables à la reprise des avances faites aux marins et aux tables d'officiers-mariniers.

ART. 125.

Précomptes au moment du congédiement.

1. Les sommes dont les marins sont encore débiteurs au moment de l'arrêté de leur compte en cas de congédiement ou d'entrée dans une position ne donnant pas droit à une solde sont précomptées sur celles qui leur sont dues au titre du service ou du bâtiment qu'ils quittent, sans préjudice de la reprise à exercer par voie de réintégration d'habillement dans les cas prévus par les règlements en vigueur [1].

2. Les sommes dont les marins congédiés peuvent rester débiteurs après l'exécution des opérations ci-dessus indiquées ne donnent lieu, en principe, à aucune reprise; toutefois, si ces marins sont admis à jouir d'une pension de retraite, ces sommes sont reprises sur les arrérages de leur pension.

ART. 126.

Dégrèvement des marins décédés, retraités ou réformés n° 1.

1. Lorsque des marins réformés [2] ou retraités par suite de blessures ou pour cause d'infirmités contractées au service sont débiteurs, il leur est fait remise de leur dette après précompte sur leur solde non liquidée de la retenue journalière réglementaire prévue à l'article 122.

2. Il est opéré de même pour la liquidation de la solde des marins décédés ou disparus pendant leur présence au service.

---

(1) *Circulaire du 22 août 1908*, B. O. — Fixation à 20 francs de la quotité maximum de la dette qui entraîne envoi à un dépôt des hommes congédiables débarqués dans un port autre qu'un port militaire.

(2) *Circulaire aux cinq ports du 24 septembre 1910*. — Dispositions à prendre lorsque des marins en dette sont placés en réforme temporaire.

ART. 127.

Il est expressément défendu d'exercer ou d'autoriser aucune retenue sur la solde des marins, si ce n'est dans les cas prévus au présent décret. Défenses d'exercer des retenues illicites.

TITRE VII.
Solde des marins indigènes.

ART. 128.

Le tarif n° II des soldes est applicable à tous les marins faisant partie des divers personnels indigènes recrutés localement dans les colonies françaises et pays de protectorat pour concourir au service de la Marine, sur les bâtiments de l'État et dans les arsenaux et ateliers. Marins auxquels est applicable le tarif de solde des marins indigènes.

ART. 129.

Les soldes des marins indigènes sont les soldes n°s 1, 2, 3, 5, 6. Diverses soldes des marins indigènes.

ART. 130.
(Modifié le 10 août 1914.)

1. La solde n° 1 est allouée aux marins indigènes : Droit des marins indigènes aux diverses soldes.

1° Attachés à un service à terre, sauf les exceptions prévues aux paragraphes 2 et 3;

2° En première instruction, même s'ils sont embarqués;

3° En subsistance, sans y accomplir du service, dans les dépôts ou services et à bord des bâtiments dans toutes les positions.

2. La solde n° 2 est allouée aux marins indigènes :

1° Faisant partie de l'effectif d'un atelier installé à terre ou du cadre réglementaire d'un service à terre (Direction de mouvement de port; Service central de flottille de torpilleurs et de sous-marins; défense fixe, poste de stationnement et de refuge des torpilleurs et des sous-marins), sauf l'exception prévue au paragraphe 3 (1° *in fine*).

2° Embarqués ou en subsistance, pour y accomplir du service, sur les bâtiments en réserve, sauf l'exception prévue au paragraphe 3;

3° Affectés à l'entretien et à la garde des bâtiments désarmés.

3. La solde n° 3 est allouée aux marins indigènes :

1° Embarqués ou en subsistance, pour y accomplir du service, sur les bâtiments de l'État en premier armement pour essais, en armements pour essais ou armés, ou faisant partie de l'armement de bâtiments de servitude et embarcations diverses qui participent normalement à un service actif à la mer ou en rivière;

2° Embarqués ou en subsistance, pour y accomplir du service, sur les bâtiments en réserve, chaque fois que ces bâtiments effectuent des sorties à la mer ou en rade;

3° Embarqués ou en subsistance pour y accomplir du service sur les bâtiments faisant partie des flottilles de torpilleurs et de sous-marins;

4° Faisant partie d'une expédition à terre aux colonies ou à l'étranger;

5° Embarqués sur les bâtiments en réserve en France.

4. La solde n° 5 est allouée aux marins indigènes en traitement dans les hôpitaux s'ils avaient droit à une solde avant leur entrée à l'hôpital. Toutefois les marins indigènes admis dans les hôpitaux à la suite de blessures reçues en service commandé conservent pendant leur première admission la solde à laquelle ils avaient droit avant leur hospitalisation, dans les mêmes conditions que les marins de la métropole.

5. La solde n° 6 est allouée aux officiers-mariniers indigènes faisant partie du cadre de maistrance, placés dans la position de disponibilité.

ART. 131.

Application aux marins indigènes des dispositions relatives aux droits à la solde des marins de la métropole en congé, en permission.

Les dispositions des articles 22 et suivants, relatives aux droits à la solde des marins de la métropole, en congé, en permission sont applicables aux marins indigènes, sous réserve que les soldes visées dans ces articles sont celles du tarif n° II spéciales à ces derniers.

ART. 132 [1].

Hautes payes des indigènes. — Primes d'engagement, de réadmission ou rengagement. Autres accessoires de solde.

1. Les hautes payes des indigènes sont déterminées soit par le tarif fort, soit par le tarif faible n° IV, § *a*. L'application de l'un ou l'autre de ces tarifs résulte des dispositions des règlements d'organisation des divers personnels indigènes ou des instructions du Ministre.

2. Les primes d'engagement, de réadmission, de rengagement des marins indigènes sont fixées par le Ministre entre les limites déterminées par le tarif n° IV, § *b*; elles peuvent être payées, d'après les instructions du Ministre, même au delà de 10 ans de service, soit globalement au moment de la signature de l'acte, soit en cours de lien au moyen d'une quotité journalière ou annuelle.

3. Les marins indigènes ont droit aux accessoires de solde prévus aux tarifs n^os^ V, VII et VIII; ils n'ont pas droit à ceux prévus au tarif n° VI.

---

[1] *Circulaire du 17 février 1909.* — En annexe. — Fixation du taux des hautes payes, primes d'engagement, de réadmission ou de rengagement à allouer aux marins indigènes.

Dépêche du 13 avril 1915 à Dakar. En annexe. — Au sujet des primes de rengagements ou de réadmission des marins indigènes du Sénégal.

ART. 133.

1. Lorsque les officiers-mariniers indigènes sont autorisés à faire partie des tables d'officiers-mariniers de la Métropole, ils reçoivent les mêmes indemnités de traitement de table que ces derniers.

Traitement de table des marins indigènes.

2. Lorsqu'ils sont autorisés à former des tables spéciales, ils peuvent recevoir des indemnités dont le taux, fixé par le Ministre, ne peut dépasser celui des tables des officiers-mariniers de la Métropole [1].

ART. 134.

Le régime des délégations des marins de la Métropole n'est pas applicable aux marins indigènes.

Régime des délégations.

ART. 135.

Les dispositions générales des titres I, II, III, IV, V, VI du présent décret, notamment celles relatives au point de départ, aux modifications, à la cessation des diverses soldes, aux avances, précomptes et retenues, etc., sont applicables aux marins indigènes si elles ne sont pas contraires aux dispositions du présent titre.

Application des dispositions générales des titres I, II, III, IV, V et VI aux marins indigènes.

TITRE VIII.

Dispositions diverses.

ART. 136.

Les dispositions du présent décret et les tarifs y annexés sont applicables à compter du 1er juillet 1908.

Date d'application du présent décret.

ART. 137.

1. Le décret du 10 juillet 1895 est abrogé, sauf en ce qui concerne les règles d'administration, de comptabilité et de contrôle.

Textes abrogés.

2. Sont ou demeurent également abrogées, en ce qu'elles ont de contraire aux nouvelles prescriptions, toutes dispositions antérieures, notamment toutes celles contenues dans les actes visés en tête du présent décret.

3. A compter du 1er juillet 1908, toute allocation de solde, de traitement de table, de frais de passage, autre que celles énumérées ou prévues au présent décret et aux tarifs y annexés, cessera d'être allouée aux marins et aux tables d'officiers-mariniers.

---

[1] *Dépêche du 25 mars 1915, à Dakar.* — Allocation d'une indemnité de traitement de table de 0 fr. 20 aux seconds-maîtres indigènes en service à terre à Dakar.

ART. 138[1].

Dispositions transitoires.

A titre transitoire :

1° Le supplément prévu au tarif n° 7 du décret du 10 juillet 1895 pour les seconds-maîtres, quartiers-maîtres ou matelots mécaniciens torpilleurs embarqués continuera à être payé à ces marins jusqu'à l'époque de l'expiration de leur brevet en cours.

2° Un supplément journalier de 0 fr. 30 sera payé, dans toutes les positions comportant une solde, aux quartiers-maîtres mécaniciens et chauffeurs ayant moins de cinq ans de service, titulaires de la 1re classe de leur grade à la date du 1er juillet 1908, jusqu'au moment où ils réuniront cinq années de service ;

3° Les mécaniciens de tous grades et les matelots brevetés du personnel sédentaire des Défenses fixes des ports militaires en possession d'une solde qui, augmentée des hautes payes pour les officiers-mariniers et quartiers-maîtres et du supplément de brevet pour les matelots, est supérieure à celle déterminée par les tarifs annexés au présent décret, recevront, jusqu'à leur promotion au grade supérieur, le montant de la différence des deux allocations. Cette différence leur sera payée sous forme de gratifications mensuelles dont le montant s'ajoutera à celui des gratifications facultatives de chaque Défense fixe. Cette disposition n'est applicable qu'aux hommes entrés dans les Défenses fixes antérieurement au 1er juillet 1908[2] ;

4° Les élèves-pilotes et les apprentis-patrons pilotes du grade de matelot admis dans les écoles de pilotage avant le 1er juillet 1908, en possession d'une solde qui, augmentée du supplément prévu pour eux par le Tarif n° 9 du décret du 10 juillet 1895, est supérieure à celle déterminée par les tarifs annexés au présent décret, recevront, jusqu'à l'époque de leur sortie de ces écoles ou jusqu'à la date de leur promotion au grade supérieur, la différence entre ces deux allocations. Cette différence leur sera payée sous forme de gratifications mensuelles dont le montant s'ajoutera à celui des gratifications facultatives de chaque école ;

5° Les matelots brevetés et les matelots mécaniciens embarqués avant le 1er juillet 1908 sur les torpilleurs et autres bâtiments armés faisant partie des flottilles de torpilleurs de la zone n° 1 en possession d'une solde qui, augmentée du supplément de brevet et du supplément spécial (0 fr. 15) prévu pour eux par le tarif n° 9 du décret du 10 juillet 1895, est supé-

---

(1) Voir : la circulaire du 7 décembre 1908, § 14, 15 et 16 ; la circulaire du 21 juin 1909 (en annexe) ; la dépêche du 12 septembre 1908 aux cinq ports ; la circulaire du 1er septembre 1913 (en annexe), et la circulaire du 31 mai 1914 (*B. O.*, p. 1727) [en annexe] pour l'application de différentes dispositions contenues dans cet article.

(2) Voir Circulaire du 19 avril 1915 (*B. O.*, p. 604). En annexe. — Pour les marins des Défenses fixes maintenus en service par suite de la mobilisation.

rieure à celle déterminée par les tarifs annexés au présent décret, recevront, jusqu'à l'époque de leur débarquement de ces bâtiments ou jusqu'à l'époque de leur promotion au grade supérieur, la différence entre ces deux allocations. Cette différence leur sera payée sous forme de gratifications mensuelles dont le montant s'ajoutera à celui des gratifications facultatives de chaque bâtiment[1].

6° Les marins admis dans la première catégorie du personnel des Ateliers centraux, antérieurement au 1er juillet 1908, continueront à percevoir le supplément journalier prévu pour eux par le décret du 1er août 1899 jusqu'à l'expiration de leur période d'affectation en cours.

7° Les marins indigènes pour lesquels les dispositions des paragraphes 1 et 2 de l'article 130 prévoient la solde n° 1 ou la solde n° 2 percevront néanmoins la solde n° 3, à partir du 1er juillet 1908, jusqu'à l'époque de leur changement de service, de leur débarquement ou jusqu'à la date de leur promotion au grade supérieur.

8° Les marins indigènes titulaires d'un brevet de spécialité pour lequel ils recevaient le supplément journalier prévu au tarif n° 7 du Décret du 10 juillet 1895 continueront à percevoir ce supplément jusqu'à l'époque de leur promotion au grade supérieur.

ART. 139.

Le Ministre de la marine est chargé de l'exécution du présent décret, qui sera inséré au *Bulletin officiel de la Marine*. Mise à exécution.

Fait à Paris, le 11 juillet 1908.

Signé : A. FALLIÈRES.

Par le Président de la République :

Le Ministre de la Marine,

Signé : GASTON THOMSON.

Le Ministre des Finances,

Signé : J. CAILLAUX.

---

[1] *Circulaire du 21 juin 1909.* — En annexe. — Cette gratification doit être décomptée comme la solde, à raison de trente jours par mois; elle n'est pas due aux hommes privés de solde ou en traitement à l'hôpital.

TARIF N° I.

(Modifié le 28 janvier 1914 et le 21 mai 1915.)

SOLDE JOURNALIÈRE DES MARINS DES ÉQUIPAGES DE LA FLOTTE.

(ART. 14 à 33.)

DÉSIGNATION.		SOLDE N° 1.	SOLDE N° 2.	SOLDE N° 3.	SOLDE N° 4.	SOLDE N° 5.	SOLDE N° 6.	OBSERVATIONS.
		fr. c.	fr. c.	fr. c.	fr. c.	fr. c.	fr. c.	
1° SPÉCIALITÉS DU PONT.								
Premiers-maîtres.	de 20 ans de services et au-dessus.....	7 15	7 35	8 05	8 95	5 60	5 95	
	de 15 à 20 ans....	6 75	6 95	7 65	8 55	5 20	5 55	
	de 10 à 15 ans.....	6 35	6 55	7 25	8 15	4 80	5 15	
	de 5 à 10 ans.....	5 95	6 15	6 85	7 75	4 40	4 75	
	de 0 à 5 ans......	4 70	4 90	5 60	6 50	3 15	3 50	
Maîtres...	de 20 ans de services et au-dessus.....	5 85	6 65	6 95	7 65	4 60	4 90	
	de 15 à 20 ans....	5 45	6 25	6 55	7 25	4 20	4 50	
	de 10 à 15 ans....	5 15	5 85	6 15	6 85	3 90	4 20	
	de 5 à 10 ans.....	4 85	5 55	5 85	6 55	3 60	3 90	
	de 0 à 5 ans......	3 70	4 40	4 70	5 40	2 45	2 75	
Seconds-maîtres.	de 20 ans de services et au-dessus.....	5 55	5 75	5 95	6 55	4 40	4 70	Ces soldes sont également attribuées aux seconds-maîtres tailleurs et cordonniers des dépôts, recrutés dans les conditions prévues au décret portant organisation du corps des Équipages de la Flotte.
	de 15 à 20 ans....	5 15	5 35	5 55	6 15	4 00	4 30	
	de 10 à 15 ans....	4 85	5 05	5 25	5 85	3 70	4 00	
	de 5 à 10 ans.....	4 55	4 75	4 95	5 55	3 40	3 70	
	de 0 à 5 ans......	3 40	3 60	3 80	4 40	2 25	2 55	
Quartiers-maîtres.	de 20 ans de services et au-dessus.....	3 85	3 95	4 35	4 75	3 25	″	
	de 16 à 20 ans....	3 65	3 75	4 15	4 55	3 05	″	
	de 12 à 16 ans....	2 70	2 80	3 20	3 60	2 10	″	
	de 8 à 12 ans.....	2 50	2 60	3 00	3 40	1 90	″	
	de 4 à 8 ans......	2 10	2 20	2 55	3 00	1 50	″	
	de 0 à 4 ans......	1 80	1 90	2 15	2 50	1 20	″	
Matelots brevetés[1].	de 1re classe.......	1 05	1 30	1 70	2 00	0 50	″	
	de 2e classe.......	0 95	1 15	1 45	1 70	0 40	″	
	de 3e classe.......	0 95	1 05	1 25	1 50	0 30	″	

(1) *Dépêche du 10 avril 1914 (B. O., p. 882).* En annexe.—Au sujet des conséquences de l'obtention du brevet élémentaire au point de vue du grade et de la solde.

DÉSIGNATION.	SOLDE N° 1.	SOLDE N° 2.	SOLDE N° 3.	SOLDE N° 4.	SOLDE N° 5.	SOLDE N° 6.	OBSERVATIONS.
	fr. c.	fr. c.	fr. c.	fr. c.	fr. c.	fr. c.	
1° SPÉCIALITÉS DU PONT (*Suite*).							
Matelots non brevetés. de 1re classe	1 05	1 05	1 25	1 40	0 50	//	
Matelots non brevetés. de 2e classe	0 95	0 95	1 05	1 20	0 40	//	
Matelots non brevetés. de 3e classe	0 75	0 75	0 85	0 90	0 30	//	
Apprentis-marins	0 55	0 55	0 65	0 70	0 30	//	
Mousses	0 35	0 35	0 35	//	0 20	//	
Agents de service civils[1]	1 25	1 45	1 55	1 70	0 80	//	
2° PILOTES DE LA FLOTTE[2].							
Premiers-maîtres. de 20 ans de services et au-dessus	7 15	8 20	10 20	10 80	5 60	5 95	
Premiers-maîtres. de 15 à 20 ans	6 75	7 75	9 80	10 40	5 20	5 55	
Premiers-maîtres. de 10 à 15 ans	6 35	7 35	9 40	10 00	4 80	5 15	
Premiers-maîtres. de 5 à 10 ans	5 95	6 95	9 00	9 60	4 40	4 75	
Premiers-maîtres. de 0 à 5 ans	5 10	6 10	8 15	8 75	3 40	3 80	
Maîtres. de 20 ans de services et au-dessus	6 15	7 15	8 70	9 30	4 80	5 10	
Maîtres. de 15 à 20 ans	5 75	6 75	8 30	8 90	4 40	4 70	
Maîtres. de 10 à 15 ans	5 35	6 35	7 85	8 45	4 00	4 30	
Maîtres. de 5 à 10 ans	4 95	5 95	7 45	8 05	3 60	3 90	
Maîtres. de 0 à 5 ans	4 10	5 10	6 60	7 20	2 75	3 05	
Seconds-maîtres. de 20 ans de services et au-dessus	5 55	5 95	6 95	7 35	4 40	4 70	
Seconds-maîtres. de 15 à 20 ans	5 15	5 55	6 55	6 95	4 00	4 30	
Seconds-maîtres. de 10 à 15 ans	4 85	5 05	6 05	6 45	3 70	4 00	
Seconds-maîtres. de 5 à 10 ans	4 55	4 85	5 85	6 25	3 40	3 70	
Seconds-maîtres. de 0 à 5 ans	3 40	4 10	5 10	5 50	2 25	2 55	

(1) *Dépêche à Brest le 22 août 1908.* — Les suppléments de solde à allouer aux agents de service affectés à la cuisine des élèves de l'École navale (2 fr. 50, 1 fr. et 0 fr. 75) doivent être prélevés sur l'allocation accordée pour la nourriture des élèves.

(2) *Dépêche à Cherbourg le 2 octobre 1908.* — Fixation de la solde à allouer aux pilotes côtiers de la station d'Islande. La solde de ces pilotes qui ne font partie du corps des Équipages de la Flotte doit être supportée par le chapitre «Frais de pilotage».

DÉSIGNATION.		SOLDE n° 1.	SOLDE n° 2.	SOLDE n° 3.	SOLDE n° 4.	SOLDE n° 5.	SOLDE n° 6.	OBSERVATIONS.
		fr. c.	fr. c.	fr. c.	fr. c.	fr. c.	fr. c.	
3° Mécaniciens et chauffeurs.								
Premiers-maîtres.	de 20 ans de services et au-dessus.....	7 65	10 00	11 70	12 10	5 80	6 25	
	de 15 à 20 ans.....	7 25	9 60	11 30	11 70	5 40	5 85	
	de 10 à 15 ans.....	6 85	9 20	10 90	11 30	5 00	5 45	
	de 5 à 10 ans......	6 45	8 80	10 50	10 90	4 60	5 05	
	de 0 à 5 ans.......	5 60	7 95	9 65	10 05	3 75	4 20	
Maîtres...	de 20 ans de services et au-dessus.....	6 45	7 45	8 80	9 10	4 90	5 30	
	de 15 à 20 ans.....	6 05	7 05	8 40	8 70	4 50	4 90	
	de 10 à 15 ans.....	5 55	6 55	7 85	8 15	4 00	4 40	
	de 5 à 10 ans......	5 35	6 35	7 65	7 95	3 80	4 20	
	de 0 à 5 ans.......	4 60	5 60	6 90	7 20	3 05	3 45	
Seconds-maîtres.	de 20 ans de services et au-dessus.....	5 55	6 45	7 45	7 70	4 40	4 70	
	de 15 à 20 ans.....	5 15	6 05	7 05	7 30	4 00	4 30	
	de 10 à 15 ans.....	4 85	5 55	6 55	6 80	3 70	4 00	
	de 5 à 10 ans......	4 55	5 35	6 35	6 60	3 40	3 70	
	de 0 à 5 ans.......	3 55	4 60	5 60	5 85	2 35	2 65	
Quartiers-maîtres.	de 20 ans de services et au-dessus.....	3 90	4 40	5 10	5 25	3 25	//	
	de 16 à 20 ans.....	3 70	4 20	4 90	5 05	3 05	//	
	de 12 à 16 ans.....	3 10	3 60	4 30	4 45	2 35	//	
	de 8 à 12 ans......	2 80	3 30	4 00	4 15	2 05	//	
	de 4 à 8 ans.......	2 35	2 85	3 55	3 70	1 65	//	
	de 0 à 4 ans.......	1 85	2 25	2 95	3 10	1 25	//	
Matelots..	de 1re classe.......	1 25	1 55	1 95	2 10	0 80	//	
	de 2e classe........	0 95	1 25	1 65	1 80	0 60	//	

TARIF N° 11.

(Modifié le 5 juillet 1910.)

SOLDE JOURNALIÈRE DES MARINS INDIGÈNES.

(ART. 130.)

DÉSIGNATION.		SOLDE N° 1.	SOLDE N° 2.	SOLDE N° 3.	SOLDE N° 5.	SOLDE N° 6.	OBSERVATIONS.
		fr. c.	fr. c.	fr. c.	fr. c.	fr. c.	
1° SPÉCIALITÉS DU PONT.							
Premiers-maîtres	de 1re classe	3 90	4 10	4 40	2 60	2 90	
	de 2e classe	3 35	3 55	3 90	2 20	2 50	
Maîtres		3 35	3 55	3 90	2 20	2 50	
Seconds-maîtres	de 1re classe	2 75	2 95	3 25	1 80	2 05	
	de 2e classe	2 55	2 75	2 95	1 70	1 90	
Quartiers-maîtres	de 1re classe	1 65	1 75	1 95	1 10		
	de 2e classe	1 45	1 55	1 75	0 95		
Matelots	de 1re classe	1 05	1 05	1 25	0 50		
	de 2e classe	0 95	0 95	1 05	0 40		
	de 3e classe	0 75	0 75	0 85	0 30		
Apprentis-marins		0 55	0 55	0 65	0 30		
Mousses		0 35	0 35	0 35	0 20		
Agents de service civils		1 10	1 20	1 30	0 60		
2° MÉCANICIENS ET CHAUFFEURS.							
Premiers-maîtres	de 1re classe	5 60	7 10	8 85	3 75	4 20	
	de 2e classe	5 10	6 60	8 15	3 40	3 80	
Maîtres		4 60	5 60	6 60	3 05	3 45	
Seconds-maîtres	de 1re classe	3 55	4 60	5 35	2 35	2 65	
	de 2e classe	3 05	4 10	4 80	2 00	2 30	
Quartiers-maîtres	de 1re classe	2 05	2 55	3 25	1 35		
	de 2e classe	1 85	2 25	2 95	1 25		
Matelots	de 1re classe	1 25	1 55	1 95	0 80		
	de 2e classe	0 95	1 25	1 65	0 60		

TARIF N° III.

(*Modifié le 21 mai 1915.*)

INDEMNITÉS TENANT LIEU DE SOLDE.

PERSONNEL RETRAITÉ AU SERVICE DE LA MARINE.

(ART. 34.)

CATÉGORIES DE PERSONNEL.		ALLOCATION JOURNALIÈRE				OBSERVATIONS.
		À PARIS		AUTRES LOCALITÉS		
		en service.	à l'hôpital.	en service.	à l'hôpital.	
Retraités	de 1re classe.......	5f 00c	3f 35c	3f 50c	2f 00c	
	de 2e classe.......	4 50	3 00	3 00	1 65	
	de 3e classe.......	4 00	2 65	2 50	1 35	
	de 4e classe.......	3 50	2 35	2 00	1 00	

NOTA. — **Deux augmentations de 0 fr. 50 peuvent être successivement accordées à ce personnel dans chacune des classes.**

Pour les retraités en service à Paris, les augmentations successives pouvant leur être accordées sont également en principe de deux; toutefois l'indemnité des retraités de 1re classe pourra atteindre par augmentations successives le traitement maximum prévu pour les auxiliaires permanents de l'Administration centrale.

Des suppléments spéciaux peuvent être accordés par décision du Ministre aux marins retraités remplissant certaines fonctions.

TARIF N° IV.

(Modifié le 5 juillet 1910, le 17 octobre 1913, le 28 janvier 1914 et le 21 mai 1915.)

SUPPLÉMENTS DE SOLDE DUS EN RAISON DU LIEN AU SERVICE.

(ART. 37 À 47.)

a. *Hautes payes d'ancienneté (allocations journalières).*

DÉSIGNATION.	APRÈS 4 ANS.	APRÈS 8 ANS.	APRÈS 12 ANS.	APRÈS 16 ANS.	APRÈS 20 ANS.	OBSERVATIONS.
1° MARINS FRANÇAIS.						
Matelots *brevetés* du corps des Équipages de la Flotte	0f 30c	0f 50c	0f 60c	1f 20c	1f 30c	
Matelots *non brevetés* du corps des Équipages de la Flotte	0 30	0 50	0 60	0 70	0 80	

DÉSIGNATION.		APRÈS 5 ANS.	APRÈS 10 ANS.	APRÈS 20 ANS.	APRÈS 15 ANS.	OBSERVATIONS.
2° MARINS INDIGÈNES.						
Tarif fort.	Premiers-maîtres	0f 40c	0f 80c	1f 20c	1f 60c	
	Maîtres et seconds-maîtres	0 30	0 50	1 00	1 40	
	Quartiers-maîtres	0 30	0 50	0 70	1 00	
	Matelots	0 30	0 40	0 50	0 60	
Tarif faible.	Premiers-maîtres	0 40	0 60	0 70	0 80	
	Maîtres et seconds-maîtres	0 30	0 50	0 60	0 70	
	Quartiers-maîtres	0 30	0 40	0 50	0 60	
	Matelots	0 20	0 30	0 40	0 50	

b. *Primes d'engagement, de réadmission ou de rengagement et de maintien au service.*

Primes d'engagement aux marins indigènes (1), de			100 à 400 francs.	NOTA. — Le taux de la prime est fixé pour chaque spécialité par décision du Ministre.
Primes triennales de réadmission ou de rengagement (2).	Marins français.	Quartiers-maîtres, de	100 à 1,000	
		Matelots brevetés, de	50 à 600	
	Indigènes (1).	Quartiers-maîtres et matelots, de	50 à 400	
Indemnité de maintien au service.	Marins français et indigènes : allocation journalière		0 fr. 50.	

(1) *Circulaire du 17 février 1909.* — En annexe. — Fixation du taux des hautes payes, primes d'engagement, de réadmission ou de rengagement à allouer aux marins indigènes.

(2) *Dépêche à la 1re Armée navale le 27 juillet 1912.* — Au sujet du taux d'une prime de rengagement ou de réadmission : la prime à payer à chaque marin est toujours celle du *tarif en vigueur au moment de la signature de l'acte*, même si le nouveau lien est contracté avec effet rétroactif.

c. *Primes au personnel faisant partie de la 1re catégorie des Ateliers centraux de la Flotte et aux quartiers-maîtres et matelots brevetés des Défenses fixes des ports militaires.*

GRADES.	QUOTITÉS ANNUELLES MAXIMA.		OBSERVATIONS.
	Mécaniciens.	Autres spécialités.	
1° PRIMES AU PERSONNEL FAISANT PARTIE DE LA PREMIÈRE CATÉGORIE DES ATELIERS CENTRAUX DE LA FLOTTE (1).			
Premiers-maîtres	432f 00c	72f 00c	Les primes sont fixées annuellement et payées dans les conditions déterminées par le Ministre.
Maîtres	288 00	72 00	
Seconds-maîtres	216 00	72 00	
Quartiers-maîtres	180 00	72 00	
Matelots	144 00	72 00	
2° PRIMES AUX QUARTIERS-MAÎTRES ET MATELOTS BREVETÉS DES DÉFENSES FIXES DES PORTS MILITAIRES.			
Quartiers-maîtres	72f 00c	72f 00c	
Matelots brevetés	72 00	72 00	

(1) *Dépêches des 28 décembre 1908 et 19 septembre 1913.* — En annexe. — Les marins affectés d'office ou par voie d'engagement direct aux Ateliers centraux ne peuvent recevoir la prime spéciale prévue par le tarif IV, § c.

TARIF N° V.

(Modifié le 5 juillet 1910, le 15 novembre 1911, le 20 juillet 1912, le 17 octobre 1913 et le 10 août 1914.)

Suppléments de solde pour fonctions spéciales momentanément remplies.

(Art. 47.)

a. *Suppléments aux vaguemestres (allocations journalières).*

Services.		Bâtiments armés.	Bâtiments en réserve, Services centraux des flottilles, Services à terre.
Bâtiments ou services dont l'effectif, (y compris les officiers) et le personnel de la Majorité, s'il y a lieu, est :	au-dessus de 600 h^{mes}.	0f 50c	0f 40c
	de 401 à 600	0 40	0 30
	de 201 à 400	0 30	0 20
	de 101 à 200	0 20	0 10
	de moins de 101	0 10	0 10
		Dépôts.	**Hôpitaux.**
Dépôts des Équipages de la Flotte et Hôpitaux.	Cherbourg	0f 40c	0f 40c
	Brest	0 50	0 40
	Lorient	0 40	0 30[1]
	Rochefort	0 30	0 30
	Toulon	0 50	0 40[1]
	Sidi-Abdallah	"	0 20

Observations.

Nota. — *a.* Pour les bâtiments, l'effectif qui sert au calcul est l'effectif réglementaire dans la position où ils se trouvent placés. Toutefois, pour les bâtiments en premier armement pour essais et en armement pour essais, c'est l'effectif *réel*.

b. Pour les groupes de réserve, l'effectif qui sert au calcul est l'effectif réglementaire de l'ensemble du groupe; le supplément est payé au titre du groupe.

c. Pour les bâtiments-écoles, les Écoles à terre, les bâtiments ayant des apprentis en stage, l'effectif qui sert au calcul s'obtient en ajoutant à l'effectif réglementaire permanent celui du personnel en instruction (sans tenir compte des mutations accidentelles);

d. Pour les autres services à effectif variable (flottilles, par exemple), l'effectif qui sert au calcul est l'effectif réglementaire au 1er janvier et au 1er juillet de chaque année pour le semestre suivant.

e. Dans certains cas particuliers et en raison d'éloignement des bureaux de poste, un supplément spécial peut être accordé par le Ministre, en dehors des fixations réglementaires prévues par le présent tarif[2].

Nota. — Les bâtiments n'ayant pas l'autorisation administrative ne peuvent allouer des suppléments de l'espèce qu'après autorisation spéciale du Ministre.

(1) Pour chacun des deux hôpitaux.

(2) *Dépêches à Brest les 11 novembre 1908, 1er décembre 1909 et 29 mars 1911.* — Taux du supplément à allouer au vaguemestre de la réserve de Landevennec.

Dépêche à Bizerte le 20 novembre 1908. — Taux du supplément à allouer au vaguemestre de l'amirauté à Bizerte.

Dépêche à Rochefort le 20 août 1909. — Taux du supplément à allouer au vaguemestre de la 3e Flottille de torpilleurs de l'Océan.

Dépêche à Cherbourg le 11 juin 1909. — Taux du supplément à allouer aux vaguemestres des services et bâtiments stationnés dans l'arsenal du port de Cherbourg.

Dépêche à Cherbourg le 29 mai 1911. — Allocations du supplément de vaguemestre à l'*Estafette* et à la *Sentinelle*, annexes de l'*Ibis*.

Dépêche à la Division des Ecoles de l'Ocean le 6 mai 1912. — Calcul du taux du supplément de fonctions à allouer aux vaguemestres du *Châteaurenault* et du *Guichen*.

Dépêche à Brest le 23 janvier 1915. — Allocation d'un supplément de 0 fr. 40 au vaguemestre de l'hôpital de l'arsenal de Brest.

Dépêche au Centre d'aviation à Saint-Raphaël le 22 mars 1915. — Allocation d'un supplément aux vaguemestres des centres d'aviation de Port-Saïd et de Boulogne-Dunkerque.

b. *Suppléments au personnel sédentaire de la Défense fixe des ports militaires* (3).

Des suppléments spéciaux fixés par le Ministre peuvent être accordés au personnel sédentaire de la Défense fixe des ports militaires pour sorties sur les navires des flottilles et missions à la mer hors des zones déterminées par décision ministérielle. (Voir Dépêche du 17 novembre 1911, *B. O.*, p. 1056.)

(3) *Circulaire du 19 février 1909.* — En annexe. — Fixation du supplément pour sorties ou missions à la mer à allouer au personnel sédentaire des Défenses fixes des ports militaires. — Application au personnel vétéran des règles d'allocations prévues pour le personnel sédentaire des Défenses fixes.

TARIF N° V. (*Suite.*)

c. *Suppléments divers*

GRADES.	SUPPLÉMENTS DIVERS.						SUPPLÉ- NE POUVANT ÊTRE EXERCÉES			
							Secrétaires de commandants *chargés* de l'administration (5).		Patrons-pilotes. A bord des torpilleurs (*c*)	
	De CHEFS DE QUART à bord des bâtiments armés commandés par un officier. (**a**) (*a'*)	MARINS remplissant à bord des bâtiments *armés* et dans la limite des fixations réglementaires les fonctions d'aides mécaniciens.	MARINS remplissant à bord des bâtiments armés, et dans la limite des fixations réglementaires, les fonctions d'aides chauffeurs.	ÉQUIPAGES des sous-marins y compris l'équipage supplémentaire. (3)	TÉLÉGRAPHISTES des arsenaux. — A titre transitoire. (*b*)	MARINS remplissant à bord des bâtiments armés, et dans la limite des fixations réglementaires, les fonctions de télémétristes (4). (*e*)	Bâtiments armés et flottilles.	Bâtiments en essais en disponibilité et en réserve et services à terre.	armés. (1)	en réserve, en essais, en disponibilité, ou détachés aux Écoles et à l'aviation maritime. (1)
1	2	3	4	5	6	7	8	9	10	11
	fr. c.	fr. c.	fr. c.	fr. c.	fr. c.	fr. c.	fr. c.	fr. c.	fr. c.	fr. c.
Premiers-maîtres	0 50	"	"	1 00	"	"	0 60	0 30	0 70	0 50
Maîtres	0 50	"	"	1 00	"	0 50	0 60	0 30	0 70	0 50
Seconds-maîtres	0 40	"	"	1 00	"	0 50	0 50	0 30	0 60	0 40
Quartiers-maîtres	0 30	"	"	0 80	"	0 50	0 40	0 20	0 50	0 30
Matelots	"	0 40	0 25	0 80	0 30	"	0 30	0 20	"	"

(*a*) *Droit au supplément pour le service de chef de quart sur le pont.* — Le service de quart ne peut être considéré comme susceptible d'être organisé qu'à bord des bâtiments où il existe réglementairement trois officiers de marine en dehors du second. Dans ce cas, le supplément de chef de quart est dû lorsque l'officier-marinier remplace effectivement à la mer ou en rade un des trois officiers manquant à l'effectif pour une cause quelconque (débarquement, permission, mission, entrée à l'hôpital, etc.). Par contre, le supplément de chef de quart n'est pas dû lorsque le nombre réglementaire des officiers de marine étant au complet, le commandant use de la faculté ouverte par l'article 196, § 4, du décret du 15 mai 1910 sur le service à bord, et confie, sous sa responsabilité, le quart à l'officier-marinier qui lui paraît le plus capable de remplir cette fonction.

A bord des bâtiments où il revient un nombre d'officiers de marine inférieur au chiffre indiqué ci-dessus, le supplément de chef de quart n'est dû que si le ou les premiers-maîtres sont embarqués expressément sur l'ordre du Ministre pour remplir le rôle de chef de quart. Dans ce dernier cas, le supplément est dû dans toutes les positions de présence effective (*). — Voir aussi Circulaire du 4 mars 1914 (*B. O.*, p. 708).

(*a'*) *Droit au supplément pour le service de quart dans les machines.* — Le service de quart ne peut être considéré comme susceptible d'être organisé qu'à bord des bâtiments où il existe réglementairement trois officiers *mécaniciens principaux en sous-ordre.* Dans ce cas, le supplément est dû lorsque le premier-maître mécanicien est appelé à la mer ou en rade à remplacer des mécaniciens principaux manquant à l'effectif pour une cause quelconque (débarquement, permission, mission, entrée à l'hôpital, etc.). A bord des bâtiments où il existe réglementairement moins de trois officiers mécaniciens en sous-ordre, le supplément n'est dû que si le ou les premiers-maîtres mécaniciens sont embarqués expressément sur l'ordre du Ministre pour remplir le rôle de chef de quart. Le supplément n'est pas dû lorsque le commandant use de la faculté ouverte par l'article 197, § 3 et 5, du décret du 15 mai 1910 sur le service à bord.

Dépêche du 13 mars 1915 à Rochefort. — Les officiers-mariniers des Directions de port n'ont pas droit à un supplément quand ils exercent les fonctions de «second».

(*b*) *Ce supplément, qui est alloué dans toutes les positions comportant une solde*, peut être porté à 0 fr. 50 après une année de service effectif, à 1 franc après deux années, à 1 fr. 50 après cinq années, à 2 francs après dix années et à 3 francs après quinze années pour ceux des matelots qui se distinguent par leur manière de servir. Cette allocation n'est pas due aux télégraphistes des arsenaux provenant de l'Administration des Postes et Télégraphes et affectés à l'Armée de mer comme hommes du contingent (**).

Circulaire du 23 avril 1915 (*B. O.*, p. 708), *au sujet de l'allocation du supplément de télégraphiste aux marins admis dans cette spécialité antérieurement au décret du 17 juillet 1908.*

(*c*) Les suppléments de patron-pilote et de chef de quart ne se cumulent pas entre eux. Lorsqu'il y a superposition de ces fonctions, le supplément le plus fort est payé à l'exclusion des autres. Par contre, le supplément de patron-pilote se cumule avec l'indemnité de traitement de table du commandant.

(*d*) Ce supplément est porté à 10 francs après deux années, à 13 fr. 30 après cinq années, à 16 fr. 60 après dix années de services comme pilote du Yang-Tsé.

(*) *Dépêche du 30 avril 1912.* — Attribution d'un supplément de chef de quart à bord de l'*Ibis*.

(**) *Dépêche aux cinq ports le 26 novembre 1908.* — **Cette restriction ne s'applique pas aux télégraphistes des arsenaux affectés à l'Armée de mer comme hommes du contingent antérieurement à la mise en vigueur du décret du 11 juillet 1908.**

Circulaire du 7 décembre 1908. — **1° Les fourriers affectés au cadre des dépôts des Équipages de la Flotte n'ont pas droit au supplément spécial prévu par le tarif n° V, § c, pour les secrétaires de commandants comptables; 2° le supplément de fonctions prévu pour les marins affectés aux postes de télégraphie sans fil doit être attribué, dans la limite de l'effectif réglementaire, aux marins pourvus soit du certificat de chef de poste, soit de la mention d'aptitude à la T. S. F.**

(allocations journalières).

MENTS POUR LES FONCTIONS QUE PAR DES MARINS POURVUS DE CERTIFICATS.

Aides hydrographes pendant le service de leur mission à la mer. (*f*)	MARINS affectés au pilotage des bâtiments de l'État naviguant dans le bief supérieur du Haut Yang-Tsé. (d)	Marins affectés réglementairement aux postes de T. S. F. (*f*). Titulaires du certificat d'aptitude à la T. S. F.	Titulaires du certificat de chef de poste de T. S. F.	GRADES.	Pointeurs attribués réglementairement aux pièces de 10 c/m et au-dessus (2). Pointeurs titulaires à bord des bâtiments armés de pièces de : 10.	14 et 16.	19, 24 et 27.	30 et au-dessus.	Pointeurs suppléants à bord des bâtiments armés et pointeurs titulaires ou suppléants à bord des bâtiments en réserve (pièces de tous calibres).	OBSERVATIONS.
12	13	14	15	16	17	18	19	20	21	22
fr. c.	fr. c.	fr. c.	fr. c.		fr. c.	fr. c.	fr. c.	fr. c.	fr. c.	
0 50	6 70	″	0 70							
0 50	6 70	″	0 70							
0 50	6 70	″	0 60	Canonniers de tous grades.	0 50	0 70	1 00	1 50	0 30	
0 30	6 70	0 30	0 50							
0 20	″	0 20	0 30							

(*e*) Les canonniers qui, sous l'empire de la réglementation antérieure au décret du 10 juillet 1913, ont obtenu la mention d'aptitude à la télémétrie, auront également droit au supplément de fonctions de télémétriste lorsqu'ils seront utilisés à défaut de marins titulaires du certificat de télémétriste.

(*f*) *Dépêche du 2 juin 1913 à la Corse.* — Il n'y a pas lieu d'accorder une gratification au personnel des postes de T. S. F. de la Marine pour la transmission des radiotélégrammes privés.

(1) *Circulaire du 21 juin 1909.* — En annexe. — Il y a lieu d'allouer le supplément de fonctions prévu pour les torpilleurs armés aux patrons-pilotes des torpilleurs de remplacement pendant la durée des sorties pour mobilisation ou pour exercices, et le supplément prévu pour les torpilleurs en réserve, en essais ou en disponibilité aux patrons-pilotes embarqués en supplément à l'effectif réglementaire sur les torpilleurs armés.

Les patrons-pilotes embarqués sur un torpilleur passant d'une flottille à une autre ont droit au supplément de fonctions : le supplément à allouer est celui prévu pour les torpilleurs armés ou pour les torpilleurs en réserve, suivant que les intéressés font partie ou non de l'équipage réglementaire.

Dépêche à Brest du 18 février 1910. — Les patrons-pilotes en instruction à l'École de pilotage ne peuvent recevoir le supplément prévu pour les marins de cette spécialité embarqués sur les torpilleurs.

Dépêche aux cinq ports, Algérie, Tunisie et Corse, le 12 juillet 1912 (*B. O.*, p. 56). — Annexe. — Utilisation des quartiers-maîtres patrons-pilotes en excédent dans les flottilles de torpilleurs. — Allocation du supplément de fonctions à ces marins.

Dépêche à Lorient le 28 novembre 1912. — Les patrons pilotes *en instruction* à l'École de pilotage ne peuvent recevoir le supplément prévu au tarif V.

(2) *Circulaire du 18 juillet 1910.* — En annexe. — Détermination du nombre de canonniers ayant droit au supplément de pointeurs à bord des bâtiments armés et en réserve.

Circulaire du 26 novembre 1910. — En annexe. — Les canonniers titulaires du certificat de pointeur peuvent seuls recevoir le supplément de fonctions de pointeur.

Dépêche du 30 novembre 1912. — Fixation du nombre de suppléments de pointeurs à payer à bord du *Pothuau*.

Circulaire du 8 mars 1914 (*B. O.*, p. 726) : Maintien pendant la durée de leur mission hors du bord, du supplément de fonctions de pointeur aux canonniers-pointeurs attachés aux équipes de vérification des lignes de mire.

Dépêche du 5 juillet 1914 (*B. O.*, p. 68). — Durée de validité du certificat de pointeur.

(3) *Dépêche à Cherbourg le 20 juillet 1910.* — Le supplément des équipages des sous-marins continue à être payé au personnel des sous-marins appelé à compléter pour les sorties à la mer l'équipage du bâtiment du commandant supérieur des torpilleurs et sous-marins.

Dépêche à Cherbourg le 29 mai 1911 (*B. O.*, p. 1084). — Les équipages des sous-marins appelés en mission en dehors de leur flottille conservent le supplément prévu au tarif V°.

(4) *Circulaire du 9 janvier 1912* (*B. O.*, p. 14). — En annexe. — Détermination du nombre de suppléments à allouer aux canonniers chefs de section remplissant les fonctions de télémétristes. (Voir aussi en annexe Dépêche du 10 mai 1912 à la 1re Armée navale au sujet de l'attribution du supplément de fonctions de télémétriste.)

(5) *Circulaire du 3 mars 1915* (*B. O.*, p. 706). — Les fourriers brevetés supérieurs ou titulaires de l'ancien certificat de secrétaire de commandant-comptable peuvent seuls bénéficier du supplément de fonctions prévu pour les secrétaires des commandants chargés de l'administration.

Dépêche du 30 janvier 1915 à Cherbourg. — Relèvement du taux du supplément à allouer au secrétaire du commandant chargé de l'administration de la Défense fixe de Cherbourg.

d. Suppléments au personnel de l'Aéronautique.

GRADES.	PILOTES D'AÉROPLANES MUNIS DU BREVET d'aviateur militaire. — Pilotes de ballon dirigeable. — Mécaniciens de ballon dirigeable munis du brevet de mécanicien de ballon dirigeable.	ÉLÈVES AVIATEURS. — AÉRONAUTES de ballon libre munis du brevet supérieur d'aéronaute militaire. — Marins faisant, dans l'un des services de l'aéronautique militaire ou navale, un stage comportant des vols en aéroplane ou des ascensions en ballon dirigeable.	MARINS TITULAIRES du brevet de mécanicien d'aéronautique.
1	2	3	4
	fr. c.	fr. c.	fr. c.
Premiers-maîtres	5 00	2 50	3 50
Maîtres et seconds-maîtres	4 00	2 00	3 00
Quartiers-maîtres et matelots	2 00	1 00	1 50

a Les allocations de la colonne 3 (élèves aviateurs, etc.) sont également dues au marins n'appartenant pas au personnel de l'Aéronautique et n'effectuant pas de stage dans ce service pour chaque journée où ils exécutent, en service commandé, un ou plusieurs vols en aéroplane ou des ascensions en dirigeable ou en cerf-volant, ainsi qu'aux marins appartenant ou non au service de l'Aéronautique qui exécutent en service commandé des ascensions en cerf-volant (1).

b. Les allocations de la colonne 3 ne peuvent être payées pendant plus d'un an aux catégories de marins visées dans cette colonne; à l'expiration de cette période, les hommes ne présentant pas les conditions requises pour l'attribution du supplément de la colonne 2 n'ont droit au supplément de la colonne 3 que les journées où ils exécutent, en service commandé, un ou plusieurs vols en aéroplane ou des ascensions en dirigeable ou en cerf-volant.

(1) *Circulaire du 28 avril 1915* (*B. O.*). En annexe. — Attribution d'un supplément spécial aux mécaniciens non brevetés détachés dans les centres d'aviation et appelés à effectuer un service à bord des avions.
Dépêche du 13 juillet 1915 à Saint-Raphaël. — Au sujet de l'allocation au personnel mécanicien non breveté des centres d'aviation du supplément spécial prévu par la circulaire du 28 avril 1915.

TARIF N° VI.

(Modifié les 5 juillet 1910, 15 novembre 1911, 12 mars 1912, 20 juillet 1912, 28 janvier et 10 août 1914.)

INDEMNITÉS REPRÉSENTATIVES DE DÉPENSES PERSONNELLES.

(Art. 48 à 53.)

a. *Dépenses occasionnées par la résidence temporaire* (A).

GRADES.	MARINS DÉTACHÉS à Paris et premiers-maîtres mécaniciens détachés aux charbonnages en France continentale.	MARINS EN SERVICE hors des ports militaires (1). En position de présence. Non logés. (2)	Logés.	En détention. — Non logés avant leur détention. (3)	MARINS EN SERVICE à terre dans les colonies, les pays de protectorat et les pays étrangers, qui ne sont pas logés par l'État.	OFFICIERS-MARINIERS EN SERVICE à terre dans les colonies, les pays de protectorat, les pays étrangers, et ne bénéficiant pas d'une allocation de traitement de table.	MARINS DÉTACHÉS À TERRE dans les expéditions aux colonies ou à l'étranger et marins embarqués sur les bâtiments désignés par le Ministre et naviguant dans le Haut Yang-Tsé. Spécialités du pont.	Mécaniciens et chauffeurs.	PREMIERS MAÎTRES MÉCANICIENS DÉTACHÉS dans les centres houillers en dehors de la métropole	OBSERVATIONS.
1	2	3	4	5	6	7	8	9	10	11
	fr. c.	fr. c.	fr. c.	fr. c.	fr. c.	fr. c.	fr. c.	fr. c.	fr. c.	
Premiers-maîtres.	2 50	1 80	1 00	0 80	1 00	2 00	3 20	3 85	12 00 (B)	Nota. — Ces indemnités se cumulent avec l'indemnité de vivres variable suivant les lieux.
Maîtres	2 50	1 80	1 00	0 80	1 00	2 00	2 60	3 05	"	
Seconds-maîtres.	2 00	1 50	0 80	0 70	1 00	1 20	2 40	2 45	"	
Quartiers-maîtres	1 50 (4)	1 10	0 60	0 50	0 70	"	1 50	1 65	"	
Matelots brevetés	1 50 (4)	1 10	0 60	0 50	0 70	"	1 20	1 30	"	
Matelots non brevetés et agents de service civils.	1 50 (4)	0 90	0 40	0 50	0 70	"	0 55	0 55	"	

(A) Les marins détachés à terre au Maroc pourront recevoir, à l'avenir, pour dépenses occasionnées par la résidence temporaire, une indemnité spéciale dont la quotité journalière maximum est indiquée ci-après (décret du 17 octobre 1913, *B. O.*, p. 1496, et dépêche au Maroc du 25 octobre 1913) :

Premiers-maîtres et maîtres........	6f 10	Les allocations ci-contre, qui se cumulent avec les indemnités prévues par le tarif n° VI, § *a*, du décret du 11 juillet 1908 pour les marins détachés à terre dans les expéditions aux colonies ou à l'étranger, peuvent être réduites et même supprimées par le Ministre.
Seconds-maîtres..................	2 50	
Quartiers-maîtres, matelots et agents de service civils................	1 10	

(1) Personnel suivant les travaux d'achèvement des bâtiments jusqu'au jour de l'entrée en préparation d'essais.

Personnel fourrier détaché provisoirement aux services de l'Inscription maritime.

Personnel de la télégraphie sans fil détaché dans les ports du littoral (*a*); marins de tous grades affectés au contrôle technique des poudres (décret du 12 mars 1912); infirmiers détachés à Ruelle, Indret et Guérigny (dépêche du 17 décembre 1912. — en annexe); premier-maître fusilier à Gâvre (dépêche du 23 octobre 1912).

(2) L'indemnité de la colonne 3 est due aux officiers-mariniers affectés à la mouche de l'ambassadeur de France à Constantinople; elle se cumule dans ce cas avec l'indemnité de vivres et l'indemnité de traitement de table.

(3) L'indemnité de la colonne 5 est payée également au personnel du cadre des aides-ouvriers militaires en Tunisie quand il est dans l'obligation de se loger à ses frais par suite de l'insuffisance des locaux, etc.

(4) Lorsque les quartiers-maîtres et matelots détachés à Paris sont casernés, cette indemnité est ramenée à 1 franc.

(*a*) *Dépêche du 18 décembre 1908.* — Le personnel des stations côtières de Dunkerque, Cherbourg, Brest, Lorient, Ajaccio et Oran recevra l'indemnité de vivres de 2 francs par jour et l'indemnité représentative de dépenses personnelles prévue au tarif VI.

Dépêche à Brest le 27 avril 1911. — Le matelot-infirmier détaché à l'Établissement de Saint-Nicolas ne peut recevoir une indemnité de résidence temporaire.

Dépêche du 11 juin 1913. — Solde et indemnités à payer au premier-maître mécanicien détaché à Cardiff.

(B) Peut être réduite par décision spéciale du Ministre.

b. *Dépenses occasionnées par les charges de famille.*

		ALLOCATION JOURNALIÈRE.	OBSERVATIONS.
		fr. c.	Voir en annexe le *Décret du 15 décembre 1914*, et *l'Instruction du 19 décembre 1914* (création de l'indemnité annuelle de 200f par enfant. — Indemnité pour charges de famille).
Indemnité de logement aux marins mariés, divorcés ou veufs avec enfants mineurs, ou qui, étant séparés de corps, sont tenus par jugement de servir une pension alimentaire à leur femme	Officiers-mariniers du *cadre de maistrance*	0 50 (1)	
	Officiers-mariniers, quartiers-maîtres et matelots *brevetés*, rengagés ou réadmis	0 35	
Indemnité *transitoire* aux *matelots non brevetés*, inscrits maritimes ayant 5 ans de service dans les Équipages, pour chacun de leurs enfants légitimes ou naturels reconnus, âgés de moins de 10 ans (2)		0 10	

(1) Cette indemnité est également due aux premiers-maîtres armuriers, aux sous-chefs de musique des dépôts, aux seconds-maîtres et maîtres musiciens et armuriers, ainsi qu'aux seconds-maîtres tailleurs et cordonniers, s'ils ont effectué cinq années de services comptant pour la haute paye ou la solde progressive, à partir du jour de l'expiration de la première période de service actif ou de la période de réadmission ou de rengagement au cours de laquelle ils ont été nommés au grade de second-maître, de maître ou de sous-chef de musique des dépôts.

(2) A titre transitoire, les matelots sans spécialité en activité de service au 1er décembre 1913 auront droit, dans les conditions prévues jusqu'à ce jour à l'indemnité journalière déterminée par le tarif n° VI, § *b*, pour chacun de leurs enfants légitimes ou naturels reconnus, âgés de moins de 10 ans. Toutefois, à partir du 1er janvier 1914, ladite indemnité ne sera pas allouée à ceux de ces matelots ayant plus de deux enfants âgés de moins de 16 ans et bénéficiant, par suite, de l'allocation pour charge de famille créée par la loi du 30 décembre 1913. (Art. 3 du décret du 28 janvier 1914.)

TARIF N° VII.

(Complété le 21 mai 1915.)

INDEMNITÉS REPRÉSENTATIVES DE DÉPENSES PERSONNELLES OCCASIONNELLES.

(Art. 53 à 60.)

a. *Indemnité pour perte d'effets.*

GRADES.	EFFETS DONT LA DÉLIVRANCE par les magasins de l'État est		OBSERVATIONS.
	prévue.	non prévue.	
	francs.	francs.	
Premiers-maîtres	250	175	NOTA. — Les chiffres de ce tableau sont des maxima.
Maîtres	250	125	
Seconds-maîtres mécaniciens	170	90	
Seconds-maîtres des autres spécialités	160	90	
Quartiers-maîtres et matelots musiciens	175	30	
Quartiers-maîtres des autres spécialités	140	30	
Matelots et apprentis-marins	140	20	
Mousses	95	//	
Agents de service civils	//	155	

b. *Indemnité de première mise d'habillement et d'équipement.*

	francs.
Seconds-maîtres promus maîtres	190
Maîtres promus premiers-maîtres	40
Seconds maîtres promus premiers-maîtres	230

NOTA. — Une indemnité de première mise d'habillement et d'équipement de 160 francs est allouée au personnel ci-après :

Marins des bâtiments commerciaux mobilisés et promus maîtres ou premiers-maîtres temporaires;
Seconds-maîtres du cadre actif promus maîtres à titre temporaire;
Seconds-maîtres de la réserve promus maîtres à titre définitif ou temporaire;
Étudiants ou marins nommés premiers-maîtres médecins ou pharmaciens auxiliaires;
Interprètes de toute provenance nommés maîtres ou premiers-maîtres;
Lieutenants au long cours nommés maîtres;
Mécaniciens brevetés du commerce nommés maîtres.

Les maîtres du cadre actif qui ont été nommés à ce grade à titre temporaire ont droit à une indemnité complémentaire de 30 francs du jour où ils sont nommés à titre définitif. Lorsque, pour les marins du cadre actif, la promotion de maître à titre définitif intervient après un retrait du même grade concédé à titre temporaire, les intéressés ont droit soit à l'indemnité totale de 190 francs, soit à ladite indemnité complémentaire de 30 francs, suivant que la durée de la rétrogradation dépasse ou non deux ans.

La concession du grade de premier-maître au titre de la réserve ou à titre temporaire ne donne pas lieu à l'allocation de l'indemnité de 40 francs, prévue par le tarif ci-dessus pour les maîtres promus premiers-maîtres.

Décret du 12 janvier 1915 (B. O., *p. 43*). — Allocation d'une *indemnité d'entrée en campagne* au personnel de la Marine appartenant aux formations de combat qui coopèrent aux opérations de guerre de l'Armée de terre.

Circulaire du 20 août 1912 (B. O., *p. 378*). — En annexe. — Remboursement éventuel de la première mise d'équipement.

TARIF

(Modifié le 5 juillet 1910, le 20 juillet

GRATIFICATIONS D'ENCOU

a. *Gratifications facultatives*

EFFECTIFS (OFFICIERS NON COMPRIS).	BÂTIMENTS ARMÉS AVEC EFFECTIF COMPLET ou réduit spécial d'escadre. — École d'application des aspirants et École d'application de tirs à la mer. — Torpilleurs armés effectivement. — Majorités des officiers généraux à la mer.	BÂTIMENTS EN PRÉPARATION D'ESSAIS, en premier armement pour essais, en essais après grosses réparations.	SERVICES CENTRAUX DES FLOTTILLES de torpilleurs et de sous-marins. — École des gabiers, canonniers, torpilleurs, mousses, navale et de timonerie, etc. — Bâtiments recevant des apprentis en stage. — École des chauffeurs-graisseurs à la mer, de patrons-pilotes et de pilotage.	BÂTIMENTS EN DISPONIBILITÉ.
	francs.	francs.	francs.	francs.
Au-dessus de 900 hommes.....	9,990	8,325	6,660	4,995
De 876 à 900..	9,720	8,100	6,480	4,860
De 851 à 875..............	9,450	7,875	6,300	4,725
De 826 à 850..............	9,180	7,650	6,120	4,590
De 801 à 825..............	8,910	7,425	5,940	4,455
De 776 à 800..............	8,640	7,200	5,760	4,320
De 751 à 775..............	8,370	6,975	5,580	4,185
De 726 à 750..............	8,100	6,750	5,400	4,050
De 701 à 725..............	7,830	6,525	5,220	3,915
De 676 à 700..............	7,560	6,300	5,040	3,780
De 651 à 675..............	7,290	6,075	4,860	3,645
De 626 à 650..............	7,020	5,850	4,680	3,510
De 601 à 625..............	6,750	5,625	4,500	3,375
De 576 à 600..............	6,480	5,400	4,320	3,240
De 551 à 575..............	6,210	5,175	4,140	3,105
De 526 à 550..............	5,940	4,950	3,960	2,970
De 501 à 525..............	5,670	4,725	3,780	2,835
De 476 à 500..............	5,400	4,500	3,600	2,700
De 451 à 475..............	5,130	4,275	3 420	2,565
De 426 à 450..............	4,860	4,050	3,240	2,430
De 401 à 425..............	4,590	3,825	3,060	2,295
De 376 à 400..............	4,320	3,600	2,880	2,160
De 351 à 375..............	4,050	3,375	2,700	2,025
De 326 à 350..............	3,780	3,150	2,520	1,890

N° VIII.

1912 et le 17 octobre 1913.)

RAGEMENT ET AUTRES. (Art. 60 à 69.)

(*allocations annuelles*).

PERSONNEL DU CADRE : Bataillon des apprentis fusiliers, École des mécaniciens, Ateliers centraux, Défenses fixes, Préfectures, Majorités, Dépôts, Hôpitaux. — Ensemble du Personnel des Directions du port, et des bâtiments de servitude.	BÂTIMENTS EN RÉSERVE.	OBSERVATIONS.
francs.	francs.	
3,330	1,110	Les suppléments de brevet de 2e classe de l'ancienne formation doivent être payés sur le montant de la gratification collective attribuée à chaque bâtiment ou service. (Circ. du 30 avril 1908, *B. O.*) Toutefois, dans les dépôts, ces suppléments sont payés sur les fonds ordinaires de la solde et en sus du montant des gratifications.
3,240	1,080	
3,150	1,050	
3,060	1,020	
2,970	990	Les marins placés en subsistance à bord d'un bâtiment pour y accomplir du service peuvent recevoir des gratifications facultatives au titre de ce bâtiment.
2,880	960	
2,790	930	Des gratifications dont le taux maximum est fixé à 100 francs peuvent être accordés annuellement pour bonne gestion ou bon entretien de matériel : 1° Aux marins chargés dans les colonies, les pays de protectorat et les pays étrangers de la garde et de l'entretien du matériel appartenant à la Marine; 2° Aux marins affectés temporairement en surnombre à l'effectif réglementaire des Directions de port de la métropole comme détenteurs ou dépositaires du matériel conservé à bord des bâtiments désarmés; 3° A l'officier-marinier mécanicien chargé, dans chaque escadre ou division navale, de l'entretien du matériel appartenant à la Commission de réglage des torpilles. Ces gratifications sont accordées par le Ministre sur la proposition des commandants sous les ordres desquels se trouvent placés les intéressés, et imputées directement sur les fonds du chapitre de la «Solde des Équipages de la Flotte».
2,700	900	
2,610	870	
2,520	840	
2,430	810	
2,340	780	
2,250	750	
2,160	720	
2,070	690	
1,980	660	
1,890	630	
1,800	600	
1,710	570	
1,620	540	
1,530	510	
1,440	480	
1,350	450	
1,260	420	

a. *Gratifications facultatives*

EFFECTIFS. (OFFICIERS NON COMPRIS.)	BÂTIMENTS ARMÉS AVEC EFFECTIF COMPLET ou réduit spécial d'escadre. — École d'application des aspirants et École d'application de tirs à la mer. — Torpilleurs armés effectivement. — Majorités des officiers généraux à la mer.	BÂTIMENTS EN PRÉPARATION D'ESSAIS, en premier armement pour essais, en essais après grosses réparations.	SERVICES CENTRAUX DES FLOTTILLES de torpilleurs et de sous-marins. — École des gabiers, canonniers, torpilleurs, mousses, navale et de timonerie, etc. — Bâtiments recevant des apprentis en stage. — École des chauffeurs-graisseurs à la mer, de patrons-pilotes et de pilotage.	BÂTIMENTS EN DISPONIBILITÉ.
	francs.	francs.	francs.	francs.
De 301 à 325 hommes.......	3,510	2,925	2,340	1,755
De 276 à 300..............	3,240	2,700	2,160	1,620
De 251 à 275..............	2,970	2,475	1,980	1,485
De 226 à 250..............	2,700	2,260	1,800	1,350
De 201 à 225..............	2,430	2,025	1,620	1,215
De 176 à 200..............	2,160	1,800	1,440	1,080
De 151 à 175..............	1,890	1,575	1,260	945
De 126 à 150..............	1,620	1,350	1,080	810
De 101 à 125..............	1,350	1,125	900	675
De 76 à 100..............	1,080	900	720	540
De 51 à 75..............	810	675	540	405
De 31 à 50..............	540	450	360	270
Au-dessous de 31..........	324	270	216	162

NOTA. — a. Pour les bâtiments, l'effectif qui sert au calcul est l'effectif réglementaire dans la position où ils se trouvent placés. Toutefois, du groupe.

b. Pour les écoles à la mer (gabiers, canonniers, torpilleurs, mousses, navale et de timonerie) et les bâtiments recevant des apprentis instruction (sans tenir compte des mutations accidentelles).

c. Pour les écoles à terre, ateliers centraux, hôpitaux, défenses fixes, préfectures, majorités, dépôts, l'effectif qui sert de base est

d. Pour les autres services à effectif variable (flottilles par exemple), l'effectif est celui réglementaire aux 1er janvier et 1er juillet de

e. Pour les majorités des officiers généraux à la mer, l'effectif est celui réglementaire à l'exclusion des musiciens.

f. Dans l'effectif des services centraux doit être compris le personnel des torpilleurs en essais, en disponibilité et en réserve. Les

g. En dehors des exceptions prévues ci-dessus, le personnel des bâtiments et services non autonomes s'ajoute à l'effectif de l'unité qui

Dépêche aux cinq ports le 28 décembre 1908. — Calcul des gratifications facultatives à allouer aux bâtiments en préparations d'essais.
Dépêche aux cinq ports le 28 décembre 1908. — Gratifications facultatives à allouer aux bâtiments en réserve pendant la durée de leurs
Dépêche à Lorient le 14 janvier 1910. — En annexe. — Au sujet de la quotité des suppléments et gratifications à allouer aux bâti
Dépêche à Brest le 11 mars 1910. — Au sujet des gratifications facultatives à l'École des apprentis marins et mousses.
Dépêche à l'École de Santé de Bordeaux le 24 août 1910. — Les officiers-mariniers et marins en service à l'École principale du Service
Dépêche à Saïgon le 21 juin 1911. — Calcul des gratifications facultatives à allouer à la Caserne des marins à Saïgon.
Dépêche à Lorient le 16 septembre 1912. — Détermination du taux des gratifications facultatives à attribuer au *Jules-Michelet*.
Dépêche à la 1re Armée navale le 19 décembre 1912. — Au sujet des gratifications du personnel de la *Majorité de la Division des*
Dépêche à Toulon le 24 février 1913. — En annexe. — Au sujet de la distribution des gratifications facultatives revenant aux
Dépêche du 31 mars 1913 (B. O.). — En annexe. — Mode de calcul du taux des gratifications facultatives à allouer aux *flottilles de*
Dépêche à la 1re Armée navale du 29 avril 1913. — Situation des bâtiments *mouilleurs de mines* au point de vue de l'application des
Dépêche à Brest le 10 septembre 1913. — En annexe. — Mode de calcul du taux des gratifications facultatives des *Dépôts* et du cadre
Circulaire du 5 mars 1914 (B. O.). — En annexe. — Gratification facultative à allouer aux aides de spécialités.
Dépêche à Bizerte le 21 février 1914. — Au sujet des gratifications facultatives du personnel de la préfecture maritime de Bizerte.

(*allocations annuelles*). [Suite.]

PERSONNEL DU CADRE : Bataillon des apprentis fusiliers, École des mécaniciens, Ateliers centraux, Défenses fixes, Préfectures Majorités, Dépôts, Hôpitaux. — Ensemble du Personnel des Directions du port, et des bâtiments de servitude.	BÂTIMENTS EN RÉSERVE.	OBSERVATIONS.
francs.	francs.	
1,170	390	
1,080	360	
990	330	
900	300	
810	270	
720	240	
630	210	
540	180	
450	150	
360	120	
270	90	
180	60	
108	36	

pour les bâtiments en préparation d'essais, c'est l'effectif réel, et pour les groupes de réserve, c'est l'effectif réglementaire de l'ensemble

en stage, l'effectif de base s'obtient en ajoutant à l'effectif réglementaire permanent celui du personnel des Équipages de la Flotte en

l'effectif permanent, mobile ou supplémentaire, à l'exclusion du personnel en instruction ou de passage.
chaque année pour le semestre suivant.

équipages et l'équipage supplémentaire des sous-marins n'ont pas droit aux gratifications facultatives.
l'administre pour le calcul du taux de la gratification facultative.

essais annuels.
ments autonomes placés en réserve dans les flottilles de torpilleurs et de sous-marins.

de Santé bénéficieront des gratifications prévues au tarif VIII *a*.

flottilles.
flottilles de torpilleurs.
torpilleurs.
tarifs n[os] V et VIII du décret du 11 juillet 1908.
des *Hôpitaux*.

b. *Gratifications aux instructeurs.*

(Modifié le 17 octobre 1913.)

Taux annuel par instructeur.........	dans les écoles autres que celle d'application de tirs à la mer et dans les compagnies de formation..........	180 fr.
	dans les écoles d'indigènes (École des Babarias à Bizerte, École de chauffe à Saïgon)..........	90

Dépêche à Toulon du 20 janvier 1909. — Les marins sédentaires de la Défense fixe affectés à l'instruction des apprentis torpilleurs et des dispensés n'ont pas droit aux gratifications prévues au tarif VIII *b*.

Dépêche à Dakar le 26 mai 1913. — La gratification d'instructeur ne peut être allouée au personnel du *Marigot*, chargé de l'instruction des indigènes.

c. *Gratifications de tirs* (1).

(Modifié le 20 juillet 1912 et le 17 octobre 1913.)

1° ÉCOLES À FEU (Y COMPRIS LES TIRS À TERRE DES CANONS DE DÉBARQUEMENT) (2).

Par canon de.......	194 et au-dessus..........	50 fr.	Ce tarif sert à calculer la somme globale allouée par école à feu réglementaire.
	de 100 à 194..........	20	
	de 75 et 90..........	15	
	de 47 et 65..........	10	

NOTA. 1° Pour le tir d'honneur annuel, les bâtiments désignés par le Ministre reçoivent une gratification supplémentaire dont le montant peut varier entre celui d'une et celui de trois écoles à feu.

NOTA. 2° Le tiers au moins de la somme revenant pour les tirs des pièces de 90 et au-dessous doit être réparti entre les pointeurs de ces pièces.

2° TIR DU FUSIL À TERRE (3).

Par trimestre.......	Par groupe de 25 hommes faisant partie de la compagnie de débarquement..........	20 fr.	La somme totale à distribuer est calculée en francs, les fractions de 0 fr. 50 et au-dessus comptant pour 1 franc et celles au-dessous étant négligées.

(1) *Dépêche du 20 août 1909 à l'Escadre du Nord.* — Les frais pour l'École de pointage continueront à être prélevés, comme par le passé, sur les gratifications de tir.

(2) *Dépêche à l'Extrême-Orient le 30 décembre 1912.* — Les écoles à feu *réellement effectuées* donnent lieu, seules, au payement de gratifications de tir au canon.

(3) *Dépêche du 4 décembre 1911 à Cherbourg.* — Les gratifications de tir au fusil sont *exclusivement* réservées aux marins *faisant partie des compagnies de débarquement.*

d. *Prix d'instruction, de concours et de tirs d'honneur.*

(Tarif modifié les 27 novembre 1908, 2 octobre 1909, 17 janvier 1910, 5 juillet 1910, 24 janvier 1912, 20 juillet 1912, 17 octobre 1913 et 10 août 1914.)

Par *période* d'instruction............	École de gabiers et charpentiers..........		1,000 fr.
	École de canonnage et annexes..........		9,725
	École des électriciens..........		600
	École des torpilleurs..........		400
	École des fusiliers et annexes..........		4,600
	École des mécaniciens et chauffeurs (1)..........		900
	École des fourriers et commis aux vivres..........		300
	École d'infirmiers (1)..........		200
	École des boulangers-coqs..........		80
Annuellement.......	École des apprentis-marins et des mousses (bâtiment central)..........		1,200
	École des mécaniciens de Lorient..........		2,680
Semestriellement....	Par division de torpilleurs participant au concours d'honneur..........		20
	Par sous-marin participant aux tirs semestriels de vérification de réglage des torpilles..........		20
Marins qui obtiennent, à la suite d'un concours annuel de tir organisé dans les conditions fixées par le Ministre, les......	Étoiles d'argent.	Tir de grosse artillerie..........	10
		Tir de l'artillerie moyenne..........	8
		Tir de l'artillerie légère..........	5
	Étoiles d'or.	Tir de grosse artillerie..........	20
		Tir de l'artillerie moyenne..........	15
		Tir de l'artillerie légère..........	10

(1) La répartition de la somme entre les différentes écoles de ces spécialités est faite par le Ministre.

e. *Gratification à l'occasion de la Fête nationale.*

GRADES.	QUOTITÉ.	OBSERVATIONS.
	fr. c.	
Premiers-maîtres et maîtres	2 00	
Seconds-maîtres	1 50	
Quartiers-maîtres	1 00	
Matelots, apprentis-marins, mousses et agents de service civils	0 50	

f. *Gratifications aux chefs d'atelier de torpilles automobiles.*

DÉSIGNATION.		CHIFFRE MAXIMUM.	OBSERVATIONS.
		fr. c.	
Allocation annuelle par torpille.	Bâtiments, y compris les torpilleurs armés et les sous-marins armés	8 00	La somme totale à allouer à chaque chef d'atelier doit être calculée en nombre exact de francs, les fractions de 0 fr. 50 et au-dessus comptant pour 1 franc, et celles au-dessous étant négligées. Lorsque la répartition des gratifications est faite semestriellement, les allocations ci-contre sont réduites de moitié.
	Services centraux des flottilles de torpilleurs et de sous-marins et autres services désignés par le Ministre (1)	3 00	

g (2). *Gratification pour travaux sous-marins.*

(Tarif modifié le 20 juillet 1912.)

DÉSIGNATION.	SOMME ALLOUÉE.
	fr. c.
Par visite, réparation ou recherche effectuée sous l'eau	5 00
Pour chaque minute de séjour dans l'eau	0 05

NOTA. — Si le même homme effectue dans la même journée plusieurs descentes pour une même opération, la somme de 5 francs ne lui sera payée qu'une seule fois.

Pour le personnel des Défenses fixes des ports militaires et les marins indigènes, cette gratification est fixée par décision spéciale. Les marins du Service général qui coopèrent avec des agents du personnel ouvrier des arsenaux ou des marins des Défenses fixes à des travaux sous-marins ont droit, dans cette circonstance, aux allocations réglementaires prévues pour ces différentes catégories de personnel.

h. *Gratifications aux apprentis civils des Ateliers centraux de la Flotte.*

Taux annuel par apprenti .... 150 francs.

(1) *Dépêche à Toulon le 15 juin 1909.* — Allocation d'une gratification au quartier-maître mécanicien torpilleur chargé de l'entretien des torpilles automobiles confiées à la Commission d'expériences des Défenses sous-marines.

Circulaire du 10 février 1911 (B. O., *p. 337*). — La gratification à accorder aux mécaniciens torpilleurs chefs d'atelier des torpilles automobiles doit être calculée d'après le nombre de torpilles *réellement entretenues*, qu'elles aient été ou non lancées pour vérification.

Dépêche à Ajaccio, le 23 juin 1911. — Les fonctions de chef d'atelier des torpilles automobiles et la gratification afférente à ces fonctions doivent être attribuées, dans les centres principaux des flottilles de torpilleurs, au mécanicien torpilleur le plus élevé en grade. (Application de la circulaire du 4 février 1908, *B. O.*, p. 192.)

(2) *Circulaire du 10 septembre 1908* (B. O., *p. 891*). — Gratifications pour travaux sous-marins à allouer aux *indigènes* : 0 fr. 025 pour chaque minute de séjour sous l'eau, quelle que soit la profondeur de la plongée. — *Circulaire du 16 juillet 1913* (*B. O., p. 77*). — Le tarif n° VIII, § 9, est applicable aux marins des Directions de port et au personnel des Défenses fixes des ports militaires.

TARIF N° IX.

(Modifié le 5 juillet 1910, le 15 novembre 1911, le 20 juillet 1912, le 17 octobre 1913 et le 10 août 1914.)

ALLOCATIONS COLLECTIVES (2). (Art. 69 à 72.)

Masses d'entretien, fonds de masse pour frais de bureau et fonds de musique.

DÉSIGNATION.		QUOTITÉS ANNUELLES.						OBSERVATIONS.
		CHERBOURG.	BREST.	LORIENT.	ROCHEFORT.	TOULON.	SAÏGON.	
		francs.	francs.	francs.	francs.	francs.	francs.	
a. Masses générales d'entretien.	Écoles des mécaniciens…	"	2,600	7,000	"	4,000	"	Ces allocations peuvent être diminuées temporairement par décision du Ministre.
	Écoles des apprentis marins et mousses (bâtiment central)…	"	2,100	"	"	"	"	
	Ateliers centraux de la Flotte…	700	700	200	(a) 100	1,000	"	
	Dépôts…	8,000	13,000	9,000	5,300	9,000	"	
	Caserne des marins…	"	"	"	"	"	1,000	
	École des fusiliers…	"	"	2,500	"	"	"	

DÉSIGNATION.			QUOTITÉS ANNUELLES.			OBSERVATIONS.
			ÉCOLE élémentaire.	MAGASINIERS et commis.	TOTAL.	
			francs.	francs.	francs.	
b. Fonds de masse pour frais de bureau (1).	Bâtiments armés et en réserve; flottilles; service à terre d'un effectif de (non compris les officiers):	Plus de 600 hommes…	144	72	216	L'effectif qui sert de base au calcul est celui indiqué au tarif N° V, § a. Lorsqu'un bâtiment entre dans un groupe de réserve, le reliquat disponible de la masse est attribué au groupe.
		De 301 à 600 hommes…	108	72	180	
		De 101 à 300 hommes…	72	72	144	
		De 75 à 100 hommes…	36	54	90	
		Au-dessous de 75 hommes.	36	36	72	
	Stations côtières radiotélégraphiques…				(*) 36	

(*) Cette allocation, qui peut être réduite par décision spéciale du Ministre, est payée au chef de station.

DÉSIGNATION.		QUOTITÉS ANNUELLES.					OBSERVATIONS.
		CHERBOURG.	BREST.	LORIENT.	ROCHEFORT.	TOULON.	
		francs.	francs.	francs.	francs.	francs.	
c. Fonds de musique.	Dépôts…	"	5,500	"	"	6,200	Ces allocations peuvent être diminuées par décision du Ministre qui a en outre la faculté de reporter sur les masses d'entretien le boni réalisé sur les fonds de musique.
	Bâtiment monté par un officier général…	"	"	"	"	3,600	
	Fanfares des bâtiments écoles…	"	"	"	"	1,200	

Dépêche à Brest le 21 septembre 1908. — Concession d'une allocation de 200 francs, à titre de fonds de musique, à l'École des apprentis-marins et mousses.

(1) Le fonds de masse pour frais de bureau n'est pas alloué aux bâtiments et services qui ont droit à une masse générale d'entretien. Les dépenses de fournitures de bureau pour les écoles élémentaires des infirmiers dans les hôpitaux sont supportées par la masse d'entretien des Dépôts.

Pour les flottilles de 101 hommes et au-dessus et pour les Directions des mouvements du port, l'allocation de fonds de masse pour le magasinier et le commis est fixée par le Ministre dans la limite du chiffre maximum de 200 francs.

Dépêche du 26 septembre 1914 (B. O., p. 1027). — Allocation d'une avance tenant lieu de fonds de masse aux unités constituées pour l'administration du personnel des fronts de mer.

(a) *Dépêche du 1er décembre 1914 à Rochefort.* — Augmentation de 100 francs, pendant la durée de la guerre, de la masse d'entretien de l'atelier central de Rochefort.

(2) *Dépêche du 31 juillet 1913 (B. O., p. 586).* — En annexe. — Subventions pour l'éducation physique et morale du marin.

TARIF N° X.

(Modifié le 5 juillet 1910, le 28 janvier 1914, le 10 août 1914 et le 21 mai 1915.)

TRAITEMENT DE TABLE ET FRAIS DE PASSAGE.

(Art. 72 à 89.)

a. *Traitement de table.*

DÉSIGNATION.		ALLOCATIONS JOURNALIÈRES.	
		COLONNE N° 1.	COLONNE N° 2.
		fr. c.	fr. c.
Premier-maître commandant. Présent à bord		5 00	6 00
Maître commandant provisoirement		4 00	5 00
Second-maître ou quartier-maître commandant provisoirement		3 00	4 00
Table des maîtres, lorsqu'elle comprend	4 membres et plus	0 80	1 00
	3 membres	1 00	1 20
	2 membres	1 20	1 50
	1 membre	1 60	2 00
Table des seconds-maîtres, lorsqu'elle comprend	4 membres et plus	0 40	0 60
	3 membres	0 50	0 70
	2 membres	0 60	0 90
	1 membre	0 80	1 20

Nota. — Le traitement de table de commandant n'est dû aux patrons-pilotes que lorsqu'ils commandent effectivement dans les conditions prévues par le décret portant réorganisation des flottilles de torpilleurs.

Le premier-maître commandant absent par permission, mission hors du bord ou entré à l'hôpital, etc., est traité, au point de vue du traitement de table, d'après la règle tracée par l'article 69 du 7 janvier 1908, portant règlement sur la solde des officiers.

Dépêche du 9 janvier 1912 à Constantinople. — Traitement de table à allouer aux deux officiers-mariniers de la *Mascotte.*

Dépêches des 2 février 1912 et 23 septembre 1912 à Cherbourg. — Traitement de table et frais de passage à bord de l'*Ibis.*

Dépêche du 26 janvier 1912 à Rochefort et Dépêche du 24 février 1912 à Cherbourg. — Une table, même complètement renouvelée, reste responsable des sommes perçues en trop antérieurement.

Dépêche du 18 juin 1912 à Brest. — Copie aux autres ports. — Allocation de la solde n° 3 et du traitement de table aux dragueurs de mines des Défenses fixes. — Régime alimentaire.

Dépêche du 9 septembre 1913 à Indo-Chine. — Allocation d'une indemnité de traitement de table de 0 fr. 55 aux officiers-mariniers indigènes des bâtiments de servitude de Saïgon.

b. *Tarif spécial aux flottilles de torpilleurs et de sous-marins.*

DÉSIGNATION.		FLOTTILLES des PORTS MILITAIRES de la métropole et sous-marins à Rochefort et à La Pallice.	AUTRES FLOTTILLES. DANS LA ZONE n° 1.	AUTRES FLOTTILLES. DANS LA ZONE n° 2.	OBSERVATIONS.
		fr. c.	fr. c.	fr. c.	
		1° Allocations journalières. — Aux officiers mariniers des bâtiments en essais (sous-marins en essais non compris), en disponibilité ou en réserve et à ceux affectés aux services centraux.			Les allocations ci-contre sont également dues aux officiers-mariniers des centres de flottilles de torpilleurs et sous-marins rattachées aux escadres, ainsi qu'aux officiers-mariniers de l'équipage supplémentaire de ces sous-marins qui prennent leurs repas dans lesdits centres. Ces allocations sont payées pour les membres des tables et pour les subsistants non passagers (2).
Table des maîtres		0 40	0 80	1 00	
Table des seconds-maîtres		0 20	0 40	0 60	
		2° Allocations journalières. — Forfaitaires aux tables des bâtiments armés et des sous-marins en essais (1).			
Table des maîtres.	4 membres et au-dessus.	0 60	0 80	1 00	
	de 2 à 4 membres	0 60	0 85	1 10	
	de 1 membre	0 80	1 10	1 40	
Table des seconds-maîtres.	4 membres et au-dessus.	0 35	0 40	0 60	
	de 2 à 4 membres	0 35	0 50	0 70	
	de 1 membre	0 50	0 70	0 90	

(1) *Circulaire du 11 juin 1910*, B. O. — Le droit au traitement de table forfaitaire n'est interrompu pour les officiers-mariniers des flottilles que pendant la durée des absences excédant dix jours.

Dépêche à Rochefort le 15 novembre 1909. — Au sujet du traitement de table de la 3e flottille de sous-marins de l'Océan.

Dépêche à Rochefort le 10 décembre 1909 et Dépêche du 6 octobre 1913 à la 1re Armée navale. — En annexe. — Les officiers-mariniers de l'équipage supplémentaire des sous-marins qui, en dehors des sorties à la mer, prennent effectivement leurs repas à la table constituée au service central ne peuvent prétendre à l'allocation du traitement de table forfaitaire.

(2) *Dépêche à Brest le 15 novembre 1909.* — En annexe. — Au sujet du traitement de table à allouer aux officiers-mariniers subsistants non passagers à bord des torpilleurs armés.

Dépêche du 20 avril 1912 à la Corse. — Copie aux autres ports. — Il n'est pas possible d'augmenter les allocations de traitement de table prévues pour les flottilles.

c. *Frais de passage.*

Premier-maître, maître ou passager de la 5e catégorie	1 00	1 20	
Deuxième-maître ou passager de la 6e catégorie	0 50	0 70	

TARIF N° XI.

(Modifié le 10 janvier 1911, § c. *Diminution de solde.*
(Modifié le 17 octobre 1913, § d. *Frais d'arrestation et de capture.*)

DÉLÉGATIONS. — PRÉCOMPTES ET RETENUES.

(Art. 113 à 128.)

a. *Délégations.*

DÉSIGNATION.	QUOTITÉ DE LA DÉLÉGATION		
	tri-mestrielle.	mensuelle.	journalière.
	francs.	francs.	fr. c.
1° Spécialités du pont.			
Premiers-maîtres et maîtres	180	60	2 00
Seconds-maîtres	135	45	1 50
Quartiers-maîtres	54	18	0 60
Matelots de 1re classe	36	12	0 40
Matelots de 2e classe	27	9	0 30
Matelots de 3e classe	18	6	0 20
Agents de service civils	45	15	0 50
2° Pilotes de la Flotte.			
Premiers-maîtres	270	90	3 00
Maîtres	225	75	2 50
Seconds-maîtres	180	60	2 00
3° Mécaniciens et chauffeurs.			
Premiers-maîtres	360	120	4 00
Maîtres	270	90	3 00
Seconds-maîtres	225	75	2 50
Quartiers-maîtres	81	27	0 90
Matelots de 1re classe	45	15	0 50
Matelots de 2e classe	36	12	0 40
Apprentis-mécaniciens	18	6	0 20

b. *Retenue d'habillement.*

GRADES.	QUOTITÉ JOURNALIÈRE	
	PENDANT les cinq premières années de service.	APRÈS cinq ans de service dans les Équipages de la Flotte.
	fr. c.	fr. c.
Officiers-mariniers, quartiers-maîtres et marins................	0 40	0 20
Mousses et apprentis mécaniciens	0 20	0 20

NOTA. — Pour les marins convoqués pour une période d'exercices ou rappelés à la mobilisation, la retenue journalière d'habillement est de 0 fr. 40, sauf décision contraire du Ministre.

c. *Diminutions de solde.*

GRADES.	QUOTITÉ JOURNALIÈRE.	OBSERVATIONS.
	fr. c.	
Officiers-mariniers, quartiers-maîtres et marins........	0 25	Pour les marins subissant la diminution de solde, la différence entre la quotité de la retenue ordinaire d'habillement (0 fr. 40) et celle de la diminution de solde (0 fr. 25), soit 0 fr. 15, est affectée au remboursement de la valeur des effets de remplacement.

d. *Frais d'arrestation et de capture.*

1° FRAIS D'ARRESTATION (a).

En ville (c'est-à-dire dans les limites de la résidence du gendarme qui a opéré l'arrestation(1)..	3f 00
Hors de la ville..	5 00
Au delà d'un myriamètre..	6 00

2° FRAIS DE CAPTURE.

Lorsque le marin aura été déclaré déserteur, quel que soit le lieu où il sera arrêté..	25f 00

Hors de France, ils sont réglés de gré à gré avec le consul ou les autorités locales, et précomptés en entier sur la solde des hommes.

(1) Les frais d'arrestation ne sont pas dus quand l'arrestation a lieu dans l'enceinte de l'arsenal.

(a) *Dépêche à Brest du 27 juin 1912.* — Copie aux autres ports. — Au sujet de l'application du tarif IX, § d, en ce qui touche la prime à allouer pour un marin arrêté hors de l'enceinte de la ville.

ANNEXES

PREMIÈRE ANNEXE.

NOMENCLATURE DES FONCTIONS, EXERCICES, TRAVAUX, CONCOURS, ETC., POUVANT DONNER LIEU AU PAYEMENT DE GRATIFICATIONS FACULTATIVES.

a. Fonctions.

1° Armement des embarcations qui effectuent un service régulier et effectif en dehors des exercices;

2° Soutiers-aides de chauffe inscrits en cette qualité au rôle de service du bâtiment;

3° Caliers des cales à eau et ratiers employés à l'entretien de l'extérieur;

4° Marins chargés de l'école élémentaire et moniteurs de l'école élémentaire et de l'école des mécaniciens à bord, à condition que l'école ait fonctionné pendant dix jours au moins dans le mois (une gratification doit toujours être payée à l'instituteur qui fait bien son service);

5° Marins ayant fait les meilleurs progrès comme élèves de l'école élémentaire (un par classe d'instruction);

6° Marins affectés à certains services spéciaux non rétribués par ailleurs, maîtres-coqs, bouchers, aides de cuisine de l'équipage, gardiens du bétail, lampistes, timoniers coureurs, marins indigènes faisant fonctions d'aides-infirmiers, de boulangers-coqs ou parlant correctement le français;

7° Boulangers, proportionnellement à la durée des périodes pendant lesquelles le pain est fabriqué à bord;

8° Moniteurs de gymnastique et de natation;

9° Matelot aide-magasinier;

10° Magasinier de la machine;

11° Fourriers du bureau administratif pendant le mois de janvier, le mois de désarmement et le mois pendant lequel s'opère le débarquement des contingents des écoles, fourriers adjoints au magasinier pendant le mois de janvier et le mois de désarmement;

12° Gradés remplaçant un détenteur ou dépositaire de matériel, si ce dernier manque temporairement à l'effectif réglementaire;

13° Détenteurs et dépositaires de matériel (au moment de l'inspection générale ou du désarmement seulement)[1].

b. **Exercices, travaux, concours, etc.**

1° Marins ayant obtenu les meilleurs résultats dans les concours de chargement des pièces;

2° Marins ayant obtenu les meilleurs résultats au percuteur-marqueur;

3° Instructeurs dont les équipes auront obtenu les meilleurs résultats dans les concours ci-dessus;

4° Gratifications aux meilleurs tireurs au fusil ne faisant pas partie de la compagnie de débarquement, dans la proportion de 1 tireur sur 30;

5° Marins ayant effectivement participé à des travaux ou effectué un service d'un caractère particulier ou exceptionnel, tels que: travaux pénibles ou insalubres, embarquement du charbon, grattage et peinture de la carène et des doubles-fonds, travaux accomplis de nuit ou pendant les heures de repos, etc.

---

(1) *Circulaire du 7 décembre 1908,* B.O. — Les détenteurs et dépositaires de matériel débarqués avant l'inspection générale ou le désarmement du bâtiment peuvent être compris sur l'état de gratification établi aux époques réglementaires, en ayant égard, pour fixer le montant de la gratification à allouer, à la durée de leurs fonctions.

Dépêche à Toulon du 18 janvier 1909. — Les gradés de l'atelier central préposés à la garde et à l'entretien du matériel peuvent recevoir une gratification pour bon entretien du matériel.

DEUXIÈME ANNEXE.

Modifiée et complétée le 25 août 1910 (*B. O.*, p. 2069), le 12 mai 1911 (*B. O.*, p. 887), le 24 septembre 1911 (*B. O.*, p. 647), le 19 octobre 1912 (*B. O.*, p. 714) et le 5 juin 1913 (*B. O.*, p. 715).

NOMENCLATURE DES DÉPENSES À LA CHARGE DE LA MASSE GÉNÉRALE D'ENTRETIEN DES DÉPÔTS DES ÉQUIPAGES DE LA FLOTTE, DES ATELIERS CENTRAUX DE LA FLOTTE ET DES ÉCOLES DES MÉCANICIENS ET CHAUFFEURS, DE L'ÉCOLE DES APPRENTIS MARINS ET MOUSSES ET DE LA CASERNE DES MARINS À SAÏGON[1].

I. MASSE GÉNÉRALE DES DÉPÔTS.

a. Allocation au commandant du dépôt pour dépenses éventuelles.

Savoir : à Brest, 800 francs par an; à Toulon, 500 francs; à Cherbourg, 350 francs; à Lorient et à Rochefort, 200 francs.

b. Achats, confections, réparations et entretien du matériel à l'usage du corps.

1. Petit matériel destiné à faciliter l'instruction militaire du personnel; menu matériel nécessaire pour les exercices d'infanterie et de tir, non fourni par l'État (fanions d'alignement, etc.); matériel de la salle d'escrime, dépenses accessoires des écoles de gymnastique, d'escrime et de natation.

2. Petit matériel destiné à faciliter le service intérieur, notamment : planchettes pour consignes, étagères, casiers pour le Conseil d'administration, caisses à bois et à charbon pour les bureaux, caisses de comptabilité pour les détachements, caisses pour le service de la solde; planchettes pour afficher les ordres et les listes d'appel, poteaux indicateurs, chiffres et lettres de marquage et objets divers en vue d'une mobilisation ou d'un rappel, etc.

3. Matériel des salles de jeux.

4. Livres de la bibliothèque, abonnements, etc.

---

[1] *Circulaire du 14 octobre 1912* (B. O., *p. 676*). En annexe. — Abrogation de la circulaire du 28 février 1910 relative à la délivrance d'un matériel de table au personnel des services à terre. Dépenses à mettre à la charge des masses d'entretien.

c. Réparations, entretien et dépenses accessoires relatives au matériel appartenant à l'État en service ou en magasin.

1. Matériel en service au dépôt, y compris les meubles ou objets constituant le mobilier de caserne.

2. Dépenses accessoires pour la conservation des effets et des matières en magasin, ainsi que des objets de grand équipement (achats de naphtaline, cirage pour les fourniments, graisse pour l'entretien des armes, etc.)[1].

3. Réparations à faire aux effets d'habillement appartenant à l'État ainsi qu'à ceux des marins présents au dépôt lorsque les détériorations sont le résultat de circonstances de force majeure pendant le service.

4. Frais d'étamage d'ustensiles de cambuse et de cuisine et d'ustensiles de plat appartenant aux marins.

5. Dépenses relatives au magasin d'habillement, instruments et objets nécessaires au plombage des caisses et colis, timbres, chiffres en métal, encre, brosses, ficelle, plomb, etc.

d. Dépenses faites pour la propreté et l'hygiène, ainsi que pour faciliter la préparation des aliments ou améliorer le bien-être des hommes.

1. Dépenses accessoires d'entretien, de propreté et d'hygiène pour le service des locaux, y compris l'infirmerie : carreaux de vitre, peinture, savon, éponges, désinfectants, crachoirs, balais, etc.

2. Fournitures, entretien et blanchissage des effets à l'usage du corps, effets de cuisine, capotes de vaguemestre, des factionnaires, des plantons, des corvées qui transportent la viande, etc.[2].

Entretien et blanchissage des effets de malades (l'entretien et le blanchissage des effets de malades peut être effectué par les soins de l'hôpital, mais à charge de remboursement par la masse générale d'entretien).

3. Achat et entretien de matériel destiné à améliorer les conditions d'hygiène des malades, et non compris dans la nomenclature des objets indiqués par le règlement du 21 novembre 1854. (Circ. du 24 septembre 1911, *B. O.*, p. 647.)

4. Achat de menus ustensiles de cuisine ou de plat, bouteilles en verre pour la distribution du vin, torchons et autres objets destinés à faciliter la préparation des aliments ou à améliorer le bien-être des hommes à table.

---

[1] *Circulaire du 18 février 1911* (B. O., *p. 339*). — Les objets nécessaires à l'entretien du stock d'habillement seront délivrés par les magasins de l'habillement.

[2] *Circulaire du 15 décembre 1910* (B. O.). — Autorisation pour les Dépôts d'acheter la toile nécessaire à la confection de capotes pour les corvées.

e. **Dépenses d'éclairage en dehors de celles qui sont mises à la charge du Service de l'Intendance maritime.**

Supplément de consommation de gaz, éclairage de la salle des jeux, fanaux de ronde, allumettes et bougies de cire effilées pour l'allumage, etc. [1].

f. **Fournitures de bureau, achats de documents imprimés, reliure.**

1. Fournitures de bureau destinées aux divers services pour lesquels les chefs de détail ne perçoivent pas d'allocations particulières :

Bureaux militaires et adjudants de compagnie;
Bureaux de solde;
École { des fourriers à Rochefort, des infirmiers, élémentaire };
Classement des arrivants au service [2];
Commissions des spécialités et de réadmission;
Bibliothèque;
Salle des jeux;
Mobilisation;
Aubette;
Infirmerie;
Vaguemestre et maître commis;
Achats, réparations et entretien des machines à écrire, d'appareils pour autographie, lithographie.

2. Achats et reliure des documents non officiels nécessaires au service : dictionnaire des communes, cartes des chemins de fer, etc.

Reliure des règlements, théories, bulletins officiels et autres publications officielles; achats, s'il y a lieu, des mêmes documents en sus des délivrances réglementaires.

Reliure des registres du dépôt.

Entretien des documents et rôles déposés aux archives.

---

(1) *Dépêche à Toulon du 9 août 1911.* — Les coopératives des dépôts doivent payer leurs dépenses d'éclairage.

Dépêche à Rochefort le 19 avril 1913. — La consommation annuelle de gaz à la charge de l'État est limitée à 4,700 mètres cubes pour le 4e Dépôt et ses dépendances.

Dépêches à Brest et à Toulon le 24 août 1911 (B. O.). — Les frais d'autographie du cours délivré gratuitement aux élèves fourriers seront supportés, *jusqu'à nouvel ordre*, par la masse générale d'entretien du dépôt.

(2) *Dépêche du 22 novembre 1912* (B. O., *p. 472*). — Les dépenses occasionnées par l'application du décret interministériel du 8 septembre 1912 relatif à la constatation de l'instruction primaire des recrues doivent être imputées sur les fonds de la masse d'entretien des dépôts des Équipages de la Flotte.

g. Dépenses diverses.

Frais de transports, de correspondance, d'impôts, etc., relatifs aux services assurés par la masse. Gratification pour entretien des armes (à Lorient seulement).

II. MASSE GÉNÉRALE DES ATELIERS CENTRAUX DE LA FLOTTE.

1. Fournitures de bureau nécessaires pour les essais des mécaniciens, charpentiers, etc., pour l'École des chauffeurs-graisseurs, les commissions d'examens (y compris la commission locale d'examen des mécaniciens), le service des remises, le maître magasinier et le maître commis; frais d'affranchissement de la correspondance relative à ces essais.

2. Presses à copier, machines à écrire[1], fournitures pour machines à écrire, cachets et timbres en caoutchouc, menues fournitures pour le bureau de dessin; confection des planchettes pour listes d'appel, listes d'outillage, imprimés nécessaires au service courant et non fournis par la Marine.

3. Achat et reliure de documents non officiels nécessaires au service (*Journal de la Métallurgie*, etc.).

Reliure et entretien des règlements, bulletins officiels et autres publications officielles.

4. Bibliothèque des bâtiments en réserve : éclairage, gratifications aux bibliothécaires, reliures, abonnements, fournitures de bureau.

III. MASSE GÉNÉRALE DES ÉCOLES DE MÉCANICIENS ET CHAUFFEURS[2].

a. Écoles de Brest et de Toulon.

Acides usuels, chlorate de potasse.

Composés divers pour expériences de chimie inorganique,

Craie pour les tableaux et entretien du vernissage des tableaux.

Papier à dessin pour modèles et plans de démonstration.

Crayons, plumes, papiers, pour la correspondance officielle de l'École.

Matières premières nécessaires pour l'exécution des modèles de machines et des instruments qui ne se trouvent pas dans l'industrie.

Esprit de vin, mercure, tubes de verre et autres matières consommables pendant les cours.

Étuis de mathématiques, livres à décerner en prix.

Papiers, etc., nécessaires pour les opérations de la Commission d'examen des mécaniciens.

---

(1) L'achat de machines à écrire ne peut être effectué que lorsque la situation du bon de la masse le permet et après autorisation du Ministre.

(2) *Circulaire du 10 janvier 1911*, B. O. — Le produit des cessions d'ouvrages faites par les Écoles des mécaniciens doit être versé au Trésor.

Fournitures de bureau pour le service général et fournitures pour l'autographie des cours de l'École (service du maître magasinier et du maître commis compris).

Livres nécessaires pour les études des mécaniciens de tous grades.

Frais de correspondance seulement en ce qui concerne les renseignements à fournir aux familles soit sur les conditions d'admission à l'École, soit sur la situation des élèves en instruction.

Nota. Tout plan ou modèle exécuté par les soins de l'École est pris en charge par un officier mécanicien désigné par le directeur.

b. École de Lorient.

a. Matériel à l'usage du corps, caisse de compagnie, objets divers destinés à améliorer l'hygiène des casernes, à favoriser l'instruction du personnel et à faciliter le service intérieur.

b. Achat de bois, clous et outils de menuiserie pour confectionner de menus ouvrages à l'usage de l'École (planchettes pour afficher les ordres et les listes d'appel, etc.).

c. Réparations d'objets de matériel appartenant à l'État, en service ou en magasin à l'École.

d. Dépenses accessoires d'entretien et de propreté, balais, etc., abonnement à la Compagnie pour l'entretien des locaux occupés par elle.

e. Dépenses d'éclairage, en dehors de celles qui sont mises à la charge du Service de l'Intendance maritime, fanaux de ronde, etc.

f. Frais d'étamage d'ustensiles de cambuse et de cuisine, d'ustensiles de plat appartenant aux marins.

g. Fournitures, entretien et blanchissage des effets à l'usage du corps, effets de cuisine, capotes de factionnaires et de plantons.

h. Achat, reliure et entretien des règlements, théories, *Bulletin officiel* et autres publications officielles.

i. Achat et reliure de documents non officiels nécessaires au service (*Dictionnaire des communes,* cartes de chemins de fer, etc.).

j. Abonnement à la Compagnie pour fournitures de bureau et dépenses d'intérêt commun.

k. Fournitures de bureau nécessaires pour les différentes commissions et pour le service général de l'École (service du maître magasinier et maître commis compris).

l. Achat de matériel et de fournitures pour l'École élémentaire (craie, papier, plumes, etc.).

m. Salle des jeux : achat, entretien, réparation et remplacement du matériel.

n. Frais de correspondance seulement en ce qui concerne les renseignements à fournir aux familles, soit sur les conditions d'admission à l'École, soit sur la situation des élèves en instruction.

o. Achat de fournitures de bureau nécessaires aux instructeurs et aux apprentis (cahiers, papier, crayons, mètres pliants en métal, doubles décimètres en bois, etc.).

p. Achat de menus ustensiles de cuisine ou de plat, bouteilles en verre pour la distribution du vin, torchons et autres objets destinés à faciliter la préparation des aliments ou à améliorer le bien-être des hommes à table.

IV. MASSE GÉNÉRALE DU BÂTIMENT CENTRAL DE L'ÉCOLE DES APPRENTIS-MARINS ET MOUSSES.

a. Propagande.

Impression de notices sur l'École, les carrières qu'elle ouvre, les conditions d'admission, etc.

b. Correspondance.

Frais de correspondances seulement en ce qui concerne les renseignements à fournir aux familles soit sur les conditions d'admission à l'École, soit sur la situation des élèves en instruction.

Frais d'expédition de vêtements militaires ou civils de mousses congédiés à l'hôpital sans repasser par le bord.

c. Frais de bureau [1].

1° *Recrutement.* — Impressions diverses et fournitures intéressant l'admission : listes de classement et d'admission, avis de convocations, feuilles de visite, médicale et de mensuration, demande de renseignements au point de vue religieux, avis d'éliminations, etc.

Fournitures de bureau pour le fonctionnement des jurys de classement et d'admission.

2° *Fonctionnement.* — Frais de bureau des divers services pour lesquels les chefs de détail ne perçoivent pas d'allocations particulières.

Impressions diverses : registres de contingent, registre des correspondants des élèves, demandes de correspondants, acceptations de correspondants, demandes d'envoi en vacances, autorisation de sortie, cartes de familles, permissions, autorisations d'engagement des parents ou tuteurs, certificats de

---

[1] *Dépêche du 19 février 1912 à Brest.* — Mise à la charge de la masse générale d'entretien du bâtiment central de certaines allocations de fournitures de bureau prévues au Règlement d'armement des matières consommables de ce bâtiment.

bonne vie et mœurs pour l'engagement, registres d'engagement, notes d'avis aux maires, etc.

Registres de notes et de punitions spéciaux auxmousses. Registres des capitaines de compagnie, notes et classement.

Impression et achats de documents pour l'instruction; modèles et ustensiles pour l'instruction.

Matériel de bureau pour ces divers usages, entretien, réparation, achats (si la situation de la masse le permet) de machine à écrire et à polycopier, pour l'usage de l'École.

Frais de bureau de magasinier et de commis sur les deux bâtiments.

Frais de l'École élémentaire de l'équipage permanent sur les deux bâtiments.

d. Entretien.

Menues dépenses intérieures, tableaux d'affichage, dépenses indivises des mousses jusqu'à l'admission définitive (savon, encre à marquer, frais de correspondance et d'exécution des marchés du palanquin, etc.).

Achat et entretien de tondeuses et ciseaux de compagnie pour la coupe des cheveux des mousses.

Achat et renouvellement des poinçons de marquage des compagnies.

Achat et remplacement des galons pour les titulaires des titres de chef de division et de section.

e. Prix.

Prix en sus de ceux attribués sur les fonds prévus au tarif n° VIII, § *d*, annexé au décret du 11 juillet 1908 modifié le 5 juillet 1910.

f. Bien-être matériel et moral.

Jeux. — Dépenses pour l'entretien et le renouvellement des jeux sportifs et des jeux pour les malades à l'infirmerie au delà des moyens de la coopérative.

Promenades. — Frais éventuels de promenade et d'excursion. Conférences et distractions dans les limites permises par la situation de la masse.

Bibliothèque. — Achat, entretien, renouvellement des livres de la bibliothèque des mousses en dehors des livres composant la bibliothèque réglementaire des équipages.

Terrain sportif de l'École. — Frais d'entretien et d'aménagement du terrain concédé à l'École dans les limites où ils excèdent le pouvoir de la coopérative des mousses.

Secours éventuels de route pour l'envoi en vacances des mousses nécessiteux ou habitant au loin.

V. MASSE GÉNÉRALE DE LA CASERNE DES MARINS DE SAÏGON.

(Voir circulaire du 24 septembre 1911, *B. O.*, p. 647.)

1. Objets divers destinés à améliorer l'hygiène de la caserne et à faciliter le service intérieur.

2. Achats de bois, clous et outils de menuiserie pour confection de menus ouvrages à l'usage de la caserne (planchettes pour afficher les ordres, etc.).

3. Dépenses accessoires d'entretien et de propreté pour le service de la caserne (balais, etc.).

4. Dépenses d'éclairage en dehors de celles mises à la charge de l'Intendance.

5. Frais d'étamage d'ustensiles de plats des marins du dépôt.

6. Fourniture, entretien et blanchissage des effets à l'usage de la caserne (effets de cuisine, par exemple).

7. Salle de jeu (achats, entretien, réparation et remplacement du matériel de jeu).

8. Frais de bureau pour le fonctionnement de l'École élémentaire et le service du maître magasinier et du maître commis.

VI. MASSE GÉNÉRALE DE L'ÉCOLE DES FUSILIERS.

(Circulaire du 19 octobre 1912, *B. O.*, p. 714.)

a. Matériel accessoire d'instruction.

1. *Instruction du tir.* — OEilletons, visographes, etc., cibles spéciales de concours (fusil et revolver), tampons gommés, ocre pour peindre les cibles à silhouettes; crochets, etc., pour l'installation de cibles tombantes; matériel d'appréciation du tir au canon de 65 millimètres, etc.

2. *Éducation physique.* — Gants de boxe; matériel d'escrime (plastrons, masques, gants, etc.); ballons, etc.

Bouées spéciales pour la natation, ligne de sauvetage, mannequins, etc.

3. *Impressions.* — Matériel d'autographie, papier, feuilles, baudruches, encre, etc., pour le tirage de cours complémentaires et renseignements pour les officiers en stage, le cours du brevet supérieur; impression de compléments provisoires au *Manuel* entre l'apparition de ses éditions successives.

b. Fournitures de bureau, reliure, etc.

Frais de bureau destinés aux divers services pour lesquels les chefs de détail ne perçoivent pas d'allocations particulières : cours supérieurs et compagnies, officier archiviste, vaguemestre, magasinier et commis, etc., frais de correspondance seulement en ce qui concerne les renseignements à fournir aux familles, soit sur les conditions d'admission à l'École, soit sur la situation des élèves en instruction.

École élémentaire. — Reliure de dépêches, rapports et autres documents d'archives. Achat de certains documents (de la Guerre, etc.), non fournis par l'État.

c. Dépenses faites pour la propreté, l'hygiène, etc.

1. Dépenses accessoires d'entretien et de propreté des locaux à terre, parc de la gymnastique (balais, râteaux, seaux, brouettes, etc.).

2. Achat et entretien de capotes de factionnaires et plantons, effets de cuisine, etc., crachoirs pour locaux à terre; appareil et matières pour la désinfection des clairons, des outils de coiffeur, etc.

3. Achat de menus ustensiles de cuisine ou de plat, bouteilles en verre pour la distribution du vin, torchons et autres objets destinés à faciliter la préparation des aliments ou à améliorer le bien-être des hommes à table.

d. Dépenses diverses.

Petit matériel destiné à faciliter le service intérieur ou l'instruction (tableaux, planchettes, etc.).

TROISIÈME ANNEXE.

NOMENCLATURE DES DÉPENSES À LA CHARGE DU FONDS SPÉCIAL DE MUSIQUE DES DÉPÔTS DES ÉQUIPAGES DE LA FLOTTE ET DES BÂTIMENTS.

a. Dépôts des Équipages de la Flotte.

1. Achat, entretien et renouvellement des instruments [1];

2. Achat de partitions, cartons, cahiers, papier à musique, publications musicales et livres d'enseignement; abonnement aux journaux artistiques; fourniture des programmes des concerts, etc.;

3. Suppléments au chef de musique [2], gratifications au sous-chef ainsi qu'aux musiciens chargés d'emplois spéciaux.

b. Bâtiments.

1. Entretien des instruments, etc., délivrés par les magasins de l'État;

2. Achat de cartons, cahiers, papier à musique, etc.; abonnement à un journal musical pour le renouvellement du répertoire;

3. Gratifications au personnel de la musique et solde des musiciens auxiliaires.

Nota. Au désarmement des bâtiments sur lesquels est embarquée une musique, les partitions, morceaux de musique, etc., qui ont été achetés sur le fonds spécial de musique, doivent être remis aux archives de la musique du dépôt où a été constituée celle du bâtiment.

---

[1] *Dépêche à Brest et Toulon, le 7 septembre 1908.* — L'achat et la réparation des instruments destinés ou appartenant à la partie sédentaire des musiques des dépôts incombent au fonds spécial mis à la disposition de ces dépôts.

[2] *Dépêche à Toulon et à Brest du 1er décembre 1906.* — Au sujet du supplément à payer sur les fonds de musique aux chefs de musique des dépôts des Équipages de la Flotte.

QUATRIÈME ANNEXE.

RECUEIL DES CIRCULAIRES, DÉPÊCHES, ETC., RELATIVES : 1° À L'APPLICATION OU À L'INTERPRÉTATION DU DÉCRET DU 11 JUILLET 1908 PORTANT RÈGLEMENT SUR LA SOLDE DES MARINS DU CORPS DES ÉQUIPAGES DE LA FLOTTE ET DES MARINS INDIGÈNES; 2° AU PRÊT DE MAIN-D'OEUVRE MILITAIRE.

TABLE CHRONOLOGIQUE
DES CIRCULAIRES ET DÉPÊCHES
RELATIVES
À L'APPLICATION OU À L'INTERPRÉTATION DU DÉCRET
DU 11 JUILLET 1908.

DATES.	ANALYSES.	PAGES.
16 janvier 1909...	Une gratification de bon entretien de matériel peut être accordée aux gradés de l'Atelier central et aux premiers-maîtres de la majorité générale qui, sans être détenteurs ou dépositaires, seraient préposés à la garde et à l'entretien du matériel (dépêche à Toulon, copie aux autres ports)....	167
18 janvier 1909...	Les marins en position de présence prenant part, hors de leur bord ou service, aux épreuves d'un examen ou d'un concours, doivent être considérés, au point de vue des droits à la solde, comme étant en mission et être traités suivant les dispositions des articles 14, § 6°, 15, § *i*, 16, § 2 (*f*) et 13, § 2 (*b*) du décret du 11 juillet 1908. Dans le même cas, la solde n'est pas modifiée pour les marins en congé ou en disponibilité (*B. O.*, p. 23)........................	167
19 janvier 1909...	Les services accomplis dans les *corps militaires* de la Guerre ou de la Marine ou dans les corps étrangers soldés par la France doivent seuls rentrer en ligne de compte pour les droits à la haute paye et à la solde progressive (dépêche à l'Escadre de la Méditerranée).................	168
3 février 1909.....	Les élèves de la Marine marchande en instruction n'ont droit qu'à la solde n° 1 (Escadre de la Méditerranée, copie à Toulon)................	168
17 février 1909... (Voir aussi dépêche du 13 avril 1915.)	Fixation du taux des hautes payes, primes d'engagement, de réadmission ou de rengagement à allouer aux marins indigènes (*B. O.*, p. 74)....	169
19 février 1909...	Fixation du supplément pour sorties ou missions à la mer à allouer au personnel sédentaire des Défenses fixes (*B. O.*, p. 232).............	171
24 février 1909...	Les fournitures de bureau pour le cours d'administration et de comptabilité doivent être supportées directement par la masse générale d'entretien du dépôt (dépêche à Lorient, copie aux autres ports)............................	172

DATES.	ANALYSES.	PAGES.
29 mars 1909....	Il y a lieu de continuer l'allocation de la solde n° 2 aux marins promus et maintenus à leur poste jusqu'à remplacement aux cadres des dépôts, préfectures, etc. (*B. O.*, p. 313)............	172
29 mars 1909....	L'École élémentaire fonctionnant dans chaque hôpital maritime doit être considérée comme formant groupe à part au point de vue de l'allocation des frais de bureau. Un crédit doit être ouvert à chacune des écoles au compte de la masse d'entretien des dépôts, ainsi qu'il est prévu au tarif IX, § *b*, du décret du 11 juillet 1908 (dépêche à Lorient, copie aux autres ports)....	173
15 avril 1909....	Lorsque, à bord d'un bâtiment qui ne comporte qu'une table de seconds-maîtres, un des membres de cette table est promu au grade supérieur, la table continue à fonctionner comme table de seconds-maîtres, et celle-ci reçoit pour le nouveau promu l'allocation prévue pour chaque membre d'une table de maîtres de quatre membres et plus (*B. O.*, p. 342)..............	173
7 juin 1909......	Les marins maintenus en prison préventive sans avoir été punis disciplinairement en attendant la décision prononçant leur envoi à la compagnie de discipline doivent percevoir leur solde jusqu'à la date de cette dernière décision (dépêche à l'Escadre de la Méditerranée, copie aux cinq ports et escadres, etc.)........................	174
9 juin 1909......	Les marins vétérans admis aux tables de bord doivent être considérés comme passagers (dépêche à Toulon, copie aux autres ports).......	175
21 juin 1909.....	Solutions de diverses questions relatives à l'application des décrets des 11 et 17 juillet 1908 (circulaire, *B. O.*, p. 685)....................	175
9 octobre 1909...	Nomenclature des maladies endémiques ou contagieuses donnant droit à la solde n° 1 pour les congés de convalescence accordés aux marins des Équipages de la Flotte (*B. O.*, p. 1097)......	178

DATES.	ANALYSES.	PAGES.
26 novembre 1910.	Les canonniers titulaires du certificat de pointeur peuvent seuls recevoir de suppléments de fonctions de pointeur (*B. O.*, p. 4050)	190
9 décembre 1910..	La privation de solde pour absence illégale ne peut être effectuée qu'en vertu d'un ordre écrit du commandant (*B. O.*, p. 4135)	191
31 janvier 1911...	Mode de décompte du traitement de table dans les flottilles lorsque les sorties des bâtiments ont une durée consécutive de plusieurs jours (*B. O.*, p. 256)	192
18 mars 1911....	Les matelots cuisiniers attribués aux flottilles sous-marines par la circulaire du 21 mars 1910 (*B. O.*) doivent être considérés comme faisant partie de l'équipage supplémentaire (*B. O.*, p. 463)	193
31 mars 1911....	Le supplément de 0 fr. 30, alloué au secrétaire de commandant comptable à bord des contre-torpilleurs en réserve dans les flottilles par application de la circulaire du 14 janvier 1910 et du tarif V^e^ du décret du 11 juillet 1908, ne peut être augmenté (dépêche à Cherbourg, copie aux autres ports)	193
5 avril 1911.....	Au sujet du versement au Trésor des fonds recueillis pour cession d'ouvrages dans les Écoles de mécaniciens (dépêche à Brest, copie à Toulon).....	194
11 avril 1911....	Solution de diverses questions relatives à la solde et au traitement de table du personnel affecté aux Écoles de mécaniciens et chauffeurs (*B. O.*, p. 647)	195
24 avril 1911....	Au sujet du supplément de fonctions des patrons pilotes embarqués à bord de torpilleurs ou de sous-marins et envoyés en mission temporaire à bord d'autres bâtiments (*B. O.*, p. 714)......	197

DATES.	ANALYSES.	PAGES.
21 juin 1911.....	Il y a lieu d'accorder le supplément de patron pilote aux premiers-maîtres de cette spécialité commandants les torpilleurs annexes des Écoles de mécaniciens et chauffeurs (*B. O.*, p. 1118).......	197
28 juin 1911.....	Il n'y a pas lieu de modifier la tarification des primes spéciales prévues par le personnel des ateliers centraux de la Flotte (dépêche à Cherbourg, copie aux autres ports).....................	198
28 juin 1911.....	Le quartier-maître..., instructeur au groupe spécial du premier dépôt, ne peut recevoir la solde n° 3 (dépêche à Cherbourg, *B. O.*, p. 1164)...	199
29 juin 1911.....	Solde et indemnités du personnel marin du *Du-Chayla annexe* (*B. O.*, p. 1167)............	199
29 juin 1911.....	Au sujet du supplément de patron pilote à allouer aux marins de cette spécialité embarqués sur les sous-marins (*B. O.*, p. 1166).............	200
1er juillet 1911...	Conséquence, au point de vue du droit au supplément, de la prolongation de la validité du certificat de mécanicien-torpilleur (*B. O.*, p. 1)....	200
8 juillet 1911	Au sujet du calcul des gratifications facultatives à allouer au personnel infirmier en service dans les hôpitaux maritimes (dépêche à Brest, copie aux autres ports).........................	201
30 août 1911	Au sujet de la quotité du supplément à allouer aux premiers-maîtres patrons pilotes qui commandent les torpilleurs annexes des écoles de mécaniciens et de chauffeurs (Dépêche à Toulon.).........	202
8 septembre 1911.	Il n'est pas possible d'allouer un supplément aux marins indigènes brevetés (dépêche à Bizerte).	203
23 novembre 1911.	Au sujet du remplacement des décorations et brevets perdus dans des circonstances de force majeure (Dépêche à Toulon.)....................	204
9 janvier 1912.... (modifié le 27 septembre 1912 [*B. O.*, p. 642], et le 16 avril 1914 en ce qui concerne le *Pothuau*.)	Détermination du nombre de suppléments à allouer aux canonniers chefs de section remplissant les fonctions de télémétristes (*B. O.*, p. 14). [Voir aussi dépêche du 10 mai 1912.]............	205

DATES.	ANALYSES.	PAGES.
10 avril 1914....	Au sujet des conséquences de l'obtention du brevet élémentaire au point de vue du grade et de la solde. (*B. O.*, p. 882.)........................	234
14 avril 1914....	Solutions de diverses questions relatives à l'application du décret du 28 janvier 1914, modifiant celui du 11 juillet 1908. (*B. O.*, p. 899.)....	235
31 mai 1914.....	Au sujet de l'application, au personnel sédentaire des défenses fixes, des dispositions transitoires du décret du 11 juillet 1908. (*B. O.*, p. 1727.).	237
15 décembre 1914 et 19 décembre 1914.........	Décret et instruction portant création d'une indemnité pour les charges de famille. (*B. O.*, p. 1040.)	238
16 mars 1915....	Au sujet du droit à la prime des quartiers-maîtres et matelots brevetés qui contractent un nouveau lien en vue de leur changement de spécialité. (*B. O.*, p. 595.)........................	245
13 avril 1915....	Au sujet des primes de rengagement ou de réadmission des marins indigènes du Sénégal. (Dépêche à Dakar.)........................	246
19 avril 1915....	Les marins des Défenses fixes rayés des contrôles de l'activité depuis le 1er août 1914 et maintenus au service par suite de mobilisation doivent continuer à bénéficier des dispositions transitoires de l'article 138 du décret du 11 juillet 1098, (*B. O.*, p. 604.).................	247
28 avril 1915....	Attribution d'un supplément spécial aux mécaniciens non brevetés détachés dans les centres d'aviation et appelés à effectuer un service à bord des avions. (*B. O.*, p. 740.)...........	247
17 juin 1915.....	Droit à la prime pour les marins qui en temps de guerre contractent un nouveau lien après un premier refus de se faire réadmettre et maintenus au service en vertu de l'ordre général de mobilisation. (*B. O.*, p. 980.).................	248

TABLE CHRONOLOGIQUE
DES DÉCRETS, ARRÊTÉS, CIRCULAIRES ET DÉPÊCHES
RELATIFS AU REMBOURSEMENT
DES PRÊTS DE MAIN-D'ŒUVRE MILITAIRE
ET AUX ALLOCATIONS SPÉCIALES À PAYER AUX MARINS ET AUTRES
À L'OCCASION DE CES PRÊTS.

DATES.	ANALYSES.	PAGES.
16 juin 1911.....	Au sujet de l'allocation d'une indemnité aux marins des Équipages de la Flotte et aux marins des Directions de port employés à des travaux effectués pour le compte de particuliers ou d'autres départements ministériels (*B. O.*, p. 1115)....	256
4 mars 1912.....	Revision des tarifs de prêts d'apparaux, annexés à l'instruction du 26 juin 1899 (*B. O.*, p. 379)..	257
28 juin 1912.....	Au sujet du personnel mis à la disposition de la Compagnie générale Transatlantique. (Dépêche à Cherbourg, Brest et Lorient.).............	260
29 juillet 1912...	Au sujet du personnel mis à la disposition des compagnies de navigation pendant la durée des grèves. (*B. O.*, p. 213.).................	261
24 août 1912....	Situation pécuniaire des officiers mis à la disposition de la Compagnie générale Transatlantique pendant la durée de la grève des inscrits maritimes. (Dépêche à Cherbourg.)............	262
3 juillet 1914....	Les travaux rentrant dans les attributions normales des Défenses fixes ne peuvent donner lieu à rémunération spéciale pour le personnel militaire de ces Directions. (Dépêche aux cinq ports.)...	263
5 décembre 1914..	Au sujet de l'indemnité de travail à allouer aux marins mis à la disposition des Directions de l'arsenal. Taux et conditions de cette indemnité. (*B. O.*, p. 955.)......................	264
22 janvier 1915... (Voir aussi Circulaire du 3 juin 1915 [*B. O.*, p. 919] et Dépêche du 28 juin 1915).	Indemnité de travail à allouer aux marins employés aux manutentions de charbons à terre. (*B. O.*, p. 73.).........................	265
17 février 1915...	Prêts de main-d'œuvre militaire. Allocations à attribuer au personnel et mode de remboursement. (*B. O.*, p. 169.).......................	267
28 février 1915...	Au sujet des marins mis à la disposition d'autres Départements ministériels, de services publics ou de l'industrie privée. (*B. O.*, p. 226.).....	269

DATES.	ANALYSES.	DATES.
1er avril 1915....	Au sujet du remboursement de la main-d'œuvre militaire employée dans les arsenaux de la Marine à des travaux exécutés à titre de cession pour le compte de particuliers, d'autres Départements ministériels ou de gouvernements étrangers. (*B. O.*, p. 534.)...................	271
28 juin 1915....	Indemnités de travail aux marins employés aux corvées de charbon. (Dépêche à Cherbourg.)...	273

Services de la Flotte armée; — Service du Personnel de la Flotte : *Bureau des Équipages de la Flotte;* = Service administratif de la Flotte : *Bureau des Revues.*

Paris, le 22 août 1908.

Fixation à 20 francs de la quotité maximum de la dette qui entraîne envoi à un dépôt des hommes congédiables débarqués dans un port autre qu'un port militaire. (Art. 383, § 2, du décret du 17 juillet 1908.)

Aux termes de l'article 383, § 2, du décret du 17 juillet 1908 définissant l'Armée de mer et portant réorganisation du corps des Équipages de la Flotte, les marins congédiables renvoyés en France par un navire de commerce et débarqués dans un port autre qu'un port militaire sont renvoyés directement dans leurs foyers, à l'exception de ceux qui, étant en dette d'une somme supérieure à la quotité maximum fixée par le Ministre, doivent être dirigés, dans ce cas, sur le dépôt le plus proche en vue de l'atténuation de leur dette par voie de réintégration de leurs effets d'habillement.

Pour l'application des dispositions qui précèdent, la dette des marins congédiables ne devra pas dépasser 20 francs. En conséquence, les marins de tous grades dont la dette sera égale ou inférieure à cette dernière somme devront être congédiés directement à leur débarquement en France.

D'autre part, les conseils d'administration des dépôts devront hâter les formalités de la réintégration des effets d'habillement en ce qui concerne les marins dont la dette sera supérieure à 20 francs, afin que cette opération soit réellement efficace.

Services de la Flotte armée; — Service du Personnel de la Flotte : *Bureau des Équipages de la Flotte.*

Paris, le 7 septembre 1908.

Fixation de la quotité de la prime à payer aux marins faisant partie de la première catégorie du personnel des Ateliers centraux de la Flotte des ports militaires.

Par application des dispositions contenues à l'article 46 du décret du 11 juillet 1908, portant règlement sur la solde des marins du corps des Équipages de la Flotte et des marins indigènes, le montant de la prime spéciale à allouer aux marins faisant partie de la première catégorie du personnel des Ateliers centraux de la Flotte des ports militaires, est fixé ainsi qu'il suit :

GRADES.	QUOTITÉS ANNUELLES.	
	MÉCANICIENS et chauffeurs.	Autres SPÉCIALITÉS.
	francs.	francs.
Premiers-maîtres	432	72
Maîtres	288	72
Seconds-maîtres	216	72
Quartiers-maîtres	180	72
Matelots	144	72

Service de la Flotte armée; — Service du Personnel de la Flotte : *Bureau des Équipages de la Flotte.*

Paris, le 7 septembre 1908.

Instructions pour le payement de la prime spéciale aux marins faisant partie de la première catégorie du personnel des Ateliers centraux de la Flotte des ports militaires.

En vue de l'application des dispositions de l'article 46 du décret du 11 juillet 1908, portant règlement sur la solde des marins du corps des Équipages de la Flotte et des marins indigènes, il y aura lieu de se conformer aux mesures suivantes :

a. Tout marin de la première catégorie du personnel des Ateliers centraux de la Flotte qui accomplit sur sa demande, et en vertu d'un engagement spécial, une période triennale d'affectation à l'Atelier dans les conditions de service prévues à l'article 2 du décret du 1er août 1899, a droit à une prime dont le montant est fixé par le Ministre comme il est dit à l'article 46 et au tarif n° IV, § *c*, du décret du 11 juillet 1908 précité.

b. L'engagement spécial de servir à l'Atelier central est contracté devant le Conseil d'administration de l'Atelier, au commencement de chaque période d'affectation, dans les limites de la durée du lien de service en cours, et inscrit sur un registre à souche du modèle en usage pour la constatation des réadmissions et rengagements.

c. La quotité de la prime due à chaque marin est celle allouée pour son grade et sa spécialité par le tarif en vigueur au moment de la signature de l'engagement spécial.

Si, par suite de l'expiration du lien au service ou pour toute autre cause au moment de la signature de l'engagement spécial, la durée de l'affectation doit être inférieure à trois ans, il n'est dû qu'une part de la prime proportionnellement au nombre exact de mois de service à accomplir à l'Atelier central, toute fraction de mois comptant pour une unité.

d. La prime totale est payable par annuités ou portion d'annuités et par avance. En cas de renvoi du marin de l'Atelier pour inconduite ou incapacité ou de départ sur sa demande, il y a lieu à reprise de la portion de prime payée et non acquise.

Services de la Flotte armée; — Service du Personnel de la Flotte : *Bureau des Équipages de la Flotte.* = Service administratif de la Flotte : *Bureau des Revues.*

Paris, le 7 décembre 1908.

Solutions de diverses questions relatives à l'application des décrets du 11 et 17 juillet 1908 concernant la solde et la réorganisation du corps des Équipages de la Flotte.

A la suite de la mise en vigueur du décret du 11 juillet 1908 portant règlement sur la solde des marins du corps des Équipages de la Flotte et des marins indigènes, et du décret du 17 juillet 1908 définissant l'Armée de mer et portant réorganisation du corps des Équipages de la Flotte et du personnel des Musiques de la Flotte, le Département a été saisi d'un certain nombre de questions touchant l'application de quelques dispositions contenues dans ces deux actes.

Chacune des questions posées comporte la solution ci-après indiquée :

1. Quelle est la quotité de traitement de table à attribuer aux premiers-maîtres patrons-pilotes commandant par intérim un torpilleur en l'absence de l'officier commandant titulaire?

Il y a lieu d'allouer le traitement de table revenant à un premier-maître commandant, et fixé à 5 francs par jour par le tarif n° X annexé au décret du 11 juillet 1908.

Il n'est pas possible, en effet, d'appliquer dans l'espèce la règle de partage édictée par l'article 69 du décret du 7 janvier 1908 qui ne concerne que les officiers commandants.

2. Quel effectif doit servir de base pour le calcul des gratifications facultatives à allouer aux bâtiments en réserve?

Par application des indications contenues dans le *nota* (a) inséré au bas du tableau du tarif n° VIII, § *a*, annexé au décret du 11 juillet 1908, l'effectif réglementaire de réserve doit être pris comme base pour le calcul des gratifications à attribuer aux bâtiments placés dans cette position.

3. Les marins affectés aux Ateliers centraux de la Flotte et ayant obtenu un avancement au titre de l'Atelier central doivent-ils contracter l'engagement triennal prévu par la Circulaire du 7 septembre 1908 (*B. O.*)?

Oui. Les dispositions édictées par la Circulaire du 7 septembre 1908, conformément à l'article 46 du décret du 11 juillet 1908, ont une portée générale et s'appliquent à tous les marins faisant partie de la première catégorie du personnel des Ateliers centraux de la Flotte.

4. L'indemnité pour charges de famille prévue par l'article 52 du décret du 11 juillet 1908 reste-t-elle due lorsque le titulaire est puni de prison ou absent?

L'indemnité en question, qui est un accessoire de solde (art. 33 du décret du 11 juillet 1908), est soumise aux règles concernant les privations de solde édictées par les articles 109 et suivants du décret susvisé.

Par suite, cette indemnité cesse d'être due pendant la durée des punitions de prison et des absences irrégulières, à moins qu'elle ne soit déléguée dans les conditions indiquées à l'article 52, § 3, du décret du 11 juillet 1908.

5. Comment faut-il traiter, au point de vue des gratifications facultatives, les marins de la Majorité générale et ceux du Secrétariat du Chef du Service administratif de la Flotte?

Ces marins doivent former un seul groupe pour l'allocation des gratifications facultatives.

6. Comment subvenir aux dépenses de fournitures de bureau nécessaires pour le fonctionnement de l'école élémentaire des infirmiers dans les hôpitaux?

L'instituteur et les moniteurs de cette école peuvent-ils prétendre à une gratification facultative?

Ces fournitures doivent être supportées par la masse d'entretien du dépôt des Équipages de la Flotte, par application du renvoi (1) du tarif n° IX, § 6, annexé au décret du 11 juillet 1908.

L'instituteur et les moniteurs de l'école élémentaire des infirmiers peuvent recevoir, sur le fonds réglementaire attribué à l'hôpital, des gratifications facultatives dans les conditions prévues sous la rubrique : «*Fonctions*» au § 4° de la première annexe à la Circulaire portant notification du décret du 11 juillet précité.

7. Dans quelles conditions doit-on allouer le supplément de fonctions aux marins affectés aux postes de télégraphie sans fil?	Le supplément en question doit être attribué, dans la limite de l'effectif réglementaire, aux marins pourvus soit du certificat de chef de poste, soit de la mention d'aptitude à la télégraphie sans fil.
8. Quelle est la solde à attribuer au personnel musicien composant la partie mobile des musiques des dépôts des Équipages de la Flotte?	Il y a lieu d'allouer à ce personnel la solde n° 2 par application de l'article 15, § *f*, du décret du 11 juillet 1908.
9. Les fourriers affectés au cadre des Équipages de la Flotte peuvent-ils prétendre au supplément spécial prévu par le tarif n° V, § C, du décret du 11 juillet 1908 pour les secrétaires de commandants comptables?	Non. Le supplément en question est exclusivement réservé aux fourriers titulaires du certificat de secrétaire de commandant comptable et remplissant effectivement les fonctions de leur certificat auprès d'un commandant comptable.
10. Qui doit supporter les dépenses de fournitures de bureau nécessaires au maître-commis des dépôts des Équipages de la Flotte?	Ces dépenses doivent être supportées par la masse générale d'entretien des dépôts, ainsi que le précise la deuxième annexe à la Circulaire portant notification du décret du 11 juillet 1908. (Voir *B. O.*, n° 19 *bis*, p. 13.)
11. Quelle est la solde à attribuer aux marins employés comme infirmiers temporaires?	Le décret du 17 juillet 1908 n'a pas reproduit la disposition de l'article 175 du décret du 30 avril 1897 qui allouait la solde de matelot de 2e classe aux infirmiers temporaires; par suite, ces derniers ne doivent recevoir, à l'avenir, que la solde afférente à leur grade et classe.
12. Les détenteurs et dépositaires de matériel débarqués avant l'Inspection générale ou le désarmement du bâtiment peuvent-ils recevoir une gratification facultative pour bonne gestion?	Oui. Ces détenteurs et dépositaires peuvent être compris sur l'état de gratifications établi aux époques réglementaires, en ayant égard, pour fixer le montant de la gratification à allouer, à la durée de leurs fonctions. Il est bien entendu que les dispositions relatives à l'allocation de la gratification pour bonne gestion de matériel n'auront leur effet qu'à partir du 1er janvier 1909; toutefois les bâtiments désarmant sont autorisés à appliquer dès maintenant ces dispositions.
13. Comment faut-il traiter, au point de vue des droits à la solde, les permissions faisant suite à un congé?	Les permissions de l'espèce doivent être considérées comme une prolongation de congé.

14. Comment y a-t-il lieu de calculer la gratification à allouer par application de l'article 138, § 3°, 4° et 5°, du décret du 11 juillet 1908 aux matelots qui ont obtenu un avancement en classe pour compter du 1er juillet 1908?

La gratification à allouer aux matelots en question doit être calculée en prenant pour base les allocations que les intéressés percevaient à la date du 30 juin 1908, c'est-à-dire la solde proprement dite que leur conférait la classe dont ils étaient encore titulaires à cette dernière date, augmentée du supplément prévu par les tarifs nos 7 et 9 du décret du 10 juillet 1895.

15. Dans quelles conditions doit-on continuer à payer le supplément de mécanicien-torpilleur maintenu à titre transitoire par l'article 138, § 2°, du décret du 11 juillet 1908?

Le supplément en question doit continuer à être alloué dans les mêmes conditions que sous l'empire du décret du 10 juillet 1895, c'est-à-dire dans les positions énumérées à l'article 60 de ce dernier acte. Mais ce supplément doit cesser d'être attribué, quelle que soit à ce moment la position des intéressés, le lendemain du jour de l'expiration du brevet de mécanicien torpilleur obtenu ou renouvelé avant le 1er janvier 1908. (Art. 410 du décret du 17 juillet 1908.)

16. Doit-on payer la gratification prévue par l'article 138, § 5°, du décret du 11 juillet 1908, jusqu'au jour où l'homme débarque d'un torpilleur armé sans quitter la flottille ou jusqu'au jour du débarquement de la flottille?

Cette gratification doit cesser d'être allouée à partir du jour où l'intéressé débarque d'un torpilleur armé, même s'il ne quitte pas la flottille.

17. A partir de quelle date doit-on allouer la solde de matelot breveté aux cuisiniers et maîtres d'hôtel? Est-ce à partir du 1er juillet ou du 17 juillet 1908?

A partir du 1er juillet 1908, date de la mise en vigueur du nouveau décret sur la solde qui a créé la solde de matelot breveté.

18. Doit-on considérer comme abrogées les dispositions de l'article 281 du décret du 10 juillet 1895 relatives au payement de la solde de hommes en traitement dans les hôpitaux?

Non. Les dispositions de cet article qui énoncent une règle d'administration ont été maintenues en vigueur par l'article 137 du décret du 11 juillet 1908.

19. En cas de passage d'un échelon de solde à l'échelon supérieur, y a-t-il lieu d'établir un état analogue à l'état des marins admis à la haute paye?

Oui. L'accession à un échelon de solde supérieur dans le même grade doit avoir lieu suivant la procédure à laquelle donne lieu la concession des hautes payes d'ancienneté.

21.

Services de la Flotte armée; — Service du Personnel de la Flotte : *Bureau des Équipages de la Flotte.* — Service administratif de la Flotte : *Bureau des Revues.*

Paris, le 28 décembre 1908.

Gratifications facultatives à allouer aux bâtiments en réserve pendant la durée de leurs essais annuels.

Vous m'avez transmis, le 5 décembre courant, une note dans laquelle le Commissaire aux armements de votre port demande quelle est la quotité des gratifications facultatives à allouer aux bâtiments en réserve pendant la durée de leurs essais annuels de bon fonctionnement.

Il y a lieu d'allouer aux bâtiments dans cette situation les allocations de la deuxième colonne du tarif n° VIII, § *a*, du décret du 11 juillet 1908, en prenant comme base l'effectif réglementaire d'essais.

Le Ministre de la Marine,
A. PICARD.

LE MINISTRE DE LA MARINE *à Monsieur le Vice-Amiral commandant en chef, Préfet maritime à Toulon.*

Services de la Flotte armée; — Service du Personnel de la Flotte : *Bureau des Équipages de la Flotte.*

Paris, le 28 décembre 1908.

Calcul des gratifications facultatives à allouer aux bâtiments en préparation d'essais.

Aux termes du nota (*a*) du tarif n° VIII, § *a*, annexé au décret du 11 juillet 1908 sur la solde des marins du corps des Équipages de la Flotte et des marins indigènes, la quotité des gratifications facultatives à allouer aux bâtiments en préparation d'essais est calculée en prenant pour base l'effectif réel.

Dans une lettre que vous m'avez transmise sous bordereau du 5 novembre dernier, le Commandant de l'*Ernest-Renan* demande, en raison des variations constantes de l'effectif réel des bâtiments en préparation d'essais, à baser le calcul des gratifications sur l'effectif moyen réel du mois.

Consulté sur cette question, le Commissaire aux armements de votre port estime qu'il y a lieu de ne considérer que l'effectif réel au premier jour de chaque mois.

Il convient de remarquer que, si l'effectif des bâtiments en préparation d'essais est sujet à de fréquentes fluctuations, ces dernières sont, dans la plupart des cas, sans effet sur la quotité réglementaire des gratifications facultatives, qui ne varie que par échelons de 25 hommes.

Dans ces conditions, il y a lieu de s'en tenir au principe porté dans le nota du tarif précité.

Pour l'application de cette règle, il suffit d'ailleurs de mentionner sur le carnet des gratifications facultatives les périodes pendant lesquelles l'effectif réel s'est maintenu entre les limites d'un des échelons d'effectif indiqués au tarif n° VIII, § *a*; le crédit des gratifications facultatives sera obtenu en totalisant les sommes acquises pendant chacune de ces périodes.

Par *effectif réel*, il faut entendre tout le personnel présent ou absent rattaché au rôle du bâtiment.

Le Ministre de la Marine,

A. PICARD.

LE MINISTRE DE LA MARINE *à Monsieur le Vice-Amiral commandant en chef l'Escadre du Nord.*

Services de la Flotte armée; — Service du Personnel de la Flotte : *Bureau des Équipages de la Flotte.* = Service administratif de la Flotte : *Bureau des Revues; Bureau des Subsistances.*

Paris, le 28 décembre 1908.

Au sujet de l'imputation des gratifications allouées aux détenteurs et dépositaires de matériel.

Par lettre du 24 septembre dernier, vous m'avez signalé que les règles adoptées par le décret du 11 juillet 1908 pour l'allocation des gratifications aux détenteurs et dépositaires de matériel vont conduire, contrairement aux principes financiers, à faire porter sur deux exercices le payement de ces gratifications chaque fois que la période de gestion récompensée au moment de l'inspection générale portera elle-même sur deux années.

Vous demandez en conséquence, pour remédier à cet inconvénient, que les gratifications en question ne soient allouées qu'en fin d'année.

La circulaire portant notification du décret du 11 juillet 1908 précise que les gratifications à accorder aux détenteurs et dépositaires de matériel doivent être prélevées sur le montant des gratifications attribuées aux bâtiments et services; d'autre part, l'article 60, § 3, du décret susvisé relatif au mode d'attribution des gratifications facultatives dispose nettement qu'une portion des sommes acquises pendant un ou plusieurs mois peut être reportée au crédit des mois suivants, à la condition qu'il n'y ait pas chevauchement d'exercice.

Il résulte de ce qui précède que, contrairement à ce que vous avez pensé, il ne peut être question d'imputer sur deux exercices une gratification prélevée sur une somme acquise par un bâtiment ou service au titre d'un seul exercice.

D'ailleurs, aux termes de l'article 13, § 6, du règlement financier du 14 janvier 1869, lorsque les services qui donnent lieu à payement d'allocations embrassent plusieurs années sans qu'il soit possible de préciser les charges afférentes à chacune d'elles, la dépense est rattachée à l'année de la décision qui l'autorise.

Tel est le cas des gratifications aux détenteurs et dépositaires, dont le montant à attribuer à chaque partie prenante n'est pas calculé à l'aide d'une quotité journalière ou mensuelle, mais est fixé par une décision spéciale du Commandant en chef en ayant égard à l'ensemble des éléments ci-après : durée de la gestion, importance du matériel entretenu, résultats obtenus.

Le Ministre de la Marine,

A. PICARD.

LE MINISTRE DE LA MARINE *à Monsieur le Vice Amiral commandant en chef, Préfet maritime à Toulon.*

Services de la Flotte armée; — Service du Personnel de la Flotte : *Bureau des Équipages de la Flotte.* == Service administratif de la Flotte : *Bureau des Revues.*

Paris, le 28 décembre 1908.

Au sujet du droit à la prime prévue pour les marins faisant partie de la première catégorie du personnel des Ateliers centraux de la Flotte.

Vous m'avez transmis, sous bordereau du 6 novembre dernier, n° 5475, une lettre dans laquelle le commandant de l'Atelier central de votre port pose la question de savoir s'il y a lieu d'allouer la prime spéciale prévue par le tarif n° IV, § *c*, du décret du 11 juillet 1908, aux jeunes gens engagés directement, dans les conditions de l'article 1er, § 3, de l'arrêté ministériel du 1er août 1899, pour servir à l'Atelier central.

La concession de cette prime, créée dans le seul but d'assurer une permanence nécessaire dans les effectifs du personnel des Ateliers centraux de la Flotte des ports militaires, est exclusivement réservée aux marins qui, en dehors de leur lien militaire, contractent sur leur demande un engagement spécial de servir dans un de ces ateliers.

Par suite, et ainsi que l'a pensé le commissaire général de votre port, les marins affectés à l'atelier par voie d'engagement direct ou d'office, dans les conditions de l'article susmentionné, ne peuvent recevoir ladite prime.

De même, les marins maintenus d'office à l'Atelier central, par application des règles générales sur l'embarquement, après une période réglementaire d'affectation avec ou sans prime, ne peuvent prétendre à la prime spéciale pour le temps qui s'écoule entre la date de l'expiration de cette période et celle de leur remise au service général.

Le Ministre de la Marine,

A. PICARD.

LE MINISTRE DE LA MARINE *à Monsieur le Vice-Amiral commandant en chef, Préfet maritime à Toulon.*

Services de la Flotte armée; — Service du Personnel de la Flotte : *Bureau des Équipages de la Flotte.*

Paris, le 16 janvier 1909.

Gratifications à allouer dans les Ateliers centraux de la Flotte pour bon entretien de matériel.

Vous m'avez transmis, sous bordereau du 14 décembre 1908, deux demandes formulées par les premiers-maîtres mécaniciens X... et Y..., de l'*atelier central* de votre port, en vue de participer à la distribution des gratifications pour bon entretien de matériel prévues par le décret du 11 juillet 1908.

J'ai accueilli ces demandes.

Je vous autorise d'ailleurs à allouer, à partir du 1er janvier 1909 (Circ. du 7 décembre 1908, § 12), une gratification aux gradés de l'Atelier central et aux premiers-maîtres de la Majorité générale qui, sans être détenteurs ou dépositaires dans les conditions de la circulaire du 19 mai 1908, seraient préposés à la garde et à l'entretien de matériel.

Le Ministre de la Marine,

A. PICARD.

Services de la Flotte armée; — Service du Personnel de la Flotte : *Bureau des Équipages de la Flotte.*

Paris, le 18 janvier 1909.

Solde à allouer aux marins prenant part aux épreuves d'un examen ou d'un concours.

Les marins en position de présence prenant part, hors de leur bord ou service, aux épreuves d'un examen ou d'un concours, doivent être considérés au point de vue des droits à la solde, comme étant en mission et être traités suivant les dispositions des articles 14, § 6, 15, § 1, 16, § 2 (*f*), et 18, § 2 (*b*), du décret du 11 juillet 1908.

En ce qui concerne les marins en congé ou en disponibilité, le fait de prendre part aux épreuves d'un examen ou d'un concours ne modifie pas leurs droits à la solde.

LE MINISTRE DE LA MARINE *à Monsieur le Vice-Amiral commandant en chef l'Escadre de la Méditerranée.*

Services de la Flotte armée; — Service du Personnel de la Flotte : *Bureau des Équipages de la Flotte.*

Paris, le 19 janvier 1909.

Le temps passé dans la douane en qualité de préposé ne compte pas comme services donnant droit à la haute paye ou à la solde progressive.

Vous m'avez transmis, sous bordereau du 30 décembre dernier, une lettre dans laquelle le maître musicien X... demande que le temps qu'il a passé dans la douane métropolitaine, en qualité de préposé, compte comme service pour le droit à la solde progressive.

Conformément aux dispositions de l'article 38 du décret du 11 juillet 1908, les services accomplis dans les corps *militaires* de la Guerre ou de la Marine ou dans les corps étrangers soldés par la France doivent seuls rentrer en ligne de compte pour les droits à la haute paye et à la solde progressive.

Dans ces conditions, la demande du maître musicien X... n'est pas susceptible d'être accueillie.

Le Ministre de la Marine,

A. PICARD.

LE MINISTRE DE LA MARINE *à Monsieur le Vice-Amiral commandant en chef l'Escadre de la Méditerranée.*

Services de la Flotte armée; — Service du Personnel de la Flotte : *Bureau des Équipages de la Flotte.*

Paris, le 3 février 1909.

Les élèves de la Marine marchande en instruction n'ont droit qu'à la solde n° 1.

Dans une note transmise sous bordereau du 31 décembre dernier, n° 1147, le commissaire d'escadre a soulevé la question de savoir quelle solde il y a lieu d'allouer aux élèves de la Marine marchande en instruction à bord du *Bouvet*.

M. le commissaire en chef X... signale, à ce sujet, que l'administration du *Bouvet* a attribué à ces élèves la solde n° 3 parce qu'elle a considéré ce bâtiment comme ne constituant pas, à l'égard de cette catégorie de marins, une école de spécialités.

Bien que les élèves de la Marine marchande ne soient pas en instruction dans une école proprement dite de spécialité, ils reçoivent néanmoins à bord du *Bouvet* des connaissances générales concernant certaines spécialités du corps des Équipages de la Flotte.

Il convient par suite de les ranger, au point de vue des droits à la solde, dans la catégorie des marins visés au paragraphe 3° de l'article 14 du décret du 11 juillet 1908, auxquels n'est allouée que la solde n° 1.

Toutefois les élèves de la Marine marchande actuellement en cours d'instruction, et qui ont jusqu'ici bénéficié, comme le reste de l'équipage du *Bouvet*, de la solde n° 3, continueront à recevoir ladite solde jusqu'à leur débarquement.

Le Ministre de la Marine,

A. PICARD.

Services de la Flotte armée; — Service du Personnel de la Flotte :
Bureau des Équipages de la Flotte.

Paris, le 17 février 1909.

Fixation du taux des hautes payes, primes d'engagement de réadmission ou de rengagement à allouer aux marins indigènes.

Par application des dispositions de l'article 132 du décret du 11 juillet 1908, portant règlement sur la solde des marins du corps des Équipages de la Flotte et des marins indigènes, les allocations à payer aux marins indigènes pour hautes payes, primes d'engagement, de réadmission ou de rengagement sont fixées ainsi qu'il suit :

a. *Hautes payes.*

1. Marins indigènes du Sénégal, de la Cochinchine, de l'Annam et du Tonkin; marins indigènes dits «Baharia» de l'Algérie (1); marins indigènes dits «Baharia» de la Tunisie (1) autres que ceux visés aux articles 2, § 1 et 3, du décret du 9 juillet 1906, relatif à l'organisation en Tunisie du corps des marins indigènes (2).	Tarif fort n° IV du décret du 11 juillet 1908, portant règlement sur la solde des marins du corps des Équipages de la Flote et des marins indigènes.

---

(1) Article 6 de la loi du 18 juillet 1903, créant un corps de marins indigènes ou «Baharia» en Algérie et en Tunisie.

(2) Indigènes appelés au service de la marine militaire en vertu des lois beylicales (art. 2, § 1er, décret du 9 juillet 1906).

Indigènes contractant des engagements ou des rengagements pour combler les vides produits dans le contingent beylical (art. 3 de décret du 9 juillet 1906).

2. Marins indigènes malgaches.	Tarif faible n° IV du décret du 11 juillet 1908 susvisé.

b. *Primes d'engagement.*

Marins indigènes dits «Baharia» de l'Algérie; marins indigènes dits «Baharia» de la Tunisie engagés dans les conditions de l'article 4 du décret du 9 juillet 1906 précité.	150 francs au moment de l'engagement; 130 francs au commencement de la deuxième année de service; 0 fr. 20 par jour pendant la troisième année de service.

c. *Primes de réadmission ou de rengagement.*

1. Marins indigènes du Sénégal et de Madagascar.	0 fr. 10 par jour pour les marins indigènes sans spécialité; 0 fr. 20 par jour pour les quartiers-maîtres, les matelots mécaniciens et les matelots pourvus d'un certificat (chauffeurs, infirmiers, boulangers-coqs, etc.).
2. Matelots indigènes de la Cochinchine, de l'Annam et du Tonkin.	0 fr. 15 par jour pendant les trois premiers rengagements; 0 fr. 20 par jour pendant les trois rengagements suivants; 0 fr. 25 par jour à partir du septième rengagement.
3. Marins indigènes dit «Baharia» de l'Algérie; marins indigènes dits «Baharia» de la Tunisie autres que ceux rengagés pour combler les vides existant dans le contingent de marins appelés.	0 fr. 25 par jour jusqu'à l'expiration de la douzième année de service.

Les marins indigènes dits «Baharia» de la Tunisie engagés ou rengagés pour combler les vides existant dans le contingent beylical continueront à être traités, au point de vue de la haute paye et de la prime administrative, dans les conditions prévues à l'article 3 du décret du 9 juillet 1906.

Les dispositions de la présente circulaire sont applicables à compter du 1er juillet 1908.

Toutefois les marins indigènes réadmis ou rengagés continueront à être traités, au point de vue du droit à la prime et jusqu'à l'expiration du lien en cours au moment de la notification de la présente circulaire, d'après les règles en vigueur lors de la signature de leur dernière réadmission ou dernier rengagement [1].

---

[1] Voir aussi *Dépêche du 13 avril 1915 à Dakar.* — En annexe.

Services de la Flotte armée; — Service du Personnel de la Flotte :
Bureau des Équipages de la Flotte.

Paris, le 19 février 1909.

Fixation du supplément pour sorties ou missions à la mer à allouer au personnel sédentaire des Défenses fixes des ports militaires. — Application au personnel vétéran des règles d'allocations prévues pour le personnel sédentaire des Défenses fixes.

Par application du tarif n° V, § *b*, annexé au décret du 11 juillet 1908, portant règlement sur la solde des marins du corps des Équipages de la Flotte et des marins indigènes, le supplément pour sorties et missions à la mer à allouer au personnel sédentaire des Défenses fixes des ports militaires est fixé ainsi qu'il suit :

Premiers-maîtres et maîtres	1f 00c	Pour toute sortie ou mission à la mer d'au moins huit heures.
Seconds-maîtres, quartiers-maîtres et marins..................	0 50	

Toute sortie de plus de huit heures et de moins de vingt-quatre heures portant sur deux jours donne lieu au payement d'une allocation; une deuxième allocation est acquise lorsque la sortie dépasse de huit heures au moins la durée de vingt-quatre heures.

Les limites des rades des ports militaires en dehors desquelles les sorties et missions à la mer doivent être effectuées pour donner droit au supplément dont il s'agit sont les suivantes :

Cherbourg. — Passes Est et Ouest de la rade;

Brest. — Ligne Portzic; Pointe des Espagnols;

Lorient. — Ligne citadelle de Port-Louis; Pointe de Toulhars;

Rochefort. — Au Nord : Ligne Fort Enet; Pointe Coudepont;

Rochefort. — Au Nord : Ligne Pointe Sainte-Catherine; Fort Boyard; Ligne Fort Boyard; Pointe de la Perrotine,

Au Sud : Ligne Pointe d'Arceaux; partie Sud de l'île Madame;

Toulon. — Ligne Cap Sepet; Pointe Sainte-Marguerite.

Les zones indiquées par la présente circulaire pour le personnel sédentaire des Défenses fixes ainsi que les conditions d'allocation du supplément de sortie sont applicables au supplément pour mission hors de la rade attribué par la circulaire du 25 mai 1908 (*B. O.*, p. 580) au personnel du corps des vétérans.

LE MINISTRE DE LA MARINE *à Monsieur le Vice-Amiral commandant en chef, Préfet maritime à Lorient.*

Service de la Flotte armée; — Service du Personnel de la Flotte : *Bureau des Équipages de la Flotte.* = Service administratif : *Bureau des Subsistances et de l'Habillement.* = Direction du Contrôle.

Paris, le 24 février 1909.

Les fournitures de bureau pour le cours d'administration et de comptabilité doivent être supportées directement par la masse générale d'entretien du dépôt.

Dans un rapport du 8 septembre 1908 sur l'inspection administrative du 3e Dépôt des Équipages de la Flotte, le Service des Missions signale que, depuis la mise en vigueur du décret du 11 juillet 1908 sur la solde des marins du corps des Équipages de la Flotte et des marins indigènes, le commissaire chargé du cours d'administration et de comptabilité continue à percevoir sur le fonds de la masse générale d'entretien du dépôt une allocation de frais de bureau.

J'ai l'honneur de vous informer qu'il n'y a plus lieu de continuer le payement de cette allocation.

Aux termes de la deuxième annexe à la circulaire du 11 juillet 1908 portant notification du décret susvisé, les fournitures nécessaires pour le fonctionnement du cours d'administration doivent, en effet, être supportées directement par la masse générale d'entretien.

Le Ministre de la Marine,

A. PICARD.

Services de la Flotte armée; — Service du Personnel de la Flotte : *Bureau des Équipages de la Flotte.*

Paris, le 29 mars 1909.

Solde à allouer aux marins en excédent au cadre des dépôts, etc., par suite de promotion.

L'Administrution d'un des ports a posé la question de savoir quelle solde il y a lieu d'allouer aux marins devenus, par suite de promotion, en excédent au cadre des dépôts, préfectures, etc., et maintenus à leur poste jusqu'à remp acem nt.

Il y a lieu de continuer de payer la solde n° 2 aux marins dans cette situation.

LE MINISTRE DE LA MARINE *à Monsieur le Vice-Amiral commandant en chef, Préfet maritime à Lorient.*

Services de la Flotte armée; — Service du Personnel de la Flotte :
Bureau des Équipages de la Flotte.

Paris, le 29 mars 1909.

Fournitures de bureau pour l'école élémentaire dans les hôpitaux.

Vous m'avez transmis, sous bordereau du 1er février dernier, accompagnée d'une correspondance échangée entre le directeur du Service de Santé et le commandant du 3e Dépôt des Équipages de la Flotte, une note dans laquelle l'administration de votre port soulève la question de savoir si chacune des écoles élémentaires fonctionnant dans les hôpitaux de Lorient et de Port-Louis doit être considérée comme formant un groupe à part au point de vue de l'allocation des frais de bureau à prélever sur la masse d'entretien du 3e Dépôt.

Cette question doit être résolue par l'affirmative.

Par suite, il y a lieu d'ouvrir un crédit de 36 francs à chacune de ces écoles en vue de couvrir l'instituteur *des dépenses réellement effectuées.* Ainsi que l'a fait remarquer l'administration de votre port, le fonds de masse prévu par le tarif n° IX, § *b*, du décret du 11 juillet 1908 pour le fonctionnement de l'école élémentaire n'a pas le caractère d'une allocation personnelle, et ne doit, dans ces conditions, être attribué à l'instituteur que dans la limite des achats justifiés par des factures régulières.

Le Ministre de la Marine,
A. PICARD.

Services de la Flotte armée; — Service du Personnel de la Flotte :
Bureau des Équipages de la Flotte.

Paris, le 15 avril 1909.

Traitement de table à allouer lorsque, à bord d'un bâtiment qui ne comporte qu'une table de seconds-maîtres, un des membres de cette table est promu au grade supérieur.

L'administration d'un port a soulevé la question de savoir quelle est la règle à suivre, au point de vue du traitement de table, lorsque, à bord d'un bâtiment qui ne comporte normalement qu'une table de seconds-maîtres, un des membres de cette table est promu au grade supérieur.

Aux termes des dispositions combinées des articles 75 et 76 du décret du

11 juillet 1908, la constitution des tables à bord des bâtiments est basée sur l'*effectif réglementaire;* il s'ensuit qu'un second-maître promu au grade supérieur et devenu de ce fait *en excédent à l'effectif* ne peut entraîner la constitution d'une table de maîtres.

Dans ces conditions et par analogie avec la règle posée par l'article 80, § 2°, du décret susvisé, la table des seconds-maîtres doit, dans l'espèce, continuer à fonctionner, et recevoir, pour chaque maître ou premier-maître nouvellement promu, une allocation de traitement de table revenant à une table de maîtres de quatre membres et plus.

Le Ministre de la Marine,

A. PICARD.

LE MINISTRE DE LA MARINE *à Monsieur le Vice-Amiral commandant en chef l'Escadre de la Méditerranée.*

Services de la Flotte armée; — Service du Personnel de la Flotte :
Bureau des Équipages de la Flotte.

Paris, le 7 juin 1909.

Solde à allouer aux marins proposés pour l'envoi à la compagnie de discipline et maintenus en prison préventive par application de l'article 357 du décret du 17 juillet 1908.

Le matelot X..., du ....., dont l'envoi à la compagnie de discipline vient d'être approuvé par dépêche du 15 mai 1909, a été, en attendant la décision du Ministre, maintenu en prison par application des dispositions de l'article 357, § 1°, du décret du 17 juillet 1908.

Dans une lettre que vous m'avez transmise sous bordereau du 21 mai, le commandant de ce bâtiment demande si ce matelot a droit à sa solde pendant la durée de sa détention préventive.

La mise en prison telle qu'elle est autorisée dans ce cas particulier par l'article 357 du décret précité, c'est-à-dire «jusqu'à nouvel ordre, en attendant une décision à intervenir», est simplement une mesure de précaution que peut justifier le maintien de l'ordre et de la discipline à bord. Elle ne rentre dans le cadre des sanctions disciplinaires prévues par l'article 335 du même acte, que lorsqu'il est fait application des dispositions du paragraphe 2 de l'article 357, c'est-à-dire lorsque le pouvoir disciplinaire, suspendu jusqu'au moment où intervient une décision définitive, peut, s'il y a lieu, s'exercer à nouveau.

Dans le cas particulier du matelot X..., cette décision impliquant envoi à la compagnie de discipline, le droit de répression que motivait sa comparution devant le conseil de discipline se trouve épuisé.

L'intéressé, n'ayant pas dès lors été puni *disciplinairement* de prison nominale ou effective, ne doit pas être privé de sa solde, ainsi que le prévoit, dans les cas de l'espèce, l'article 111 du décret du 11 juillet 1908, mais doit conserver ses droits aux allocations en deniers jusqu'à la date fixée par l'article 8, § 8°, du décret précité du 11 juillet 1908.

Je vous prie de vouloir bien donner des ordres pour que la solde du matelot X... soit réglée dans le sens de la présente dépêche.

Le Ministre de la Marine,

A. PICARD.

LE MINISTRE DE LA MARINE *à Monsieur le Vice-Amiral commandant en chef, Préfet maritime à Toulon.*

Services de la Flotte armée; — Service du Personnel de la Flotte.
Bureau des Équipages de la Flotte.

Paris, le 9 juin 1909.

Au sujet de l'application de l'article 85 du décret du 11 juillet 1908.

Par lettre du 20 avril dernier, n° 581, vous m'avez transmis un dossier relatif à une divergence de vues qui s'est produite entre le Commissaire aux armements de votre port et le Commandant de ..... sur le point de savoir si les marins vétérans doivent être admis aux tables de bord comme membres nouveaux ou comme passagers.

L'article 85 du décret du 11 juillet 1908 ne visant, en dehors des officiers-mariniers du corps des Équipages de la Flotte et des quartiers-maîtres élèves mécaniciens, que les musiciens, les armuriers embarquants et les indigènes, l'interprétation des règlements en vigueur donnée par le Commissaire aux armements de votre port est seule exacte, et la question posée par le capitaine de vaisseau X... doit être résolue par la négative, c'est-à-dire que les vétérans ne doivent être considérés que comme passagers.

Le Ministre de la Marine,

A. PICARD.

Services de la Flotte armée; — Service du Personnel de la Flotte :
Bureau des Équipages de la Flotte.

Paris, le 21 juin 1909.

Solutions de diverses questions relatives à l'application des décrets des 11 et 17 juillet 1908.

Comme suite à la circulaire en date du 7 décembre 1908 (*B. O.*), les solutions suivantes sont données à un certain nombre de questions nouvelles qui ont été posées au sujet de l'application des décrets des 11 et 17 juillet 1908.

1° Quelle règle de décompte faut-il adopter pour les journées de privation de solde par suite de punition de prison ou d'absence irrégulière?

Le renvoi (1) de l'article 111 du décret du 11 juillet 1908 dispose que «la durée de privation de solde par suite d'une punition de prison s'étend de la date où commence la punition jusqu'à la date où elle cesse, en comptant les journées de la manière indiquée à l'article 89. Cette règle est applicable au cas de privation de solde par suite d'absence irrégulière». Par application de cette disposition, le décompte des journées de privation de solde s'établit en chiffrant le nombre de jours qui s'écoulent de la date incluse où commence à celle où cesse la punition disciplinaire ou l'absence irrégulière, et en considérant les mois comme étant uniformément composés de trente jours.

Exemples :

1° Un marin puni de vingt-six jours de prison du 15 mai cesse solde dudit, reprend solde le 10 juin et subit la privation de solde pendant vingt-cinq jours (seize jours en mai et neuf jours en juin). Si ce marin délègue, il a droit à vingt-cinq jours de délégation en prison.

2° Un marin puni de soixante jours de prison du 28 février (année non bissextile) cesse solde dudit, reprend solde le 29 avril et subit la privation de solde pendant soixante et un jours (trois jours en février, trente jours en mars et vingt-huit jours en avril). Si ce marin délègue, il a droit à soixante et un jours de délégation en prison.

3° Un marin absent le 30 janvier rentre le 3 février (année bissextile) et est puni de trente jours de prison dudit; il cesse solde le 30 janvier, reprend solde le 4 mars et subit la privation de solde pendant trente-quatre jours (trois jours pour absence : un jour en janvier et deux jours en février, et trente et un jours pour prison : vingt-huit jours en février et trois jours en mars).

Si ce marin délègue, il a droit à trente et un jours de délégation en prison

2° Comment faut-il calculer la date d'obtention de la solde progressive pour les marins dont le passage à l'échelon de solde supérieur est retardé, dans les conditions prévues à l'article 336 du décret du 17 juillet 1908, par suite de punitions de prison ou d'arrêts de rigueur?

Il convient d'appliquer la même règle qu'en matière de privation de solde, c'est-à-dire de compter les mois comme étant uniformément de trente jours.

Ainsi un marin puni de quatre jours de prison dans les six derniers mois écoulés, et devant passer à un échelon de solde supérieur le 28 février, est retardé de soixante jours et ne prend la nouvelle solde que le 28 avril.

3° Comment faut-il décompter la gratification prévue au paragraphe 5 de l'article 138 du décret du 11 juillet 1908?

Doit-on allouer cette gratification dans toutes les positions de présence?

Cette gratification doit être décomptée comme la solde, à raison de trente jours par mois; elle n'est pas due aux hommes privés de solde ou en traitement à l'hôpital.

4° Peut-on allouer la gratification dont il est question au paragraphe précédent aux matelots avancés en classe postérieurement au 1er juillet 1908?

La circulaire du 7 décembre 1908 a déjà précisé (§ 14) que cette gratification doit être calculée en prenant pour base les allocations que les intéressés percevaient à la date du 30 juin 1908. Par suite, les matelots avancés en classe ne peuvent prétendre à ladite gratification, puisque, du fait de cet avancement, leur solde est devenue supérieure à celle qu'ils percevaient en dernier lieu sous l'empire du décret du 10 juillet 1895.

5° Quelle est la solde à allouer aux marins des services à terre ou en réserve placés en subsistance, pour y accomplir du service, à bord des bâtiments (contre-torpilleurs, aviso-torpilleurs, etc.) faisant partie des flottilles de torpilleurs?

Il y a lieu d'allouer à ces marins la solde n° 2 par application des dispositions de l'article 15, § *g*, du décret du 11 juillet 1908. L'expression «flottilles de torpilleurs» employée audit article englobe, en effet, les bâtiments de toutes catégories affectés aux flottilles (art. 2 du décret du 29 janvier 1906).

6° Quel est le supplément à allouer :

a. Aux patrons pilotes des torpilleurs de remplacement pendant la durée des sorties pour mobilisation ou pour exercices?

b. Aux patrons pilotes embarqués en supplément à l'effectif réglementaire sur les torpilleurs armés?

Il convient d'allouer aux premiers le supplément de fonctions prévu pour les torpilleurs armés, et aux seconds le supplément de fonctions prévu pour les torpilleurs en réserve, en essais ou en disponibilité.

7° Les patrons pilotes embarqués sur un torpilleur passant d'une flottille à une autre ont-ils droit au supplément de fonctions?

Oui. Le supplément à allouer doit être celui prévu pour les torpilleurs armés ou pour les torpilleurs en réserve, suivant que les intéressés font partie ou non de l'équipage réglementaire.

Services de la Flotte armée; — Service du Personnel de la Flotte : *Bureau des Equipages de la Flotte.* — Service administratif : *Bureau des Revues.*

Paris, le 9 octobre 1909.

Nomenclature des maladies endémiques ou contagieuses donnant droit à la solde n° 1 pour les congés de convalescence accordés aux marins du corps des Équipages de la Flotte.

Par application des dispositions contenues à l'article 23, § 1 (2°) du décret du 11 juillet 1908, et conformément à l'avis émis par le Conseil supérieur de santé de la Marine, les maladies endémiques ou contagieuses ci-après énumérées donneront droit à la solde n° 1 pour les congés de convalescence accordés aux marins du corps des Équipages de la Flotte.

Anémie des pays chauds (le bénéfice de ce diagnostic doit être acquis à tout marin provenant de pays où cette anémie est endémique (Algérie et Tunisie compris, même si les pièces médicales dont il est pourvu ne font pas mention de cette endémicité).

Grippe, fièvre, typhoïde, fièvre de Malte, typhus exanthématique, variole, varioloïde, varicelle, rougeole, rubéole, scarlatine, oreillons, méningite cérébro-spinale, maladie du sommeil, érysipèle, pyohémie et septicémie, tétanos, diphtérie, fièvre récurrente, fièvre hémoglobinurique, beriberi, lèpre, fièvre jaune, fièvre inflammatoire, peste, suette, dengue, choléra nostras, choléra asiatique, dysenteries, tuberculose, morve et farcin, charbon et pustule maligne, rage, filariose, scorbut, angines, diarrhée des pays chauds, rectite, lombrics, oxyures et vers intestinaux, distomatose, tokelau, pelade, gale, chique, furoncles et anthrax, congestion, hypertrophie du foie, hépathie (abcès du foie), ictère grare, kystes hydratiques du foie, affections de la rate, hématurie, ophtalmie purulente, favus, trichophytie, clou de Biskra (bouton d'Orient, etc.), pied de Madura, ulcère des pays chauds, éléphantiasis, coup de chaleur, insolation, paludisme[1].

Le Sous-Secrétaire d'État à la Marine,

HENRY CHÉRON.

---

[1] Circulaire du 22 juillet 1911. — Les congés de convalescence accordés aux marins pour *paludisme* donnent droit à la solde n° 1. (Addition à la circulaire du 9 octobre 1909.)

Services de la Flotte armée; — Service du Personnel de la Flotte :
Bureau des Équipages de la Flotte.

DÉCISION DU SOUS-SECRÉTAIRE D'ÉTAT *relative à la solde des infirmiers faisant partie du Service des hôpitaux de la Marine.*

(Du 15 novembre 1909.)

LE SOUS-SECRÉTAIRE D'ÉTAT À LA MARINE

DÉCIDE :

Tous les infirmiers en service dans les hôpitaux de la Marine seront considérés comme faisant partie des cadres permanent ou mobile et, par suite, auront droit à la solde n° 2 par application des dispositions de l'article 15 du décret du 11 juillet 1908.

La présente décision aura son effet à compter du 1er novembre 1909.

Le Sous-Secrétaire d'État à la Marine,
HENRY CHÉRON.

LE SOUS-SECRÉTAIRE D'ÉTAT À LA MARINE
à Monsieur le Vice-Amiral commandant en chef, Préfet maritime à Brest.

Services de la Flotte armée; — Service du Personnel de la Flotte :
Bureau des Équipages de la Flotte.

Paris, le 15 novembre 1909.

Au sujet du traitement de table à allouer aux officiers-mariniers subsistants non passagers à bord des torpilleurs armés.

Vous m'avez transmis, sous bordereau du 27 septembre dernier, un dossier relatif à une divergence de vues qui s'est produite entre l'administration de votre port et le commissaire de la 1re Flottille de torpilleurs de l'Océan, au sujet de la quotité du traitement de table à allouer aux officiers-mariniers qui embarquent en supplément pour une sortie ou une tournée, sur un torpilleur armé jouissant du traitement de table forfaitaire.

Il y a lieu dans l'espèce d'appliquer les dispositions de l'article 80 et les taux du tarif n° X, § *b* (2°) du décret du 11 juillet 1908.

Ce tarif précise d'ailleurs, dans la colonne «Observations», que les allocations forfaitaires sont payées pour les membres des tables et pour les subsistants non passagers.

Le Sous-Secrétaire d'État à la Marine,
HENRY CHÉRON.

LE SOUS-SECRÉTAIRE D'ÉTAT À LA MARINE *à Messieurs les Vice-Amiraux commandant en chef, Préfets maritimes; Officiers généraux, supérieurs et autres commandant à la mer; Commandants de la Marine en Algérie, en Tunisie, en Indo-Chine, en Corse, à Dakar et à Diégo-Suarez.*

Service central du Personnel militaire de la Flotte : *Bureau des Équipages de la Flotte.* = Service central de l'Intendance maritime : *Bureau du Personnel de l'Intendance, de la Solde et des Revues.*

Paris, le 12 janvier 1910.

Nomenclature des maladies intéressant les voies respiratoires et donnant droit à la solde n° 1 pour les congés de convalescence accordés aux marins du corps des Équipages de la Flotte.

Aux termes de l'article 23 du décret du 11 juillet 1908, *les affections graves intéressant les voies respiratoires et contractées par le fait du service* donnent droit à la solde n° 1 pour les congés de convalescence accordés aux marins du corps des Équipages de la Flotte.

En vue d'assurer l'unité d'application de cette disposition, j'ai l'honneur de vous faire connaître la liste des maladies qui doivent être considérées comme rentrant dans la catégorie des affections graves visées au paragraphe 1er, alinéa *a* (3°), de l'article 23 du décret précité :

Diphtérie et tuberculose de l'appareil respiratoire; laryngites aiguës et chroniques; œdème de la glotte; paralysie des muscles du larynx; bronchites aiguës et chroniques; bronchite capillaire; coqueluche, asthme; congestion pulmonaire; fluxions de poitrine; pneumonie (aiguë, chronique, professionnelle); broncho-pneumonie; splénopneumonie; emphysème pulmonaire; œdème du poumon; gangrène pulmonaire; hémorragies broncho-pulmonaires; kystes hydatiques du poumon et de la plèvre; pleurésie; pneumothorax.

Il va sans dire que les maladies ci-dessus désignées n'entraîneront la concession de la solde n° 1 pour les congés de convalescence qu'à la condition expresse qu'elles seront la conséquence du service.

Par modification aux dispositions de la circulaire de notification du décret du 11 juillet 1908 (commentaire de l'article 23), et conformément à l'avis formulé par le Conseil supérieur de santé de la Marine, le *fait du service* devra être consigné sur le registre des certifications médicales du bord *autant que possible dès le début de la maladie*, et attesté sur l'état de proposition de congé de convalescence.

Le Sous-Secrétaire d'État à la Marine,

HENRY CHÉRON.

Direction centrale de la Navigation et des Pêches maritimes : *Bureau de la Navigation maritime; Bureau de l'Assistance maritime.* = Services de la Flotte armée; — Service du Personnel militaire de la Flotte : *Bureau des Équipages de la Flotte.* = Cabinet du Ministre : *Service du Contentieux.* = Administration de l'Établissement des Invalides de la Marine : *1er Bureau.*

Paris, le 12 janvier 1910.

L'Association de la «Maison du Marin» de Marseille fait contracter depuis quelque temps à ses pensionnaires, à leur entrée dans l'établissement, l'engagement de consentir, pour le payement de leurs frais de pension, à des retenues s'élevant au tiers du montant de leurs salaires.

Je vous prie de prendre les mesures nécessaires, le cas échéant, en ce qui concerne les marins placés sous vos ordres, en vue d'assurer la reprise, sur la solde des intéressés, des dettes contractées par eux envers ledit établissement, étant entendu que cette reprise ne saurait s'effectuer :

1° Que dans la proportion indiquée au tarif n° XI, § *a*, du décret du 11 juillet 1908 et par voie de délégation, par application de l'article 115 du même acte;

2° Qu'autant que l'engagement dont il s'agit aura été pris avec l'assentiment de M. l'administrateur de l'Inscription maritime à Marseille;

3° Que s'ils consentent eux-mêmes expressément à se libérer de cette manière.

Le Sous-Secrétaire d'État à la Marine,

HENRY CHÉRON.

LE SOUS-SECRÉTAIRE D'ÉTAT À LA MARINE
à Monsieur le Vice-Amiral commandant en chef, Préfet maritime à Lorient.

Services de la Flotte armée; Service du Personnel de la Flotte :
Bureau des Équipages de la Flotte.

Paris, le 14 janvier 1910.

Au sujet de la quotité des suppléments et gratifications à allouer aux bâtiments autonomes placés en réserve dans les flottilles de torpilleurs et de sous-marins.

En réponse à la note du commissaire aux armements de votre port que vous m'avez transmise sous bordereau du 14 décembre 1909, n° 9080, je vous informe que les bâtiments (aviso-torpilleurs, contre-torpilleurs, etc.) en réserve dans les flottilles de torpilleurs et de sous-marins doivent être traités comme les autres bâtiments en réserve dans les arsenaux, au point de vue de la quotité des suppléments de fonctions prévus par les tarifs annexés au décret du 11 juillet 1908.

En ce qui touche les gratifications facultatives, il y a lieu d'attribuer à ces bâtiments les allocations de la colonne 4 (services centraux des flottilles de torpilleurs et de sous-marins, etc.) du tarif n° VIII, § *a*, annexé au décret précité.

Le Sous-Secrétaire d'État à la Marine,

HENRY CHÉRON.

LE SOUS-SECRÉTAIRE D'ÉTAT À LA MARINE *à Messieurs les Vice-Amiraux commandant en chef, Préfets maritimes; Officiers généraux, supérieurs et autres commandant à la mer; Commandants de la Marine en Algérie, en Tunisie, en Indo-Chine, en Corse, à Dakar et à Diégo-Suarez.*

Service central du Personnel militaire de la Flotte : *Bureau des Équipages de la Flotte.* = Service central de l'Intendance maritime : *Bureau du Personnel de l'Intendance, de la Solde et des Revues.*

Paris, le 11 juin 1910.

Le droit au traitement de table forfaitaire n'est interrompu pour les officiers-mariniers des flottilles que pendant la durée des absences excédant dix jours.

D'après l'article 77, § 3, du décret du 7 janvier 1908, modifié le 5 mai 1909, le traitement de table forfaitaire prévu pour les officiers composant l'état-major de contre-torpilleurs et bâtiments affectés aux flottilles n'est interrompu que lorsque l'absence dépasse dix jours, sauf le cas où les intéressés occupent une position donnant lieu à l'attribution d'un traitement de table spécial.

L'Administration d'un port a posé la question de savoir si, par application des dispositions de l'article 88 du décret du 11 juillet 1908 portant règlement sur la solde des marins du corps des Équipages, la règle adoptée en faveur des officiers dont il s'agit doit être appliquée aux officiers-mariniers des flottilles qui bénéficient d'un traitement de table forfaitaire.

Cette question doit être résolue par l'affirmative.

Le Sous-Secrétaire d'État à la Marine,

HENRY CHÉRON.

Le Sous-Secrétaire d'État à la Marine à *Messieurs les Vice-Amiraux commandant en chef, Préfets maritimes; Officiers généraux, supérieurs et autres commandant à la mer; Commandants de la Marine en Algérie, en Tunisie, en Indo-Chine, en Corse, à Dakar et à Diégo-Suarez.*

Service central du Personnel militaire de la Flotte : *Bureau des Équipages de la Flotte.* == Service central de l'Intendance maritime : *Bureau du Personnel de l'Intendance, de la Solde et des Revues.*

Paris, le 11 juin 1910.

Allocation de la solde n° 3 aux marins embarqués en subsistance pour y accomplir du service à bord des bâtiments des flottilles effectuant des sorties à la mer.

Une circulaire en date du 21 juin 1909 (*B. O.*) a spécifié que la solde n° 2 doit être allouée aux marins placés en subsistance, pour y accomplir du service, à bord des bâtiments de toutes catégories faisant partie des flottilles.

Cette circulaire n'a eu en vue que les hommes embarqués en subsistance sur les bâtiments présents au mouillage du centre de stationnement de la flottille.

Mais il arrive fréquemment que les marins sont appelés à effectuer des sorties à la mer à bord des bâtiments des flottilles sur lesquels ils sont placés en subsistance.

J'ai décidé que, dans ce cas, les intéressés recevront la solde n° 3 par analogie avec la mesure et dans les conditions prévues par l'article 16, § 1er (*c*), du décret du 11 juillet 1908, pour les marins embarqués en subsistance à bord des bâtiments en réserve effectuant des sorties à la mer.

La présente circulaire aura son effet à dater du 1er mai 1910.

Le Sous-Secrétaire d'État à la Marine,

Henry CHÉRON.

Le Ministre de la Marine à *Messieurs les Vice-Amiraux commandant en chef, Préfets maritimes; Officiers généraux, supérieurs et autres commandant à la mer; Commandants de la Marine en Algérie, en Tunisie, en Indo-Chine, en Corse, à Dakar et à Diégo-Suarez.*

Services de la Flotte armée; — Service du Personnel de la Flotte : *Bureau des Équipages de la Flotte.* == État-Major général : *4e Section.* == Service central de l'Intendance maritime : *Bureau du Personnel de l'Intendance de la Solde et des Revues.*

Paris, le 18 juillet 1910.

Détermination du nombre de canonniers ayant droit au supplément de pointeur à bord des bâtiments armés et en réserve.

Un décret en date du 5 juillet 1910, modifiant celui du 11 juillet 1908 sur la solde des marins du corps des Équipages de la Flotte, augmente le taux du supplément de pointeur institué par la décision présidentielle du 13 mars 1899, et étend la concession des nouveaux suppléments aux pointeurs des pièces de tous calibres embarqués sur les bâtiments armés ou en réserve.

En vue de l'application du décret précité, j'ai l'honneur de vous faire connaître que l'effectif réglementaire des pointeurs titulaires et suppléants ayant droit aux nouvelles allocations sera calculé, *à bord des bâtiments armés avec effectif complet,* d'après les bases indiquées à l'article 20 de l'arrêté ministériel du 1er décembre 1901 modifié le 2 septembre 1909.

Les bâtiments en essais, en disponibilité et en réserve normale recevront respectivement la moitié, le tiers et le quart des pointeurs titulaires et suppléments de chaque grade revenant dans la position d'armement avec effectif complet, toute fraction comptant pour une unité.

Le droit au supplément de pointeur ne commencera à courir, à bord des bâtiments entrant en armement après construction ou refonte, qu'à partir de la date prescrivant de compléter l'effectif d'essais.

Le nombre de canonniers pouvant bénéficier, à bord des bâtiments écoles ou armés avec effectif spécial, du supplément de pointeur sera fixé par décision spéciale sur la proposition des Commandants.

Le Ministre de la Marine,

DE LAPEYRÈRE.

LE SOUS-SECRÉTAIRE D'ÉTAT À LA MARINE *à Messieurs les Vice-Amiraux commandant en chef, Préfets maritimes.*

Direction du Personnel militaire de la Flotte : *Bureau des Équipages de la Flotte.* = Service central de l'Intendance maritime : *Bureau du Personnel de l'Intendance, de la Solde et des Revues.*

Paris, le 20 août 1910.

Allocation d'une prime spéciale aux quartiers-maîtres et matelots brevetés du personnel sédentaire des Défenses fixes.

Par application des dispositions contenues à l'article 46 du décret du 11 juillet 1908, modifié le 5 juillet 1910, sur la solde des marins du corps des Équipages de la Flotte et des marins indigènes, j'ai décidé qu'une prime spéciale de 0 fr. 20 par jour, soit 72 francs par an, sera allouée, à compter du 1er avril 1910, aux quartiers-maîtres et matelots brevetés du personnel sédentaire des Défenses fixes des ports militaires.

Cette prime, décomptée au rôle d'équipage et acquise dans toutes les positions donnant droit à une solde, sera payée mensuellement et à terme échu dans les mêmes conditions que la solde et les accessoires de solde; elle se cumulera avec la gratification due à certains marins des Défenses fixes en exécution de l'article 138, § 3, du décret du 11 juillet 1908 précité.

Le Sous-Secrétaire d'État à la Marine,

Henry CHÉRON.

Le Sous-Secrétaire d'État à la Marine *à Monsieur le Vice-Amiral commandant en chef, Préfet maritime à Cherbourg.*

Direction du Personnel militaire de la Flotte : *Bureau des Équipages de la Flotte.* = Service central de l'Intendance maritime : *Bureau du Personnel de l'Intendance, de la Solde et des Revues.*

Paris, le 7 septembre 1910.

Au sujet d'une demande du quartier-maître fourrier X..., détaché à l'Intendance maritime, en vue d'obtenir l'allocation de la solde n° 2.

Sous bordereau en date du 20 août 1910 (n° 3574), vous m'avez transmis une lettre du quartier-maître fourrier X..., dans laquelle l'intéressé expose qu'il a été mis à la disposition du Service de l'Intendance à défaut d'officier-marinier, et demande par analogie l'allocation de la solde n° 2 prévue par l'arrêté du 15 mars 1910 pour les officiers-mariniers *rappelés de disponibilité* pour être employés au service en question.

La solde n° 2 n'a été accordée aux officiers-mariniers dont il s'agit que pour tenir compte, dans une certaine mesure, du préjudice que peut leur causer parfois le rappel anticipé de disponibilité.

Dans ces conditions, il ne saurait être question d'étendre le bénéfice de la solde n° 2 au personnel fourrier ou commis qui, disponible à l'embarquement pour une autre cause que celle d'un rappel de disponibilité dans les conditions fixées par l'arrêté du 15 mars précité, est affecté provisoirement au Service de l'Intendance.

Il n'y a en effet aucune raison de traiter plus favorablement ce personnel que celui qui est utilisé, en attendant le tour d'embarquement, dans les bureaux de dépôts ou des services extérieurs des dépôts, et qui n'a droit, aux termes de l'article 14, § 1 *a*, du décret du 11 juillet 1908, qu'à la solde n° 1.

Je n'ai donc pas accueilli la demande du quartier-maître X..., et je vous prie de vouloir bien en faire aviser qui de droit.

Pour le Sous-Secrétaire d'État et par son ordre :

JAUSSAUD.

LE SOUS-SECRÉTAIRE D'ÉTAT À LA MARINE *à Monsieur le Vice-Amiral commandant en chef, Préfet maritime à Rochefort.*

Direction du Personnel militaire de la Flotte : *Bureau des Équipages de la Flotte.* = Service central de l'Intendance maritime : *Bureau du Personnel de l'Intendance, de la Solde et des Revues.*

Paris, le 12 septembre 1910.

Au sujet d'une demande du Maître mécanicien X... tendant à obtenir l'allocation de la quotité de prime spéciale revenant à son grade actuel.

Le maître mécanicien X... a contracté, le 16 mai 1909, un nouveau lien spécial au titre de l'Atelier central de la Flotte, alors qu'il n'était que second-maître. Il lui a été alloué à cette époque et au 16 mai 1910 la prime annuelle de 216 francs prévue au tarif IV annexé au décret du 11 juillet 1908. Promu au grade de maître le 1er janvier 1910, cet officier-marinier demande, dans une lettre que vous m'avez transmise le 3 août sous bordereau n° 468, qu'il lui soit alloué, à compter de la date de sa promotion, la prime spéciale afférente à son nouveau grade.

La circulaire du 7 septembre 1908 (§ c), qui pose, en ce qui concerne le droit à la prime en question, une règle analogue à celle édictée pour les primes de réadmission (commentaires de l'article 34 du décret du 11 juillet 1908), précise que «la quotité de la prime due à chaque marin est celle allouée par son grade et sa spécialité par le tarif en vigueur au moment de la signature de l'engagement spécial».

Je n'ai donc pas accueilli la demande du maître mécanicien X..., et je vous prie de vouloir bien en faire aviser qui de droit.

Pour le Sous-Secrétaire d'État, et par son ordre :

GAMBIER.

LE SOUS-SECRÉTAIRE D'ÉTAT À LA MARINE *à Monsieur le Vice-Amiral commandant en chef, Préfet maritime à Toulon.*

Direction du Personnel militaire de la Flotte : *Bureau des Equipages de la Flotte.*

Paris, le 13 septembre 1910.

Relèvement de la masse d'entretien du 5e Dépôt. — Le remboursement des imputations de matériel doit être porté en recette au compte de la masse d'entretien.

Vous m'avez transmis un dossier dans lequel l'administration du 5e Dépôt appelle l'attention sur les charges nouvelles que doit supporter la masse d'entretien du dépôt, notamment l'entretien et le renouvellement du matériel de table des marins, etc.

Elle en demande en conséquence l'augmentation, et soulève la question de savoir si le remboursement des imputations relatives au matériel entretenu par la masse ne doit pas profiter à cette dernière.

Je vous informe que ce remboursement doit être, en effet, porté en recette au compte de la masse générale d'entretien du dépôt.

En ce qui touche le relèvement de la masse du 5ᵉ Dépôt, un décret du 5 juillet 1910 a augmenté cette masse de 1,000 francs, et un crédit d'égale somme a été inscrit au budget de 1911 en vue d'assurer un nouveau relèvement de la quotité de cette masse.

Le Sous-Secrétaire d'État à la Marine,

HENRY CHÉRON.

LE SOUS-SECRÉTAIRE D'ÉTAT À LA MARINE *à Messieurs les Vice-Amiraux commandant en chef, Préfets maritimes; Officiers généraux, supérieurs et autres commandant à la mer.*

Direction du Personnel militaire de la Flotte : *Bureau des Équipages de la Flotte.* == Direction du Contrôle. == Service central de l'Intendance maritime : *Bureau du Personnel de l'Intendance, de la Solde et des Revues.*

Paris, le 24 septembre 1910.

Les pilotes de la Flotte doivent être compris dans l'effectif des bâtiments pour le calcul des gratifications facultatives.

A la suite d'une inspection administrative effectuée par le Contrôle résident d'un des ports, la question a été soulevée de savoir si les pilotes de la Flotte doivent être compris dans l'effectif réglementaire des bâtiments pour la détermination de la quotité des gratifications facultatives prévues au tarif VIII, § *a*, annexé au décret du 11 juillet 1908.

Cette question doit être résolue par l'affirmative : il y a lieu de faire entrer les pilotes de la Flotte en ligne de compte pour le calcul des gratifications facultatives, mais seulement pendant la durée de leur embarquement effectif.

Le Sous-Secrétaire d'État à la Marine,

HENRY CHÉRON.

Le Sous-Secrétaire d'État à la Marine *à Monsieur le Vice-Amiral commandant en chef, Préfet maritime à Brest.*

Personnel militaire de la Flotte : *Bureau des Équipages de la Flotte.* = Service central de l'Intendance maritime : *Bureau du Personnel de l'Intendance, de la Solde et des Revues.*

Paris, le 5 octobre 1910.

Le supplément prévu aux colonnes 6 et 7 du tarif V, c, du décret du 11 juillet 1908, ne doit être payé qu'aux marins remplissant effectivement *les fonctions de Secrétaire de Commandant comptable.*

Sous bordereau n° 4254-3 en date du 15 septembre 1910, vous m'avez transmis deux demandes présentées par les quartiers-maîtres fourriers X... et Z..., tendant à obtenir le dégrèvement de dettes signalées par le Service de la Solde pour «trop payé de supplément de fonctions de secrétaire de Commandant comptable perçu à bord du.....».

Il résulte de l'examen du dossier transmis que les intéressés ont été payés du supplément en question alors que, pourvus du brevet de secrétaire de Commandant comptable, ils remplissaient à bord les fonctions de magasinier ou de commis.

Comme le fait très justement observer le directeur de l'Intendance de votre port, l'article 47 et le tarif V, *c*, du décret du 11 juillet 1908, ne permettent d'allouer ledit supplément qu'aux marins *remplissant effectivement les fonctions de secrétaire de Commandant comptable.*

Or, dans le cas particulier, ces fonctions étaient exercées exclusivement par le second-maître fourrier embarqué à *cet effet*, par application de l'article 47, § *a*, de l'arrêté du 22 avril 1905.

Dans ces conditions et conformément à l'avis que vous avez formulé, je n'ai pas accueilli les demandes présentées par les quartiers-maîtres X... et Z...

Je vous prie de vouloir bien en faire aviser qui de droit.

Le Sous-Secrétaire d'État à la Marine,
Henry CHÉRON.

Le Sous-Secrétaire d'État à la Marine *à Monsieur le Vice-Amiral commandant en chef, Préfet maritime à Toulon.*

Direction du Personnel militaire de la Flotte : *Bureau des Équipages de la Flotte.* = Service centrale de l'Intendance maritime : *Bureau du Personnel de l'Intendance, de la Solde et des Revues.*

Paris, le 26 octobre 1910.

La prime journalière prévue par la dépêche du 20 août 1910 ne peut être allouée au personnel du Service actif *des Défenses fixes.*

A la date du 4 octobre 1910, vous m'avez transmis une demande du quartier-maître charpentier X..., du service actif de la Défense fixe de

Toulon, tendant à ce qu'il lui soit alloué la prime journalière de 0 fr. 20 prévue par l'article 46, § 2 et 3, du décret du 11 juillet 1908 modifié le 5 juillet 1910 et par la dépêche du 20 août 1910, pour les quartiers-maîtres et marins brevetés du personnel sédentaire des Défenses fixes des ports militaires.

J'ai l'honneur de vous prier de vouloir bien remarquer que le personnel des Défenses fixes, appartenant au Service général, ne peut être assimilé au point de vue administratif au personnel sédentaire régi par des actes spéciaux. La modification apportée par le décret du 5 juillet 1910 ayant eu pour but essentiel d'améliorer la situation pécuniaire et de faciliter le recrutement de ce dernier personnel, je n'ai pas accueilli la demande présentée par le quartier-maitre X...

Je vous prie de vouloir bien en faire aviser qui de droit.

Le Sous-Secrétaire d'État à la Marine,
HENRY CHÉRON.

LE SOUS-SECRÉTAIRE D'ÉTAT À LA MARINE *à Messieurs les Vice-Amiraux commandant en chef, Préfets maritimes ; Commandants de la Marine en Algérie, en Tunisie et en Corse.*

Direction du Personnel militaire de la Flotte : *Bureau des Équipages de la Flotte.* = Service central de l'Intendance maritime : *Bureau du Personnel de l'Intendance, de la Solde et des Revues.*

Paris, le 21 novembre 1910.

Interprétation à donner aux dispositions de l'article 19, § a, du décret du 11 juillet 1908.

Le Département est saisi fréquemment de requêtes formulées par des officiers-mariniers ou marins qui, se basant sur les dispositions de l'article 19, § *a*, du décret du 11 juillet 1908, demandent à conserver pendant la durée de leur hospitalisation la solde qu'ils avaient au jour où ils ont été admis à l'hôpital pour *maladies* résultant d'un fait de service.

Je crois devoir vous rappeler que les commentaires de l'article 19 précité spécifient nettement que «la mesure bienveillante édictée pour la première fois par un décret du 15 août 1896..... ne s'applique pas aux marins hospitalisés pour des maladies contagieuses ou endémiques ou des infirmités ne résultant pas d'une violence *physique instantanée*».

Autrement dit, les dispositions de l'article 19, § *a*, du décret du 11 juillet 1908, qui édictent en faveur des marins une mesure analogue à celle prévue pour les officiers par l'article 114, § 3, du décret du 7 janvier 1908, ne visent que les hommes *blessés* en service commandé et non ceux hospitalisés pour cause de *maladies résultant ou non du service.*

En conséquence, les demandes de l'espèce ne devront plus m'être transmises à l'avenir.

Le Sous-Secrétaire d'État à la Marine,
GUIST'HAU.

Le Ministre de la Marine *à Messieurs les Vice-Amiraux commandant en chef, Préfets maritimes, Officiers généraux, supérieurs et autres commandant à la mer; Commandants de la Marine en Algérie, en Tunisie, en Indo-Chine, en Corse, à Dakar et à Diégo-Suarez.*

Direction du Personnel militaire de la Flotte : *Bureau des Équipages de la Flotte.* = État-Major général : *4e Section.* = Service central de l'Intendance maritime : *Bureau du Personnel de l'Intendance, de la Solde et des Revues.*

Paris, le 26 novembre 1910.

Les canonniers titulaires du certificat de pointeur peuvent seuls recevoir le supplément de fonctions de pointeur.

Il résulte de deux communications parvenues au Département que le décret du 5 juillet 1910 modifiant celui du 11 juillet 1908 sur la solde des Équipages de la Flotte a été différemment interprété ou appliqué en ce qui touche la concession du supplément de pointeur.

En effet, certains commandants de bâtiments, se référant au deuxième paragraphe de la circulaire du 18 juillet 1908 reproduit ci-après, ont pensé que le supplément en question ne devait être alloué qu'aux canonniers qui avaient obtenu le certificat de pointeur postérieurement au 1er juin 1908 :

« A titre de mesure transitoire, les canonniers dont le dernier passage à l'École de canonnage est antérieur au 1er juin 1908 pourront, sur leur demande, y être envoyés de nouveau pour acquérir le certificat de pointeur, sans tenir compte de l'intervalle de temps écoulé depuis ce dernier passage, à la condition toutefois de se trouver disponibles, en disponibilité ou en congé ou sur le point de terminer la période réglementaire d'embarquement. »

D'autres commandants n'ont pas hésité, au contraire, à allouer le supplément dont il s'agit non seulement aux canonniers brevetés pointeurs avant ou après la date précitée du 1er juin 1908, mais encore aux canonniers ordinaires remplissant les fonctions de pointeurs à défaut de canonniers titulaires du certificat de pointeur.

J'ai l'honneur de vous faire connaître que le supplément de pointeur doit être exclusivement alloué aux marins titulaires du certificat de pointeur, sans qu'il y ait lieu de faire une distinction entre ceux qui ont obtenu ledit certificat avant ou après l'arrêté du 7 juin 1909 sur l'organisation et le fonctionnement de l'École de canonnage.

Toutefois la durée de validité du certificat de pointeur délivré sous l'empire de l'arrêté du 7 septembre 1904, aujourd'hui abrogé par celui du 7 juin 1909 précité, reste fixée à trois ans.

En raison des modifications apportées par l'arrêté du 7 juin 1909 au mode d'obtention du certificat de pointeur, l'article 52 de ce dernier acte, qui a porté à huit ans la durée de validité dudit certificat, ne saurait en effet s'appliquer aux canonniers qui l'ont obtenu sous l'empire de la réglementation antérieure.

J'ajoute que le passage ci-dessus rappelé de la circulaire du 19 juillet 1908 vise uniquement les marins qui, ayant obtenu le *brevet de canonnier* avant le 1er juin 1908, désirent acquérir le certificat de pointeur qu'ils n'ont pas reçu à leur passage à l'École de canonnage.

Cette circulaire, toujours en vigueur, qui apporte en faveur d'une fraction du personnel canonnier une dérogation aux dispositions de l'article 16, § 1 (2), de l'arrêté du 7 juin 1908, devra être portée par voie de l'ordre à la connaissance des intéressés.

Les sommes payées pour supplément de pointeur à des hommes ne se trouvant pas dans les conditions prévues par la présente circulaire seront considérées comme régulièrement acquises.

Le Ministre de la Marine,

DE LAPEYRÈRE.

LE MINISTRE DE LA MARINE *à Messieurs les Vice-Amiraux commandant en chef, Préfets maritimes; Officiers généraux, supérieurs et autres commandant à la mer; Commandants de la Marine en Algérie, en Tunisie, en Indo-Chine, en Corse, à Dakar et à Diégo-Suarez.*

Direction du Personnel militaire de la Flotte : *Bureau des Équipages de la Flotte.*
Direction du Contrôle.

Paris, le 9 décembre 1910.

La privation de solde pour absence illégale ne peut être effectuée qu'en vertu d'un ordre écrit du Commandant.

Aux termes de l'article 109, § 2, du décret du 11 juillet 1908, portant règlement sur la solde des marins du corps des Équipages de la Flotte et des marins indigènes, la privation de solde pour absence illégale *ne peut être prononcée que sur un ordre écrit du Commandant statuant disciplinairement.*

J'ai l'honneur de vous prier de vouloir bien tenir la main à l'observation de cette règle qui, ainsi que l'a constaté le Contrôle résident d'un port, a été perdue de vue à bord de certains bâtiments.

Le Ministre de la Marine,

DE LAPEYRÈRE.

Le Sous-Secrétaire d'État à la Marine *à Messieurs les Vice-Amiraux commandant en chef, Préfets maritimes; les Officiers généraux, supérieurs et autres commandant à la mer; Commandants de la Marine en Algérie, en Tunisie, en Indo-Chine, en Corse, à Dakar et à Diégo-Suarez.*

Direction du Personnel militaire de la Flotte : *Bureau des Équipages de la Flotte.* == Service central de l'Intendance maritime : *Bureau du Personnel de l'Intendance, de la Solde et des Revues.*

Paris, le 31 janvier 1911.

Mode de décompte du traitement de table dans les flottilles lorsque les sorties des bâtiments ont une durée consécutive de plusieurs jours.

D'après l'article 83, § 3, du décret du 11 juillet 1908 portant règlement sur la solde des marins des Équipages de la Flotte, les officiers-mariniers des bâtiments des «flottilles en disponibilité, en réserve, etc., ont droit, pour chaque sortie et pour chaque période de mobilisation d'au moins six heures, à l'indemnité de traitement de table prévue pour les bâtiments n'appartenant pas aux flottilles au tarif n° X, § 2. Toutefois une sortie ou une période de mobilisation d'au moins six heures et de moins de vingt-quatre heures portant sur deux journées ne donne lieu qu'à l'allocation d'une seule journée de traitement de table».

Les renseignements fournis au Département en réponse à la dépêche du 15 novembre 1910 ont permis de constater que les dispositions de l'article susvisé sont actuellement différemment interprétées par les flottilles des ports militaires, lorsqu'il s'agit de décompter le traitement de table pour les sorties dont la durée dépasse vingt-quatre heures.

Afin de faire cesser cette divergence de vues, j'ai l'honneur de vous faire connaître que, hors le cas d'une sortie ou d'une période de mobilisation de moins de vingt-quatre heures, le droit au traitement de table doit être calculé pour les officiers-mariniers dont il s'agit d'après la règle tracée à l'article 66, § 5, du décret du 7 janvier 1908 sur la solde des officiers, c'est-à-dire en comptant chaque journée de minuit à minuit. Toutefois chaque sortie ou période de mobilisation d'au moins six heures portant sur une même journée doit être considérée, conformément à l'article 83 du décret du 11 juillet 1908, comme donnant droit à l'allocation d'une indemnité entière de traitement de table.

Par suite, et à titre d'exemple, une sortie ou une période de mobilisation commençant le lundi à 10 heures du matin et prenant fin le mardi à 9 heures du matin ne donne lieu qu'à l'allocation d'une indemnité entière de traitement de table; une sortie ou une période de mobilisation commençant le lundi à 7 heures du soir et prenant fin le mercredi à 6 heures du matin donne lieu à l'allocation de deux indemnités entières de traitement de table; une sortie ou une période de mobilisation commençant le lundi à 4 heures du soir et prenant fin le mercredi à 5 heures du matin donne lieu à l'allocation de deux indemnités entières de traitement de table; une sortie ou une période de mobilisation commençant le lundi à 3 heures du soir et prenant fin le mercredi à 9 heures du matin donne lieu à l'allocation de trois indemnités entières de traitement de table.

La présente circulaire sera applicable à compter du 1er janvier 1911.

Le Sous-Secrétaire d'État à la Marine,

GUIST'HAU.

LE MINISTRE DE LA MARINE *à Messieurs les Vice-Amiraux commandant en chef, Préfets maritimes, et Contre-Amiral commandant la Marine en Tunisie.*

Direction du Personnel militaire de la Flotte : *Bureau des Équipages de la Flotte.* = État-Major général : 2e *Section.* = Service central de l'Intendance maritime : *Bureau du Personnel de l'Intendance, de la Solde et des Revues.*

Paris, le 18 mars 1911.

Les matelots cuisiniers attribués aux flottilles de sous-marins par la Circulaire du 21 mars 1910 doivent être considérés comme faisant partie de l'équipage supplémentaire.

Une circulaire en date du 21 mars 1910 (*B. O.*) prévoit l'attribution de matelots cuisiniers aux centres principaux des flottilles de sous-marins, en vue d'assurer la préparation des aliments à bord des sous-marins en tournée.

J'ai décidé que ces matelots cuisiniers seront considérés comme faisant partie de l'équipage supplémentaire prévu à l'article 32 de l'arrêté ministériel du 3 mai 1910, et bénéficieront, par suite, de tous les avantages réservés au personnel destiné à l'armement des sous-marins.

Le Ministre de la Marine,

DELCASSÉ.

LE MINISTRE DE LA MARINE *à Monsieur le Vice-Amiral commandant en chef, Préfet maritime à Cherbourg.*

Direction du Personnel militaire de la Flotte :
Bureau des Équipages de la Flotte.

Paris, le 31 mars 1911.

La demande du premier-maître fourrier X... n'est pas accueillie.

Sous bordereau en date du 1er février dernier, vous m'avez transmis une demande du premier-maître fourrier X..., tendant à ce qu'il soit alloué un supplément de 0 fr. 50 au secrétaire de commandant comptable des contre-torpilleurs en réserve dans les flottilles, au lieu du taux réglementaire de 0 fr. 30 fixé par le tarif V c (col. 8), annexé au décret du 11 juillet 1908. (*Application de la circulaire du 14 janvier 1910.*)

Il convient de remarquer que, si les attributions des secrétaires de commandant comptable ne sont pas diminuées du fait du passage du bâtiment en réserve, il est cependant logique d'établir une différence de traitement suivant que les titulaires de ces fonctions sont soumis aux obligations du service à la mer ou se trouvent à bord d'un bâtiment en réserve.

Le premier-maître X... invoque par ailleurs, à l'appui de sa demande, le maintien à 0 fr. 40 du supplément attaché à la possession du certificat de mécanicien torpilleur aux marins de cette spécialité embarqués sur les bâtiments des flottilles placés dans la position de réserve.

Cette mesure ne saurait être invoquée dans l'espèce, attendu qu'il s'agit d'un supplément maintenu à titre transitoire dans les conditions spéciales antérieurement prévues par le décret du 10 juillet 1895.

Je n'ai pas accueilli, en conséquence, la demande du premier-maître fourrier X..., et je vous prie de vouloir bien en faire aviser l'intéressé.

Le Ministre de la Marine,
DELCASSÉ.

LE MINISTRE DE LA MARINE *à Monsieur le Vice-Amiral commandant en chef, Préfet maritime à Brest.*

Direction du Personnel militaire de la Flotte :
Bureau des Équipages de la Flotte.

Paris, le 5 avril 1911.

Au sujet du versement au Trésor des fonds recueillis pour cessions d'ouvrages dans les Écoles des mécaniciens.

Sous bordereau en date du 21 février 1911, vous m'avez transmis une lettre du directeur de l'École des mécaniciens de votre port, relative au reversement au Trésor, par application de la dépêche du 10 janvier 1911, des fonds recueillis pour les cessions d'ouvrages.

Dans sa lettre en date du 4 février 1911, le mécanicien inspecteur X... demande que les dispositions édictées par la dépêche du 10 janvier 1911 soient modifiées. J'ai l'honneur de vous faire connaître qu'il ne m'est pas possible de revenir sur la décision précitée.

D'autre part, le directeur de l'École des mécaniciens expose que « toutes les matières nécessaires à la confection des cours sont achetées au compte des élèves ».

Cette manière de procéder est irrégulière. La nomenclature des dépenses à la charge de la masse générale d'entretien de l'École des mécaniciens (annexe III *a* du décret du 11 juillet 1908) porte en effet : «..... Fournitures pour l'autographie des cours de l'École..... ».

Je vous prie de vouloir bien donner des ordres pour que l'École des mécaniciens se conforme, à l'avenir, strictement à la nomenclature.

Je vous informe, par contre, que le taux de la masse générale d'entretien de l'École des mécaniciens de Brest sera relevé très prochainement.

Le Ministre de la Marine,

DELCASSÉ.

LE MINISTRE DE LA MARINE à *Monsieur le Vice-Amiral commandant en chef, Préfet maritime à Brest.*

Direction du Personnel militaire de la Flotte : *Bureau des Équipages de la Flotte; Bureau de l'État-Major de la Flotte et de la Justice maritime.* — Service central de l'Intendance maritime : *Bureau du Personnel de l'Intendance, de la Solde et des Revues.*

Paris, le 11 avril 1911.

Solutions de diverses questions relatives à la solde et au traitement de table du personnel attaché aux Écoles de mécaniciens et chauffeurs.

Vous m'avez transmis, sous bordereau du 20 février dernier, une lettre dans laquelle le directeur de l'École des mécaniciens et chauffeurs de votre port pose un certain nombre de questions concernant les droits à la solde et au traitement de table du personnel affecté à cette école pour l'instruction des apprentis chauffeurs.

J'ai l'honneur de vous faire connaître que chacune des questions posées comporte la solution ci-après indiquée :

1. Quels doivent être la solde et le traitement de table à attribuer au mécanicien principal chargé de l'instruction des apprentis chauffeurs?

Cet officier qui remplit les fonctions de professeur à l'École des mécaniciens et chauffeurs doit recevoir les allocations afférentes à ces fonctions : solde à terre et supplément fixé par le tarif n° 6-A du décret du 7 janvier 1908.

Lorsqu'il effectue des sorties sur les torpilleurs, la solde à terre est remplacée par la solde à la mer et le traitement de table lui est alloué dans les conditions prévues par les décrets des 14 mars 1908 et 5 mai 1909 modifiant le décret du 7 janvier 1908. Le supplément de professeur continue, bien entendu, à être payé à cet officier mécanicien pendant ses sorties à la mer.

2. Quel est le traitement de table à payer aux premiers-maîtres patrons-pilotes qui commandent les torpilleurs annexés à l'École?

Il y a lieu d'allouer à ces officiers-mariniers le traitement de table du premier-maître commandant, prévu par le tarif n° X, § *a*, annexé au décret du 11 juillet 1908.

3. Quel est le traitement de table à allouer au second-maître mécanicien faisant partie de l'équipage de chaque torpilleur?

Par application de l'article 83, § 2, du décret susvisé, il convient d'allouer à ce second-maître le traitement de table prévu par le tarif n° X, *b*, 2°.

Le même tarif doit être appliqué aux officiers-mariniers instructeurs lorsqu'ils effectuent des sorties sur les torpilleurs. (Dépêche aux cinq ports du 15 novembre 1909.)

4. Quel est le traitement de table à allouer aux officiers-mariniers instructeurs et permanents embarqués à bord de la *Dévastation?*

La *Dévastation* n'étant qu'une annexe de l'École proprement dite installée à terre, les officiers-mariniers embarqués à bord de ce bâtiment-ponton doivent être traités au point de vue de la nourriture, et en dehors des journées de sorties sur les torpilleurs, comme les marins du même grade casernés à l'École des mécaniciens à terre.

5. Quelle est la solde à attribuer à l'équipage du torpilleur *131* qui effectue des sorties pour l'instruction des matelots mécaniciens?

Il y a lieu d'allouer à l'équipage de ce torpilleur, comme d'ailleurs à celui des torpilleurs affectés à l'instruction des apprentis chauffeurs, la solde n° 3.

6. Quel est le taux des gratifications facultatives à allouer à l'École des mécaniciens et chauffeurs?

Le personnel de l'École des mécaniciens et chauffeurs doit être réparti, au point de vue du droit aux gratifications facultatives, en deux groupes distincts.

Le premier groupe, composé des équipages des torpilleurs, et le deuxième groupe, formé du personnel permanent et instructeur de l'école, auront respectivement droit aux allocations des colonnes 3 (Services centraux des flottilles, etc.) et 5 (Personnel du cadre, etc.) du tarif n° VIII du décret 11 juillet 1908.

Le Ministre de la Marine,

DELCASSÉ.

Le Ministre de la Marine *à Messieurs les Vice-Amiraux commandant en chef, Préfets maritimes; Commandants de la Marine en Algérie, en Tunisie et en Corse.*

Direction du Personnel militaire de la Flotte : *Bureau des Équipages de la Flotte.* = Service central de l'Intendance maritime : *Bureau du Personnel, de l'Intendance, de la Solde et des Revues.*

Paris, le 24 avril 1911.

Au sujet du supplément de fonctions de patron-pilote.

D'après le tarif V-*c* annexé au décret du 11 juillet 1908, les patrons-pilotes embarqués sur les torpilleurs ont droit à un supplément de fonctions.

Il arrive fréquemment que les patrons-pilotes sont appelés à embarquer en dehors des flottilles pour concourir à l'armement de bâtiments autres que des torpilleurs ou sous-marins, et perdent ainsi ledit supplément pendant la durée de ces missions temporaires.

J'ai l'honneur de vous faire connaître que, par application de l'article 47 du décret du 11 juillet 1908 modifié le 5 juillet 1910, j'ai décidé que le supplément de fonctions de patron-pilote que les intéressés percevaient au moment de leur envoi en mission temporaire continuera à leur être payé pendant toute la durée de la mission.

Le Ministre de la Marine,

DELCASSÉ.

Le Ministre de la Marine *à Monsieur le Vice-Amiral commandant en chef, Préfet maritime à Toulon.*

Direction du Personnel militaire de la Flotte : *Bureau des Équipages de la Flotte.* = Service central de l'Intendance maritime : *Bureau du Personnel de l'Intendance, de la Solde et des Revues.*

Paris, le 21 juin 1911.

Il y a lieu d'accorder le supplément de patron-pilote aux Premiers-Maîtres de cette spécialité commandant les torpilleurs annexes des Écoles de mécaniciens.

Sous bordereau n° 900-2130 en date du 10 mai 1911, vous m'avez transmis une lettre du directeur de l'École des mécaniciens et chauffeurs demandant s'il faut allouer aux premiers-maîtres patrons-pilotes commandants des torpilleurs-annexes le supplément prévu pour les marins de cette spécialité.

J'ai l'honneur de vous faire connaître que, par application des dispositions du nota *c* du tarif n° V-*c* annexé au décret du 11 juillet 1908, le supplément de «patron-pilote» prévu audit tarif se cumule avec l'indemnité de traitement de table de commandant. Il y a lieu, par suite, d'allouer aux intéressés le supplément de 0 fr. 50 indiqué à la colonne n° 9 du tarif V-*c*.

Le Ministre de la Marine,

DELCASSÉ.

LE MINISTRE DE LA MARINE *à Monsieur le Vice-Amiral commandant en chef, Préfet maritime à Cherbourg.*

Direction du Personnel militaire de la Flotte : *Bureau des Équipages de la Flotte.* = Service central de l'Intendance maritime : *Bureau du Personnel de l'Intendance, de la Solde et des Revues.*

Paris, le 28 juin 1911.

Il n'y a pas lieu de modifier la tarification des primes spéciales prévues pour le personnel des Ateliers centraux de la Flotte.

Vous m'avez transmis, sous bordereau du 16 mai dernier, une lettre par laquelle le premier-maître charpentier X..., de l'atelier central de votre port, demande que la tarification des primes allouées au personnel des ateliers centraux de la Flotte, en vertu de l'article 46 du décret du 11 juillet 1908, soit modifiée de manière à attribuer aux marins des spécialités du pont une allocation proportionnée à leur grade, comme cela a lieu pour les mécaniciens et chauffeurs.

Il convient de remarquer que la quotité de la prime spéciale actuellement prévue pour le personnel des ateliers centraux de la Flotte correspond exactement au supplément de fonctions qui, antérieurement au 1er juillet 1908, était attribué au même personnel par le décret du 1er août 1899.

Dans ces conditions, je n'ai pas accueilli la demande présentée par le premier-maître X..., et je vous prie d'en faire aviser qui de droit.

Le Ministre de la Marine,

DELCASSÉ.

Le Ministre de la Marine *à Monsieur le Vice-Amiral commandant en chef, Préfet maritime à Cherbourg.*

Direction du Personnel militaire de la Flotte : *Bureau des Équipages de la Flotte.* = Service central de l'Intendance maritime : *Bureau du Personnel de l'Intendance, de la Solde et des Revues.*

Paris, le 28 juin 1911.

Le quartier-maître X..., instructeur au groupe spécial du 1er Dépôt, ne peut recevoir la solde n° 3.

Vous m'avez transmis, sous bordereau du 14 avril dernier, n° 1434, une lettre par laquelle le quartier-maître de mousqueterie X... demande à recevoir la solde n° 3 pendant la durée de son affectation au cadre du 1er Dépôt des Équipages de la Flotte comme instructeur des marins faisant partie du *groupe spécial.*

La Commission chargée en 1908 de la revision des tarifs de solde des marins des Équipages de la Flotte a émis l'avis que les instructeurs des écoles installées dans les dépôts devaient être traités, au point de vue de la solde proprement dite, comme le personnel du cadre permanent de ces dépôts et ne recevoir, par suite, que la solde n° 2.

Dans ces conditions, je n'ai pas accueilli la demande de ce quartier-maître, et je vous prie de l'en faire aviser.

Le Ministre de la Marine,

DELCASSÉ.

Direction du Personnel militaire de la Flotte : *Bureau des Équipages de la Flotte.*

Paris, le 29 juin 1911.

A la date du 9 juin 1911, j'ai décidé que tout le personnel marin affecté au «*Du-Chayla*-annexe» pour l'armement des remorqueurs et des chalands et le service à terre recevra uniformément les allocations suivantes :

a. Solde n° 1 ;

b. Supplément spécial prévu par le tarif n° VI (colonnes 7 et 8 du décret du 11 juillet 1908);

c. Indemnité du séjour prévue par la dépêche du 31 mai 1911.

Les remorqueurs *Zèbre, Prado I, Prado II* et *Marseillais XII* seront considérés comme rattachés à la division navale du Maroc à compter du 1er juin 1911, date de l'ouverture du rôle du «*Du-Chayla*-annexe».

Jusqu'à cette date, tout le personnel expédié de France à destination de Mehedya sera rattaché au rôle du croiseur *Du-Chayla.*

Le Ministre de la Marine,

DELCASSÉ.

Le Ministre de la Marine *à Monsieur le Vice-Amiral commandant en chef, Préfet maritime à Toulon.*

Direction du Personnel militaire de la Flotte : *Bureau des Équipages de la Flotte.* == Service central de l'Intendance maritime : *Bureau du Personnel de l'Intendance, de la Solde et des Revues.*

Paris, le 29 juin 1911.

Au sujet du supplément de patron-pilote à allouer aux marins de cette spécialité embarqués sur les sous-marins.

Vous m'avez transmis, sous bordereau du 29 mai 1911, une lettre par laquelle le premier-maître patron-pilote X... demande à bénéficier, pendant la durée de son embarquement sur les sous-marins, de la totalité du supplément (soit 0 fr. 70) prévu pour les officiers-mariniers de son grade et de sa spécialité affectés aux torpilleurs armés.

Aux termes de l'article 47 du décret du 11 juillet 1908 sur la solde des marins des Équipages de la Flotte, les suppléments de fonctions ne se cumulent pas entre eux, une seule exception est faite à cette règle à l'égard des patrons-pilotes embarqués sur les sous-marins, qui reçoivent, outre le supplément spécial alloué aux équipages de ces petits bâtiments, *la moitié* du supplément prévu pour les patrons-pilotes des torpilleurs en réserve, en essais ou en disponibilité.

Les patrons-pilotes embarqués sur les sous-marins bénéficient ainsi, à l'heure actuelle, en ce qui concerne le cumul des suppléments, d'une mesure de faveur toute spéciale qui leur assure une solde supérieure à celle allouée aux marins des autres spécialités du pont.

La demande du premier-maître X... qui tend à accentuer cette mesure de faveur n'est donc pas justifiée, et je n'ai pas cru devoir l'accueillir.

Le Ministre de la Marine
DELCASSÉ.

Le Ministre de la Marine *à Messieurs les Vice-Amiraux commandant en chef, Préfets maritimes; Officiers généraux, supérieurs et autres commandant à la mer; Commandants de la Marine en Algérie, en Tunisie, en Indo-Chine, en Corse, à Dakar et à Diégo-Suarez.*

Direction du Personnel militaire de la Flotte : *Bureau des Équipages de la Flotte.* == Service central de l'Intendance maritime : *Bureau du Personnel de l'Intendance, de la Solde et des Revues.*

Paris, le 1er juillet 1911.

Conséquence, au point de vue du droit au supplément, de la prolongation de la validité du certificat de Mécanicien torpilleur.

Précisant les dispositions de l'article 138, § 1er, du décret du 11 juillet 1908 sur la solde des marins du corps des Équipages de la Flotte, une circulaire du 7 décembre 1908 (*B. O.*) a fait connaître que le supplément de mécanicien torpilleur «doit cesser d'être alloué, quelle que soit à ce moment la position des intéressés, le lendemain du jour de l'expiration du brevet de mécanicien torpilleur obtenu ou renouvelé avant le 1er janvier 1909».

La durée de validité dudit brevet, qui était de quatre ans au moment de la mise en vigueur du décret du 11 juillet 1908 précité, ayant été portée à six ans par un arrêté ministériel du 9 mars 1911, l'administration d'un bâtiment a soulevé la question de savoir si la mesure prise par ce dernier acte a eu en même temps pour effet de proroger de deux ans le droit au supplément de mécanicien torpilleur.

Cette question doit être résolue par l'affirmative.

Je crois devoir rappeler à ce sujet que, d'après la circulaire de notification de l'arrêté du 9 mars 1911 (*B. O.*, p. 432), la mesure relative à la prolongation de la validité du certificat de mécanicien torpilleur s'applique seulement à ceux de ces certificats actuellement en cours.

Par l'expression *certificats actuellement en cours* employée dans cette circulaire, il faut entendre :

1° Les certificats n'ayant pas quatre ans de date au 9 mars 1911 ;

2° Les certificats délivrés ou renouvelés antérieurement au 9 mars 1907 et dont les titulaires ont vu la durée de validité de quatre ans prendre fin pendant la période d'embarquement ou d'affectation à un service à terre, en cours à la date du 9 mars 1911.

Les mécaniciens torpilleurs rentrant dans cette dernière catégorie auront droit, le cas échéant, à un rappel de supplément, mais seulement à compter du 1er janvier 1911.

Conformément à la jurisprudence admise par le Ministère des Finances, les droits acquis au titre d'un exercice ne peuvent, en effet, être modifiés en vertu d'une décision intervenue postérieurement au 31 décembre de l'année qui donne son nom à cet exercice.

Le Ministre de la Marine,
DELCASSÉ.

LE MINISTRE DE LA MARINE *à Monsieur le Vice-Amiral commandant en chef, Préfet maritime à Brest.*

Direction du Personnel militaire de la Flotte : *Bureau des Équipages de la Flotte.* = Service central de l'Intendance maritime : *Bureau du Personnel de l'Intendance, de la Solde et des Revues.* = Service central de Santé : *Bureau administratif.*

Paris, le 8 juillet 1911.

Au sujet du calcul des gratifications facultatives à allouer au personnel infirmier en service dans les hôpitaux maritimes [1].

Vous m'avez transmis, sous bordereau du 15 juin 1911, un dossier relatif à une divergence de vues qui s'est produite entre l'administration du

---

[1] Voir aussi *Dépêche du 10 septembre 1913, à Brest.* — En annexe.

2° Dépôt des Équipages de la Flotte et le Service de Santé de votre port, au sujet de la détermination du taux des gratifications facultatives à allouer au personnel infirmier affecté aux hôpitaux maritimes.

Le Commandant du 2° Dépôt des Équipages de la Flotte estime que l'effectif réglementaire, c'est-à-dire actuellement attribué aux hôpitaux maritimes par la circulaire du 6 juillet 1905 (*B. O.*), doit seul intervenir pour le calcul des gratifications facultatives.

Le médecin-chef de l'hôpital maritime de votre port soutient, au contraire, qu'à l'exception de celui en instruction, tout le personnel infirmier employé à un titre quelconque dans les hôpitaux doit entrer en ligne de compte pour la fixation du chiffre des gratifications facultatives.

J'ai l'honneur de vous faire connaître que l'expression *effectif supplémentaire*, employée dans le renvoi *c* du nota inséré au tarif n° VIII du décret du 11 juillet 1908, et sur laquelle M. le Médecin en chef X... s'est appuyé pour justifier sa manière de voir, vise uniquement le *personnel supplémentaire* attribué aux dépôts des Équipages de la Flotte par la circulaire du 28 mai 1907 (*B. O.*, p. 635).

Dans ces conditions, et ainsi que l'a pensé le Commandant du 2° Dépôt, l'effectif réglementaire qui est constitué, en ce qui concerne les hôpitaux maritimes, par le cadre permanent et mobile doit seul être pris comme base pour le calcul des gratifications en question.

Il convient d'ailleurs d'observer qu'indépendamment des complications qu'elle entraînerait au point de vue administratif, l'adoption de l'effectif réel pour la fixation des gratifications irait le plus souvent à l'encontre des intérêts du personnel infirmier lui-même, dont l'effectif en service dans les hôpitaux est fréquemment inférieur au chiffre réglementaire.

Le Ministre de la Marine,

DELCASSÉ.

LE MINISTRE DE LA MARINE *à Monsieur le Vice-Amiral commandant en chef, Préfet maritime à Toulon.*

Direction du Personnel militaire de la Flotte : *Bureau des Équipages de la Flotte.* = Service central de l'Intendance maritime : *Bureau du Personnel de l'Intendance, de la Solde et des Revues.*

Paris, le 30 août 1911.

Au sujet de la quotité du supplément à allouer aux Premiers-Maîtres patrons-pilotes qui commandent les torpilleurs annexes des Écoles de mécaniciens et chauffeurs.

Une circulaire du 21 juin 1911 (*B. O.*) a spécifié que les premiers-maîtres patrons-pilotes qui commandent les torpilleurs annexes des écoles de mécaniciens et chauffeurs doivent recevoir, cumulativement avec le traitement de table, le supplément de fonctions de 0 fr. 50 indiqué à la colonne 9 du tarif n° V, § *c*, du décret du 11 juillet 1908.

Dans une lettre que vous m'avez transmise sous bordereau du 13 juillet 1911, le premier-maître patron-pilote X... demande à bénéficier, par modification aux dispositions de la circulaire précitée du 21 juin 1911, du supplément de 0 fr. 70 prévu pour les patrons-pilotes embarqués sur les torpilleurs armés des flottilles.

Sous l'empire du décret du 29 janvier 1906, portant réorganisation des flottilles des torpilleurs, l'indemnité de traitement de table de premier-maître commandant ne se cumulait ni avec le supplément de patron-pilote, ni avec l'indemnité dite «de charge».

Cette interdiction de cumul a été abrogée par le décret du 11 juillet 1908, uniquement parce que la faible rémunération supplémentaire (indemnité de traitement de table de 5 francs, diminuée du montant des deux allocations en question), qui était attachée à l'exercice d'un commandement de torpilleur, ne permettait pas aux intéressés, *en raison du caractère essentiellement temporaire de ce commandement* (deux à quatre jours tous les mois environ), de faire fonctionner convenablement leur table.

Bien que les premiers-maîtres patrons-pilotes puissent obtenir aujourd'hui des commandements de longue durée (deux ans), par suite de la nouvelle organisation des écoles de chauffe, et que dès lors les motifs qui avaient conduit à la modification résultant du décret du 11 juillet 1908 n'aient plus la même valeur, je n'ai pas cru cependant devoir revenir sur cette mesure bienveillante.

Mais il convient de tenir compte que les suppléments de patron-pilote, quels qu'ils soient, n'ont été prévus qu'en raison de l'utilisation dans les flottilles; il s'ensuit que le maintien du supplément de 0 fr. 50 aux premiers-maîtres commandant les torpilleurs affectés aux Écoles de chauffe constitue déjà une disposition de faveur, et il n'est pas possible, dans ces conditions, de substituer à ce supplément celui de 0 fr. 70 sollicité par le premier-maître X...

Je n'ai pas accueilli, en conséquence, la demande de cet officier-marinier, et je vous prie d'en faire aviser l'intéressé.

Le Ministre de la Marine,

DELCASSÉ.

LE MINISTRE DE LA MARINE *à Monsieur le Contre-Amiral commandant la Division navale de la Tunisie.*

Direction du Personnel militaire de la Flotte : *Bureau des Équipages de la Flotte.* = Service central de l'Intendance maritime : *Bureau du Personnel de l'Intendance, de la Solde et des Revues.*

Paris, le 8 septembre 1911.

Il n'est pas possible d'allouer un supplément aux marins indigènes brevetés.

Vous m'avez transmis, sous bordereau du 12 août 1911, le dossier d'une demande formulée par deux marins *baharia,* en vue d'obtenir l'allocation d'un supplément comme étant titulaires d'un brevet de spécialité.

Vous avez cru devoir, pour les considérations suivantes, émettre un avis nettement défavorable à cette demande : «Le breveté indigène ne peut être assimilé à l'Européen, il n'a pas passé les mêmes examens, son instruction est très inférieure. Quand il est engagé ou rengagé, il jouit de suppléments de solde (chevrons, primes) qui lui donnent une solde supérieure à celle de l'Européen rengagé. Par ailleurs, tout breveté de bonne conduite a des chances sérieuses de devenir quartier-maître.»

J'ai l'honneur de vous faire connaître que ces considérations sont précisément celles qui ont conduit la Commission chargée, en 1908, de la revision des tarifs de solde des Équipages de la Flotte à supprimer des suppléments de brevet prévus pour les marins indigènes.

Dans son rapport, cette Commission s'est notamment exprimée ainsi au sujet des suppléments de brevet des marins indigènes :

«La Commission estime que les brevetés indigènes ont une valeur bien inférieure à celle des brevetés français, et tout au plus égale à celle de nos auxiliaires qui cependant ne reçoivent aucune allocation spéciale. Elle ne peut donc admettre que ces brevets soient payés surtout au taux de 0 fr. 40 attribué aux brevets de France.»

....

Dans ces conditions, et conformément à votre manière de voir, je n'ai pas accueilli la demande dont il s'agit, et je vous prie de vouloir bien en faire aviser les deux intéressés.

Le Ministre de la Marine,

DELCASSÉ.

LE MINISTRE DE LA MARINE *à Monsieur le Vice-Amiral commandant en chef, Préfet maritime à Toulon.*

Service central de l'Intendance maritime : *Bureau du Personnel de l'Intendance, de la Solde et des Revues.*

Paris, le 23 novembre 1911.

Au sujet du remplacement des décorations et brevets perdus dans des circonstances de force majeure.

....

Je saisis cette occasion pour vous faire connaître que la Grande Chancellerie de la Légion d'honneur consent à remplacer à titre gratuit, et dans la limite des crédits dont elle dispose, les médailles militaires et les insignes de la Légion d'honneur perdus dans des circonstances de force majeure.

Par suite, les hommes faisant partie de l'équipage de la *Liberté* et ayant subi la perte des décorations susvisées doivent s'adresser, par l'intermédiaire de leur commandant, à la Grande Chancellerie pour en obtenir le remplacement et, le cas échéant, la délivrance de nouveaux brevets.

En ce qui concerne les pertes relatives à toutes autres décorations, les hommes doivent les signaler au Conseil d'administration en vue d'être compris sur les états de proposition d'indemnités à établir en exécution de l'article 55 du décret du 11 juillet 1908, et adresser au Département par la voie hiérarchique les demandes de duplicata de brevets.

. . . .

Le Ministre de la Marine,

DELCASSÉ.

Le Ministre de la Marine à *Messieurs les Vice-Amiraux commandant en chef, Préfets maritimes; Officiers généraux, supérieurs ou autres commandant à la mer; Commandants de la Marine en Tunisie, en Indo-Chine, en Corse, à Dakar et à Diégo-Suarez.*

Direction du Personnel militaire de la Flotte : *Bureau des Équipages de la Flotte.* = État-Major général : *4e Section.* = Service central de l'Intendance maritime : *Bureau du Personnel de l'Intendance, de la Solde et des Revues.*

Paris, le 9 janvier 1912.

Détermination du nombre de suppléments à allouer aux canonniers chefs de section remplissant les fonctions de télémétristes.

Un décret en date du 15 novembre 1911, modifiant celui du 11 juillet 1908 sur la solde des marins du corps des Équipages de la Flotte, a, entre autres mesures, créé un supplément destiné à être alloué aux canonniers chefs de section remplissant les fonctions de télémétristes.

En vue de l'application de ce décret, j'ai l'honneur de vous faire connaître qu'à bord des bâtiments armés avec effectif complet il doit être attribué autant de suppléments de l'espèce qu'il existe de télémètres de position (Barr et Stroud) affectés à des postes principaux ou à des postes secondaires de direction de tir.

Par suite, il y a lieu d'allouer :

1 ou 2 suppléments sur les bâtiments antérieurs aux croiseurs cuirassés et cuirassés types *Edgard-Quinet* et *Danton* [1];

4 suppléments sur les bâtiments type *Edgard-Quinet* et *Danton;*

6 suppléments sur les bâtiments type *Jean-Bart.*

---

[1] Voir, pour le *Pothuau,* les dépêches du 27 septembre 1912, *B. O.,* p. 642, et du 16 avril 1914.

A bord des bâtiments en essais, en disponibilité ou armés avec effectif réduit spécial, il sera alloué la moitié (toute fraction comptant pour une unité) des suppléments revenant dans la position d'armement avec effectif complet.

Par analogie avec la mesure adoptée par la circulaire du 18 juillet 1910 (*B. O.*), relative au supplément de pointeur, le droit au supplément de télémétriste ne commencera à courir, à bord des bâtiments entrant en armement après construction ou refonte, qu'à partir de la date prescrivant de compléter l'effectif d'essais.

Il est bien entendu que les *canonniers titulaires du certificat de chef de section peuvent seuls* bénéficier du supplément en question.

Lorsque, pour des raisons quelconques, les bâtiments seront amenés à affecter au service de la télémétrie des canonniers ordinaires ou même des marins n'appartenant pas à la spécialité du canonnage, il appartiendra au commandant de récompenser ces services spéciaux au moyen des gratifications facultatives.

Le Ministre de la Marine,

DELCASSÉ.

LE MINISTRE DE LA MARINE *à Messieurs les Vice-Amiraux commandant en chef, Préfets maritimes.*

Service du Personnel militaire de la Flotte : *Bureau des Équipages de la Flotte.*

Paris, le 18 avril 1912.

Fixation des allocations de solde et de vivres à attribuer aux marins affectés au contrôle technique des poudres.

Par décision ministérielle en date du 15 avril courant, les allocations à attribuer à compter du 1er avril 1912 aux marins affectés au contrôle technique des poudres ont été fixées ainsi qu'il suit :

Solde n° 2 :

Indemnité représentative de dépenses personnelles prévues par le tarif n° VI du décret du 11 juillet 1908, modifié le 12 mars 1912.

Indemnité de vivres de 2 francs par jour.

Ceux de ces marins détachés à Paris recevront la solde n° 1 et les allocations spéciales prévues pour le personnel des équipages en service dans cette localité.

Le Ministre de la Marine,

DELCASSÉ.

Le Ministre de la Marine *à Messieurs les Vice-Amiraux commandant en chef, Préfets maritimes; Officiers généraux, supérieurs et autres commandant à la mer; Commandants de la Marine en Algérie, en Tunisie, en Indo-Chine, en Corse, à Dakar, et à Diégo-Suarez.*

Service du Personnel militaire de la Flotte : *Bureau des Équipages de la Flotte.* — Service central de l'Intendance maritime : *Bureau du Personnel de l'Intendance, de la Solde et des Revues.*

Paris, le 20 avril 1912.

Allocations de solde à attribuer aux marins des bâtiments en campagne lorsqu'ils sont détachés temporairement à terre à l'étranger.

Aux termes du décret du 11 juillet 1908 (art. 14 et tarif n° VI), les marins à terre faisant partie d'une expédition aux colonies ou à l'étranger ont droit à la solde n° 1 et à une indemnité de résidence temporaire dont le taux a été calculé de manière à assurer aux intéressés une rémunération légèrement supérieure à la solde n° 4, dite «solde de campagne».

J'ai décidé que les mêmes allocations se substitueront à la solde n° 4 et seront attribuées aux marins des bâtiments en campagne, lorsque, dans le but de défendre à l'étranger les citoyens français ou les concessions françaises, ils auront été détachés à terre pendant une période ininterrompue de huit jours.

Le Ministre de la Marine,

DELCASSÉ.

Le Ministre de la Marine *à Monsieur le Vice-Amiral commandant en chef la 1re Armée navale.*

Direction militaire des Services de la Flotte; — Service du Personnel militaire de la Flotte : *Bureau des Équipages de la Flotte.* = État-Major général : *4e Section.*

Paris, le 10 mai 1912.

Au sujet de l'attribution du supplément de fonction de télémétriste.

En réponse à la demande du second-maître canonnier X..., que vous m'avez transmise sous bordereau du 20 février dernier, j'ai l'honneur de vous faire connaître que le supplément de télémétriste doit être réservé uniquement aux gradés affectés en cette qualité aux postes principaux et secondaires de conduite du tir, et choisis pour ces postes d'après les notes données par l'École de canonnage ou les bâtiments sur lesquels ils ont été embarqués antérieurement.

Mais, tant que les bâtiments n'auront pas reçu le complément de canonniers nécessaires pour le service spécial de télémétriste, le supplément en question pourra être payé, dans la limite des fixations prévues par la circulaire du 9 janvier 1912 (*B. O.*), aux canonniers qui rempliront les fonctions proprement dites de chef de section ou celles d'adjudant de tir.

J'ajoute que, conformément à l'avis émis par le commissaire d'escadre dans une note annexée à la demande du second-maître X..., il n'y a pas lieu de modifier la répartition des suppléments de télémétriste qui a été faite en 1911 à bord du ....., c'est-à-dire de faire ni rappel, ni retenue.

Le Ministre de la Marine,

DELCASSÉ.

LE MINISTRE DE LA MARINE *à Messieurs les Vice-Amiraux commandant en chef, Préfets maritimes; Officiers généraux, supérieurs commandant la Marine en Algérie, en Tunisie, en Corse.*

Direction militaire des Services de la Flotte; — Service du Personnel militaire de la Flotte : *Bureau des Équipages de la Flotte.* = Service central de l'Intendance maritime : *Bureau du Personnel de l'Intendance, de la Solde et des Revues.* = État-Major général : *2e Section.*

Paris, le 12 juillet 1912.

Utilisation des Quartiers-Maîtres patrons-pilotes en excédent dans les flottilles de torpilleurs.

Une circulaire du 25 août 1910 (*B. O.*) a spécifié que les quartiers-maîtres patrons-pilotes continueront, jusqu'à extinction de leur effectif, à être utilisés et à être traités à tous les points de vue comme par le passé.

Certaines flottilles possédant actuellement un certain nombre de quartiers-maîtres patrons-pilotes supérieur aux effectifs réglementaires, la question m'a été posée de savoir si ces gradés peuvent prétendre au supplément de fonction prévu au tarif n° 5, § *c*, du décret du 11 juillet 1908.

J'ai l'honneur de vous faire connaître qu'en raison des besoins toujours croissants de bâtiments armés qui imposent au Département l'obligation de tirer tout le parti possible du personnel marin en activité de service, les quartiers-maîtres patrons-pilotes en excédent doivent être embarqués non pas en supplément à l'effectif, mais en remplacement numérique de matelots manœuvriers ou timoniers.

Les quartiers-maîtres patrons-pilotes ainsi utilisés auront droit au supplément réduit prévu par ledit tarif pour les marins de cette spécialité embarqués sur des torpilleurs en réserve, en essais, etc.

Le même supplément sera alloué à ceux de ces gradés qui ont été embarqués jusqu'à ce jour en sus de l'effectif réglementaire des bâtiments.

Le Ministre de la Marine,

DELCASSÉ.

Le Ministre de la Marine *à Messieurs les Vice-Amiraux commandant en chef, Préfets maritimes; Officiers généraux, supérieurs et autres commandant à la mer; Commandants de la Marine en Algérie, en Tunisie, en Indo-Chine, en Corse, à Dakar et à Diégo-Suarez.*

Direction militaire des Services de la Flotte; — Service du Personnel militaire de la Flotte : *Bureau des Équipages de la Flotte; Bureau de la Justice maritime, Corps et Agents divers.* = Service central de l'Intendance maritime : *Bureau du Personnel de l'Intendance, de la Solde et des Revues.*

Paris, le 20 août 1912.

Remboursement éventuel de la première mise d'équipement allouée aux Maîtres et Seconds-Maîtres du corps des Équipages de la Flotte, ainsi que des corps des marins pompiers et des marins de Direction de port promus au grade supérieur.

Aux termes de l'article 59 du décret du 11 juillet 1908 sur la solde des marins du corps des Équipages de la Flotte, les maîtres et seconds-maîtres nommés à un grade ou emploi supérieur ont droit, à titre de première mise d'équipement, à une indemnité dont la quotité est déterminée par le tarif n° VII annexé audit décret.

L'administration d'un bâtiment a soulevé la question de savoir si ladite indemnité est due lorsque l'intéressé quitte, sur sa demande, le corps des Équipages de la Flotte presque au lendemain de sa promotion.

L'allocation de l'indemnité de première mise d'équipement est essentiellement destinée à permettre aux officiers-mariniers promus maîtres ou premiers-maîtres de faire face aux dépenses diverses que leur impose leur changement de grade. Il est, par suite, évident que cette allocation n'atteint pas son but et ne saurait en principe être acquise lorsque les intéressés n'ont pas eu à effectuer ces dépenses.

D'autre part, l'attribution de la totalité de l'indemnité de première mise d'équipement ne saurait se justifier par le seul fait de l'achat des insignes et de tenue du nouveau grade lorsque les intéressés quittent la Marine sur leur demande, peu de temps après leur promotion.

J'ai, en conséquence, décidé que lorsque le bénéficiaire d'une indemnité de première mise d'équipement sera, sur sa demande, et pour une cause autre que la réforme ou l'admission à la retraite par suite de blessures ou infirmités contractées au service, rayé des contrôles de l'activité avant l'expiration d'une période de six mois, comptée à partir de la date de sa promotion au grade actuel, il devra rembourser la part proportionnelle d'indemnité afférente au temps restant à accomplir pour parfaire cette période de six mois.

Par ailleurs, et sauf décision contraire du Ministre, l'indemnité de l'espèce ne sera pas allouée à la suite d'une promotion d'office, lorsque cette promotion, motivée par des services exceptionnels ou faits particuliers, a uniquement pour but de faire bénéficier les intéressés, leurs veuves ou orphelins d'une pension de retraite plus élevée.

Les dispositions de la présente circulaire, qui sont applicables aux pompiers et aux marins de Directions de port, feront l'objet d'une modification très prochaine à l'article 59 du décret du 11 juillet 1908 et au tarif n° 3 du décret du 7 janvier 1908.

Le Ministre de la Marine,

DELCASSÉ.

LE MINISTRE DE LA MARINE
à Monsieur le Vice-Amiral commandant en chef, Préfet maritime à Lorient.

Direction militaire des Services de la Flotte; — Service du Personnel militaire de la Flotte : *Bureau des Équipages de la Flotte.* — Service central de l'Intendance maritime : *Bureau du Personnel de l'Intendance, de la Solde et des Revues.* — Cabinet du Ministre : *Service du Contentieux.*

Paris, le 22 août 1912.

Date de cessation du droit à l'indemnité de logement pour les officiers-mariniers divorcés.

Vous m'avez transmis, sous bordereau du 5 juillet dernier, une requête présentée par le premier-maître X... en vue d'obtenir un rappel d'indemnité de logement.

Cette requête soulève la question de savoir jusqu'à quel moment il y a lieu d'allouer ladite indemnité aux officiers-mariniers qui viennent à divorcer.

Ainsi que l'a pensé l'administration de votre port, j'ai l'honneur de vous faire connaître qu'en l'état actuel de la réglementation il convient de payer l'indemnité de logement jusqu'à la date légale du divorce, qui est celle de la transcription du jugement en marge de l'acte de mariage.

Je vous prie, par suite, de vouloir bien donner des ordres pour qu'un rappel d'indemnité de logement soit effectué en conséquence en faveur du premier-maître X...

Le Ministre de la Marine,

DELCASSÉ.

LE MINISTRE DE LA MARINE
à Monsieur le Vice-Amiral commandant en chef, Préfet maritime à Lorient.

Direction militaire des Services de la Flotte; — Service du Personnel militaire de la Flotte : *Bureau des Équipages de la Flotte.* = Service central de l'Intendance maritime : *Bureau du Personnel de l'Intendance, de la Solde et des Revues.*

Paris, le 10 septembre 1912.

Payement du supplément à un officier-marinier dont le certificat initial de mécanicien-torpilleur a pris fin pendant une période d'embarquement en cours au 9 mars 1911 et qui a obtenu le renouvellement dudit certificat pendant cette même période.

Le second-maître mécanicien X..., du 3e Dépôt des Équipages de la Flotte, a obtenu le certificat de mécanicien torpilleur le 15 décembre 1906 et renouvelé ledit certificat, pour compter du 16 décembre 1910, au cours de son embarquement à bord du contre-torpilleur X...

Dans une lettre que vous m'avez transmise le 8 août 1912, cet officier-marinier expose que le supplément de mécanicien torpilleur lui a été supprimé à dater du 16 décembre 1910, c'est-à-dire le jour où a pris fin la durée de validité du certificat initial, et demande à bénéficier des dispositions de la circulaire du 1er juillet 1911 (*B. O.*) qui, comme corollaire de la mesure adoptée par l'arrêté du 9 mars 1911, a prorogé de deux ans le droit au supplément maintenu à titre transitoire par le décret du 11 juillet 1908.

Il convient d'observer que, s'il n'avait pas obtenu le renouvellement dudit certificat, l'intéressé aurait, par application du paragraphe 2 de la circulaire du 1er juillet 1911 susvisée, recouvré *de plano* le droit au supplément en question, puisque la durée de validité du certificat initial a pris fin pendant la période d'embarquement en cours au 9 mars 1911.

J'ai l'honneur de vous faire connaître que, dans ces conditions, j'ai accueilli la demande du second-maître X...; il serait en effet à la fois anormal et peu équitable que, du fait du renouvellement de certificat, cet officier-marinier perde le bénéfice d'un supplément qui lui aurait été payé avec l'ancien titre.

Il est bien entendu toutefois que, conformément à l'avant-dernier paragraphe de la circulaire du 1er juillet 1911, le pétitionnaire ne devra être rappelé du supplément de mécanicien torpilleur qu'à compter du 1er janvier 1911.

Le Ministre de la Marine,

DELCASSÉ.

LE MINISTRE DE LA MARINE *à Messieurs les Directeurs des Établissements de la Chaussade, d'Indret et de Ruelle.*

Direction militaire des Services de la Flotte; — Service du Personnel militaire de la Flotte : *Bureau des Équipages de la Flotte.* == Service central de l'Intendance maritime : *Bureau des Subsistances, de l'Habillement et du Casernement; — Bureau du Personnel de l'Intendance, de la Solde et des Revues.* == Service central de Santé : *Bureau administratif.*

Paris, le 17 septembre 1912.

Allocations à payer au personnel infirmier détaché aux Établissements de la Chaussade, Indret et Ruelle. (1)

Par extension des dispositions d'une dépêche du 7 décembre 1908 relative à la situation pécuniaire d'un quartier-maître infirmier affecté à la Fonderie de Ruelle, j'ai fixé ainsi qu'il suit les allocations à payer au personnel infirmier détaché aux Établissements de la Chaussade, Indret et Ruelle :

1° Solde n° 2 (tarif n° 1, décret du 11 juillet 1908);

2° Gratification de la Fête nationale (tarif n° VIII, § *e*);

3° Indemnité représentative de vivres (1 fr. 50);

4° *Éventuellement* (indemnités pour charges de famille; tarif VI, § *b*);

5° Indemnité de résidence prévue au tarif VI, § *a* (colonnes 3 ou 4).

Il est bien entendu que, par analogie avec les dispositions du § 3 de l'article 49 du décret du 11 juillet 1908, l'attribution de cette dernière indemnité enlève, pour les officiers-mariniers mariés, tout droit à l'indemnité de logement de 0 fr. 50 prévue au tarif VI, § *b*, *lorsque la famille réside avec les intéressés.*

Enfin les infirmiers de tous grades affectés aux Établissements en question, n'étant pas appelés à remplir normalement une des fonctions prévues à la première annexe du décret du 11 juillet 1908, ne peuvent recevoir de gratifications facultatives (tarif VIII, § *a*).

Le Ministre de la Marine,

DELCASSÉ.

(1) Voir aussi Dépêche du 19 février 1914 à Indret.

LE MINISTRE DE LA MARINE *à Messieurs les Vice-Amiraux commandant en chef, Préfets maritimes; Officiers généraux, supérieurs et autres commandant à la mer.*

Direction militaire des Services de la Flotte; — Service central de l'Intendance maritime : *Bureau des Subsistances, de l'Habillement et du Casernement.* — Service du Personnel militaire de la Flotte : *Bureau des Équipages de la Flotte.* = Direction du Contrôle.

Paris, le 14 octobre 1912.

Abrogation de la circulaire du 28 février 1910 relative à la délivrance d'un matériel de table au personnel des services à terre. — Dépenses à mettre à la charge des masses d'entretien.

La circulaire du 28 février 1910 (*B. O.*, p. 664) avait prévu la délivrance au personnel des casernes à terre (dépôts, écoles des mécaniciens, défenses fixes, ateliers centraux, services centraux des flottilles) d'un matériel de table (assiettes, verres, couteaux, bouteilles, etc.) acheté au compte du budget et qui devait être entretenu :

1° Dans les dépôts et à l'École des mécaniciens de Lorient, au compte de la masse générale d'entretien ;

2° Dans les autres services, au compte du budget jusqu'à ce qu'une masse analogue à celle des dépôts y eût été instituée.

De nombreux rapports ayant signalé que l'usage de ce matériel de table présentait plus d'inconvénients que d'avantages en raison de la grande fragilité des objets de verre ou de faïence, j'ai décidé, à la date du 24 mai dernier, de rapporter les dispositions de la circulaire précitée du 28 février 1910.

Les objets de matériel dont il s'agit, qui sont encore en bon état, continueront à être affectés au service courant, et de préférence au service courant des officiers-mariniers. Dès que ces objets seront hors de service, ils seront remplacés par les ustensiles de table en usage avant la circulaire du 28 février 1910.

D'autre part, afin de mettre les masses des dépôts et de l'École des mécaniciens de Lorient en mesure de supporter les nouvelles dépenses mises à leur charge, notamment par la circulaire du 28 février 1910 précitée, ces masses ont été majorées par décrets des 5 juillet 1910 et 15 novembre 1911. Par suite de l'abrogation de la circulaire du 28 février 1910, elles ne vont plus avoir à supporter les frais d'entretien et de remplacement d'un matériel très fragile pour lesquels elles avaient été augmentées.

J'ai décidé qu'elles continueront néanmoins à bénéficier de cette majoration, mais on devra désormais imputer rigoureusement à ces masses, et non plus au budget, tous les frais, quels qu'ils soient, de réparations, d'entretien, de dépenses accessoires relatives au matériel de casernement (couchage excepté), c'est-à-dire à tout le matériel, prévu par le Règlement du 14 février 1879, appartenant à l'État et se trouvant en service ou en magasin dans les dépôts et casernes à terre.

Les dépenses de cette nature sont déjà mises à la charge des masses des dépôts et de l'École des mécaniciens de Lorient par la deuxième annexe au décret du 11 juillet 1908, mais la circulaire du 8 août 1903 (*B. O.*, p. 180) avait admis à cet égard certains tempéraments. Cette circulaire est désormais abrogée.

Enfin les masses des dépôts et de l'École des mécaniciens de Lorient doivent également supporter les dépenses afférentes aux achats de menus ustensiles de cuisine et de plat, de bouteilles, de torchons, etc., prévus par la circulaire du 7 décembre 1910 (*B. O.*, p. 4079). Cette circulaire stipule, il est vrai, que ces sortes de dépenses doivent être imputées provisoirement sur les fonds de l'ordinaire, jusqu'à la mise en service de masses d'entretien dont la création est à l'étude; mais il est évident que cette dernière restriction ne vise pas les services qui, comme les dépôts et l'École des mécaniciens de Lorient, possèdent d'ores et déjà une masse suffisamment pourvue.

Il sera tenu compte de ces dispositions dans la modification qui sera apportée prochainement à la deuxième annexe au décret du 11 juillet 1908.

Le Ministre de la Marine,

DELCASSÉ.

Le Ministre de la Marine *à Messieurs les Vice-Amiraux commandant en chef, Préfets maritimes; Officiers généraux, supérieurs et autres commandant à la mer; Commandants de la Marine en Algérie, en Tunisie, en Indo-Chine; en Corse, à Dakar et à Diégo-Suarez.*

Direction militaire des Services de la Flotte; — Service du Personnel militaire de la Flotte : *Bureau des Équipages de la Flotte.* = Service central de l'Intendance maritime : *Bureau du Personnel de l'Intendance, de la Solde et des Revues.*

Paris, le 9 décembre 1912.

Interprétation de l'article 76 du décret du 11 juillet 1908 relatif à la constitution d'une table unique d'officiers-mariniers à bord des bâtiments.

Aux termes de l'article 76, § 3, du décret du 11 juillet 1908 sur la solde des marins du corps des Équipages de la Flotte, «quand le débarquement d'un premier-maître ou maître laisse la table uniquement composée de seconds-maîtres, la table est considérée comme table de seconds-maîtres dix jours après ce débarquement».

La question m'a été posée de savoir quel doit être le point de départ du délai de dix jours prévu par l'article susvisé, lorsqu'il s'agit d'officiers-mariniers en traitement dans les hôpitaux et débarqués dans les conditions indiquées par les articles 375, § 6, de l'arrêté du 30 juillet 1910 sur le service courant des Équipages de la Flotte et 325 de l'Instruction du 26 octobre 1910 sur l'administration et la comptabilité du Service de la Solde.

J'ai l'honneur de vous faire connaître que, dans l'espèce, le délai de dix jours doit être compté à partir de la date de la réception de la note du Service de Santé indiquant que l'intéressé ne peut rallier le bâtiment ou service dans les délais réglementaires.

J'ajoute que, dans le cas de débarquement d'officiers-mariniers absents du bord pour toute cause autre que celle de traitement à l'hôpital, le même délai de dix jours doit être compté à partir de la date de la réception de l'ordre prévu à l'article 235 du décret du 17 juillet 1908 et prescrivant ce mouvement.

Le Ministre de la Marine,

DELCASSÉ.

LE MINISTRE DE LA MARINE
à Monsieur le Vice-Amiral commandant en chef la 1re Armée navale.

Direction militaire des Services de la Flotte; — Service du Personnel militaire de la Flotte : *Bureau des Équipages de la Flotte.* = Service central de l'Intendance maritime : *Bureau du Personnel de l'Intendance (Revues).*

Paris, le 17 janvier 1913.

Un marin maintenu sans lien au service en attendant de contracter un acte de réadmission ou de rengagement n'a droit à aucune solde à partir de la date de l'expiration du dernier lien s'il vient à être congédié par suite du refus de signer ledit acte.

Le quartier-maître canonnier X..., engagé dans les conditions de la loi du 22 juillet 1886 et dont le lien arrivait à expiration le 1er octobre 1912, avait déclaré tout d'abord ne pas vouloir rester au service et avait demandé par suite à être congédié à cette date; mais, revenant sur sa décision, il sollicita, le 27 septembre 1912, l'autorisation de contracter un rengagement. Les formalités nécessaires pour souscrire le nouveau lien n'ayant pu, en raison de cette détermination tardive, être remplies avant le 1er octobre, et le ..... sur lequel il était embarqué ayant quitté momentanément Toulon, l'intéressé ne put être mis en demeure de se lier à nouveau au service que le 26 octobre 1912, mais à ce moment il refusa de signer l'engagement et fut immédiatement libéré sur sa demande.

Dans une note que vous m'avez soumise sous bordereau du 25 novembre 1912, le commandant du ..... soulève la question de savoir si le quartier-maître X... doit recevoir une solde pendant la période comprise entre le 1er et le 26 octobre durant laquelle il s'est trouvé sans lien au service.

J'ai l'honneur de vous faire connaître que, conformément à l'avis émis par le commissaire d'armée navale et à la mesure déjà prise en pareil cas à l'égard d'un quartier-maître mécanicien du ..... (Dépêche du 17 juin 1909 à Toulon et à l'Escadre de la Méditerranée), cette question doit être résolue par la négative.

En refusant de contracter le nouveau lien, l'ayant cause s'est placé volontairement dans une situation qui ne saurait rentrer, pour la radiation des contrôles de l'activité et le maintien de la solde, dans le cas des hommes retenus *d'office* au delà de la période réglementaire du lien en vertu duquel ils servent.

Le Ministre de la Marine,

DELCASSÉ.

LE MINISTRE DE LA MARINE
à Monsieur le Vice-Amiral commandant en chef, Préfet maritime à Toulon.

Direction militaire des Services de la Flotte; — Service du Personnel militaire de la Flotte : *Bureau des Équipages de la Flotte.* — Service central de l'Intendance maritime : *Bureau du Personnel de l'Intendance, de la Solde et des Revues.*

Paris, le 24 février 1913.

Au sujet de la distribution des gratifications facultatives revenant aux flottilles de torpilleurs.

Le tarif n° VIII, § *a*, annexé au décret du 11 juillet 1908, prévoit, en ce qui concerne les flottilles de torpilleurs, deux taux de gratifications facultatives, s'appliquant, l'un aux torpilleurs armés, et l'autre au service central, y compris les torpilleurs en disponibilité et en réserve.

Dans une lettre que vous m'avez transmise sous bordereau du 20 janvier 1913, le commandant des torpilleurs et sous-marins de votre port soulève la question de savoir si les deux sommes, calculées suivant la distinction établie par le tarif susvisé, peuvent être fusionnées pour la distribution et réparties par suite entre tous les hommes de la flottille.

Ainsi que l'a pensé le chef du Service de la Solde du port de Toulon, j'ai l'honneur de vous faire connaître que cette question doit être résolue par l'affirmative, et je vous prie d'en faire aviser qui de droit.

Le Ministre de la Marine,

PIERRE BAUDIN.

Le Ministre de la Marine *à Messieurs les Vice-Amiraux commandant en chef, Préfets maritimes; Contre-Amiral commandant la Marine en Tunisie et Capitaine de vaisseau commandant la Marine en Indo-Chine.*

Direction militaire des Services de la Flotte; — Service du Personnel militaire de la Flotte : *Bureau des Équipages de la Flotte.* — Service central de l'Intendance maritime : *Bureau du Personnel de l'Intendance, de la Solde et des Revues.*

Paris, le 31 mars 1913.

Mode de calcul du taux des gratifications facultatives à allouer aux flottilles de torpilleurs.

L'administration d'une flottille de torpilleurs a soulevé la question de savoir comment il y a lieu de calculer le montant des gratifications facultatives à distribuer aux équipages des bâtiments et services faisant partie des flottilles.

J'ai l'honneur de vous faire connaître que le taux des gratifications facultatives à allouer dans ces organismes doit être déterminé en totalisant, d'une part, les effectifs des torpilleurs armés, et d'autre part les effectifs du Service central, des torpilleurs en essais, en disponibilité (catégorie A) et en réserve, et en appliquant respectivement à ces deux groupes d'effectifs les allocations des colonnes 2 et 4 du tarif n° VIII, § *a*, annexé au décret du 11 juillet 1908 sur la solde des Équipages de la Flotte.

Ainsi que l'a précisé une dépêche du 24 février dernier, les deux sommes ainsi obtenues peuvent être fusionnées pour la distribution et réparties, par suite, entre tous les hommes de la flottille.

Le Ministre de la Marine,

Pierre BAUDIN.

Le Ministre de la Marine *à Messieurs les Vice-Amiraux commandant en chef, Préfets maritimes; Contre-Amiral commandant la Marine en Tunisie.*

Direction militaire des Services de la Flotte; — Service du Personnel militaire de la Flotte : *Bureau des Équipages de la Flotte; Bureau de l'État-Major de la Flotte.* = Service central de l'Intendance maritime : *Bureau du Personnel de l'Intendance, de la Solde et des Revues.*

Paris, le 15 mai 1913.

Traitement de table à allouer aux premiers-maîtres patrons-pilotes appelés à commander momentanément un torpilleur à défaut de commandant titulaire.

Il arrive fréquemment que les premiers-maîtres patrons-pilotes son appelés à prendre le commandement d'un torpilleur soit pour combler une vacance momentanée, soit pour remplacer le commandant titulaire absent par permission, mission hors du bord ou par maladie.

Le chef du Service de la Solde a soulevé la question de savoir dans quelles conditions il y a lieu d'attribuer le traitement de table de commandant aux premiers-maîtres qui exercent ainsi les fonctions temporaires de commandant d'un torpilleur.

J'ai l'honneur de vous faire connaître que les officiers-mariniers dont il s'agit doivent bénéficier *en permanence* du traitement de table afférent à leurs fonctions de commandant lorsqu'ils occupent des postes non pourvus de titulaires ou des postes dont les titulaires se trouvent dans une des positions d'absence définies par l'article 2, § 5, du décret du 7 janvier 1908.

Lorsque, par contre, ils remplacent des commandants absents de leur bord comme se trouvant dans l'une des cinq dernières positions de présence énumérées à l'article 2, § 4, du décret du 7 janvier 1908, les premiers-maîtres commandants intérimaires ne doivent recevoir l'allocation de traitement de table de commandant que les jours de sortie seulement, en tenant compte toutefois de l'application, le cas échéant, des dispositions de l'article 83, § 4, du décret du 11 juillet 1908 sur la solde des Équipages de la Flotte, et sous réserve des dispositions spéciales à la position de vacances pour les torpilleurs qui comportent cette position.

Les payements de traitement de table effectués jusqu'à ce jour aux premiers-maîtres intéressés et non conformes aux dispositions contenues dans la présente circulaire seront considérés comme réguliers.

Le Ministre de la Marine,

Pierre BAUDIN.

Le Ministre de la Marine *à Monsieur le Contre-Amiral commandant la Division des Écoles de la Méditerranée.*

Direction militaire des Services de la Flotte; — Service du Personnel militaire de la Flotte : *Bureau des Équipages de la Flotte;* — Service central de l'Intendance maritime : *Bureau du Personnel de l'Intendance, de la Solde et des Revues.*

Paris, le 15 mai 1913.

Traitement de table à allouer aux officiers-mariniers embarqués sur les torpilleurs annexes des bâtiments-écoles.

Par lettre du 5 avril courant, vous m'avez signalé les inconvénients que présente, pour la nourriture des intéressés, l'admission aux tables du *D'Entrecasteaux* et du *Marceau* des officiers-mariniers embarqués sur les torpilleurs annexes de ces navires-écoles, et demandé que chacun de ces petits bâtiments soit désormais considéré comme isolé au point de vue de la concession du traitement de table.

J'ai l'honneur de vous faire connaître que j'ai accueilli cette demande, par analogie avec la mesure déjà prise par dépêche du 7 septembre 1904 en faveur des officiers-mariniers embarqués sur les annexes des bâtiments-écoles de la rade de Brest.

Les torpilleurs annexes en question ne faisant plus partie des flottilles, il y aura lieu d'attribuer aux tables constituées à bord de ces bâtiments les allocations du tarif n° X, § *a*, annexé au décret du 11 juillet 1908 sur la solde des Équipages de la Flotte.

Le fonctionnement des tables d'officiers-mariniers devra être assuré avec le personnel dont disposent actuellement les torpilleurs dont il s'agit.

Le Ministre de la Marine,

Pierre BAUDIN.

Le Ministre de la Marine *à Messieurs les Vice-Amiraux commandant en chef, Préfets maritimes; Officiers généraux, supérieurs et autres commandant à la mer.*

Direction militaire des Services de la Flotte; — Service central de l'Intendance maritime : *Bureau des Subsistances, de l'Habillement et du Casernement; Bureau du Personnel de l'Intendance, de la Solde et des Revues.* — Service du Personnel militaire de la Flotte : *Bureau de l'État-Major de la Flotte; Bureau des Équipages de la Flotte.*

Paris, le 26 mai 1913.

Dispositions relatives à la nourriture des équipages des sous-marins affectés aux escadres pendant leurs séjours au centre habituel de stationnement.

La question a été posée de savoir dans quelles conditions le personnel des escadrilles de sous-marins rattachées aux escadres devait être nourri pendant le séjour de ces petits bâtiments dans les centres de flottilles.

Je vous informe que cette question doit être résolue de la façon suivante, qui est celle déjà adoptée par certains centres :

Les quartiers-maîtres et marins des sous-marins dont il s'agit sont placés en subsistance au centre de flottille chargé de les nourrir;

Les membres des tables continuent à compter aux tables de leurs bâtiments respectifs pour les vivres et pour le traitement de table, et les indemnités acquises sont perçues au titre de l'escadrille; ils sont nourris par les tables du centre moyennant versement direct, par leur table, de la quotité des allocations (vivres et traitement de table) prévues pour les tables auxquelles ils sont admis.

Le Ministre de la Marine,

Pierre BAUDIN.

LE MINISTRE DE LA MARINE *à Monsieur le Capitaine de vaisseau commandant la force navale détachée au Maroc.*

Direction militaire des Services de la Flotte; — Service du Personnel militaire de la Flotte : *Bureau des Équipages de la Flotte; Bureau de l'État-Major de la Flotte.* — Service central de l'Intendance maritime : *Bureau du Personnel de l'Intendance, de la Solde et des Revues.*

Paris, le 12 juin 1913.

Au sujet du maintien des avantages spéciaux de solde et de traitement de table aux bâtiments de la Division navale du Maroc séjournant à Gibraltar.

Le préfet maritime du 4ᵉ Arrondissement m'a transmis, le 17 mai dernier, une demande du commandant de la *Surprise* tendant à maintenir sans interruption, par dérogation aux prescriptions de la circulaire du 4 février 1909 (*B. O.*), tous les avantages spéciaux de solde et de traitement de table prévus pour les bâtiments de la Division navale du Maroc aux navires de cette division qui séjournent à Gibraltar.

Cette demande a été formulée à la suite d'une observation du chef du Service de la Solde du port de Rochefort, qui a constaté qu'en 1911 la *Surprise* n'avait fait application de ladite circulaire que pour un des deux séjours de plus de 11 jours effectués à Gibraltar.

La concession aux états-majors et aux équipages des bâtiments détachés au Maroc des allocations de solde et de traitement de table ne revenant réglementairement qu'aux officiers et marins des bâtiments naviguant ou stationnés en dehors de la zone comprise entre les parallèles 30° et 70° de latitude Nord et les méridiens 15° Est et Ouest, a eu spécialement pour but de tenir compte des fatigues de la navigation et de la cherté de la vie sur les côtes mêmes du Maroc.

C'est pour cette raison que la circulaire du 4 février 1909 susvisée a notamment fait cesser le droit aux allocations en question le onzième jour qui suit le départ d'un des ports du Maroc pour les bâtiments quittant définitivement ou non les eaux marocaines et se rendant dans un port d'Espagne (Gibraltar doit être considéré nécessairement au point de vue géographique comme port d'Espagne), d'Algérie ou Tunisie.

La dérogation demandée par le commandant de la *Surprise* aurait pour résultat de créer une inégalité choquante de traitement entre deux bâtiments quittant les côtes du Maroc pour *un même laps de temps* et se rendant l'un en Algérie ou en Tunisie, et l'autre seulement au mouillage de Gibraltar.

Je n'ai pas accueilli, en conséquence, la demande dont il s'agit et je vous prie d'en faire aviser qui de droit. J'ai décidé toutefois, à titre bienveillant que les allocations irrégulièrement payées pour des séjours effectués par la *Surprise* à Gibraltar en 1911 ne donneront pas lieu à reprise.

Le Ministre de la Marine,

PIERRE BAUDIN.

LE MINISTRE DE LA MARINE *à Monsieur le Contre-Amiral commandant la 2e Division de la 1re Escadre légère à bord du* Jules-Ferry.

Direction militaire des Services de la Flotte; — Service du Personnel militaire de la Flotte : *Bureau des Équipages de la Flotte; Bureau de l'État-Major de la Flotte.* = Direction de la Comptabilité générale : *Bureau des Fonds, Ordonnances et Dépenses d'outre-mer.* = Service central de l'Intendance maritime : *Bureau du Personnel de l'Intendance, de la Solde et des Revues.*

Paris, le 7 juillet 1913.

Au sujet de la solde des officiers-mariniers détachés à terre à l'étranger.

En exécution de votre ordre du 13 novembre 1912 pris à bord du *Léon-Gambetta* à Constantinople, les officiers et officiers-mariniers faisant partie du corps de débarquement destiné à la protection des nationaux résidant à Constantinople, ont été considérés comme étant en mission, dans les conditions des articles 48 et 49 du décret du 13 septembre 1910, et ont reçu des avances, calculées suivant les tarifs de la circulaire du 17 novembre 1871, dont ils ont ensuite justifié l'emploi par mémoire.

Je dois vous informer que votre ordre précité est, en ce qui concerne les officiers-mariniers, contraire aux dispositions des articles 14 et 49 du décret du 11 juillet 1908 sur la solde des marins interprétés par la circulaire du 20 avril 1912 (*B. O.*, p. 793) : les officiers-mariniers en cause auraient dû recevoir, conformément à ces dispositions, la solde n° 1 et l'indemnité pour résidence temporaire prévue au tarif VI du décret du 11 juillet 1908, pour les marins détachés à terre dans les expéditions aux colonies ou à l'étranger.

J'ai décidé toutefois, en raison des circonstances qui vous ont conduit à débarquer et à mettre à terre les officiers-mariniers en cause, d'approuver pour le passé les dispositions que vous avez prises pour le règlement de leur situation pécuniaire, mais je vous prie de vous conformer à l'avenir aux articles 14 et 49 du décret du 11 juillet 1908.

Le Ministre de la Marine,

PIERRE BAUDIN.

Le Ministre de la Marine *à Messieurs le Vice-Amiral commandant la 1re Armée navale et le Contre-Amiral commandant la 2e Escadre légère.*

Direction militaire des Services de la Flotte; — Service du Personnel militaire de la Flotte : *Bureau des Équipages de la Flotte.* = Service central de l'Intendance maritime : *Bureau du Personnel de l'Intendance, de la Solde et des Revues.* = Direction de la Comptabilité générale : *Bureau du Budget.*

Paris, le 31 juillet 1913.

Subventions pour l'éducation physique et morale du marin.

Par modification aux dispositions de la circulaire du 11 avril 1912 (*B. O.*, p. 747), la subvention à attribuer à la 1re Armée navale et à la 2e Escadre légère pour l'éducation physique et morale des marins des Équipages de la Flotte est fixée comme il suit :

1re Armée navale (flottilles de torpilleurs d'escadre et de sous-marins comprises) : 5,800 francs;
2e Escadre légère (flottilles de torpilleurs d'escadre et sous-marins comprises) : 1,500 francs.

Ces allocations, qui seront imputées sur les fonds du chapitre 38, art. 1er, du budget de la Marine, seront perçues en une seule fois par le bâtiment portant le pavillon de l'officier général commandant en chef. Elles pourront être ensuite distribuées en totalité ou en partie entre bâtiments ou groupes de bâtiments.

Les nouvelles fixations prévues par la présente circulaire seront applicables à dater du 1er janvier 1913.

Le Ministre de la Marine,

Pierre BAUDIN.

Le Ministre de la Marine *à Monsieur le Capitaine de frégate commandant supérieur de l'Aviation maritime à bord de la* Foudre.

Direction militaire des Services de la Flotte; — Service du Personnel militaire de la Flotte : *Bureau des Équipages de la Flotte.* = Service central de l'Intendance maritime : *Bureau du Personnel de l'Intendance, de la Solde et des Revues.*

Paris, le 12 août 1913.

Traitement de table à allouer aux officiers-mariniers embarqués sur les torpilleurs annexes de la Foudre.

Par lettre du 10 juillet dernier, vous m'avez signalé les inconvénients que présente, pour la nourriture des intéressés, l'admission aux tables de la

Foudre des officiers-mariniers du torpilleur annexé à ce croiseur, et demandé que ce petit bâtiment fût considéré comme isolé au point de vue de la concession du traitement de table.

J'ai l'honneur de vous faire connaître que j'ai accueilli cette demande par analogie avec la mesure déjà prise par une dépêche du 15 mai 1913 en faveur des officiers-mariniers embarqués sur les annexes des navires faisant partie de la Division des Écoles de la Méditerranée.

La présente dépêche, qui aura son effet à dater du 1er août 1913, sera applicable à l'*Étau*, actuellement annexé à la *Foudre*, et aux torpilleurs *183* et *187* qui doivent être prochainement affectés aux services de l'Aviation maritime à Saint-Raphaël.

Il est bien entendu que les tables constituées à bord des annexes en question auront droit aux allocations du tarif n° 10, § *a*, du décret du 11 juillet 1908 sur la solde des Équipages de la Flotte.

Le Ministre de la Marine,

PIERRE BAUDIN.

LE MINISTRE DE LA MARINE *à Messieurs les Vice-Amiraux commandant en chef, Préfets maritimes; Officiers généraux, supérieurs et autres commandant à la mer.*

Paris, le 1er septembre 1913.

Un maître-torpilleur a droit, jusqu'à l'expiration du certificat dont il est titulaire, au supplément de mécanicien-torpilleur qu'il percevait au moment de son admission dans sa spécialité actuelle.

L'article 5 du décret du 4 mars 1912, réorganisant les spécialités dans le corps des Équipages de la Flotte, a spécifié que les «mécaniciens-torpilleurs admis dans la nouvelle spécialité de torpilleurs conserveront leurs droits aux soldes de leur spécialité d'origine jusqu'à ce qu'ils aient obtenu un grade permettant de leur attribuer, d'après les tarifs en vigueur pour les spécialités du pont, des soldes respectivement égales ou supérieures».

L'Administration d'un port a soulevé la question de savoir si, par application de l'article susvisé, et nonobstant les dispositions de l'article 138 (1°) du décret du 11 juillet 1908 sur la solde des Équipages de la Flotte, un maître torpilleur peut recevoir, jusqu'à l'expiration du certificat dont il est titulaire, le supplément de mécanicien-torpilleur qui lui était attribué dans le grade de second-maître mécanicien-torpilleur qu'il possédait au moment de son passage dans la nouvelle spécialité de torpilleurs.

J'ai l'honneur de vous faire connaître que cette question doit être résolue par l'affirmative.

Le Ministre de la Marine,

PIERRE BAUDIN.

LE MINISTRE DE LA MARINE *à Monsieur le Vice-Amiral commandant en chef, Préfet maritime à Brest.*

Direction militaire des Services de la Flotte; — Service du Personnel militaire de la Flotte : *Bureau des Équipages de la Flotte; — Bureau de l'État-Major de la Flotte.* = Service central de l'Intendance maritime : *Bureau du Personnel de l'Intendance, de la Solde et des Revues.* = Direction du Contrôle.

Paris, le 10 septembre 1913.

Mode de calcul du taux des gratifications facultatives des Dépôts et du cadre des Hôpitaux.

Dans un rapport en date du 24 juin 1913, concernant l'inspection administrative du 2ᵉ Dépôt des Équipages de la Flotte, le Contrôle résident du port de Brest a posé notamment les deux questions suivantes :

1° Les instructeurs du groupe de formation doivent-ils être compris dans l'effectif qui sert de base au calcul des gratifications facultatives ?

2° Comment doit être décompté le montant des gratifications de l'espèce revenant au personnel du cadre des hôpitaux ?

Ainsi que l'a pensé le Contrôle résident de votre port, j'ai l'honneur de vous faire connaître que la première question doit être résolue par l'affirmative.

En ce qui concerne la 2ᵉ question, et ainsi qu'il résulte des dispositions contenues dans la dépêche du 10 octobre 1908 (*B. O.*) relative à l'administration du personnel affecté aux préfectures et aux majorités générales, le personnel du cadre des hôpitaux doit former un groupe distinct pour établir le calcul du taux des gratifications facultatives [1]......................

....

Pour le Ministre et par son ordre,

DARRIEUS.

LE MINISTRE DE LA MARINE *à Monsieur le Vice-Amiral commandant en chef, Préfet maritime à Toulon.*

Direction militaire des Services de la Flotte; — Service du Personnel militaire de la Flotte : *Bureau des Équipages de la Flotte.* = Service central de l'Intendance maritime : *Bureau du Personnel de l'Intendance, de la Solde et des Revues.*

Paris, le 19 septembre 1913.

Au sujet du droit à la prime prévue pour les marins faisant partie de la 1ʳᵉ catégorie du personnel des Ateliers centraux de la Flotte.

Vous m'avez transmis, le 1ᵉʳ septembre 1913, un dossier relatif à une demande formulée par le matelot mécanicien X..., de l'Atelier central de la Flotte à Toulon.

---

[1] Voir aussi Dépêche du 8 juillet 1911. — En annexe.

Ce matelot, provenant du recrutement et affecté à l'Atelier central sans avoir contracté son engagement spécial, sollicite l'attribution de la prime prévue au tarif IV, § *c*, annexé au décret du 11 juillet 1908.

Ainsi que l'a pensé le chef du Service de la Solde de votre port, les termes des dépêches du 28 décembre 1908 et 17 juillet 1913 sont impératifs et la prime susvisée est *exclusivement réservée aux marins qui, en dehors de leur lien militaire, contractent sur leur demande un engagement spécial de servir dans un Atelier central de la Flotte.*

Je n'ai donc pas accueilli la demande du matelot X..., et je vous prie de vouloir bien l'en faire aviser.

Le Ministre de la Marine,

PIERRE BAUDIN.

LE MINISTRE DE LA MARINE

à Monsieur le Vice-Amiral commandant en chef la 1re Armée navale.

Direction militaire des Services de la Flotte; — Service du Personnel militaire de la Flotte : *Bureau des Équipages de la Flotte.* — Service central de l'Intendance maritime : *Bureau du Personnel de l'Intendance, de la Solde et des Revues.*

Paris, le 6 octobre 1913.

Au sujet du traitement de table des officiers-mariniers de l'équipage supplémentaire des sous-marins.

Sous bordereau en date du 10 septembre 1913, vous m'avez transmis une demande formulée par le second-maître électricien X..... appartenant à l'équipage supplémentaire des sous-marins de l'Armée navale, et tendant à obtenir l'allocation du traitement de table «forfaitaire» prévue au tarif Xb, § 2°, du décret du 11 juillet 1908 pour les tables des bâtiments armés des flottilles.

Le second-maître X..... a été embarqué provisoirement sur le X..... en remplacement d'un second-maître faisant partie de l'équipage «permanent» de ce sous-marin, et actuellement en permission de longue durée.

La dépêche à Rochefort en date du 10 décembre 1909 mentionnée au nota(1) du tarif précité, stipule nettement que « les officiers-mariniers de l'*équipage supplémentaire* des sous-marins qui, en dehors des sorties à la mer, *prennent effectivement leurs repas à la table constituée au service central* ne peuvent prétendre à l'allocation du traitement de table *forfaitaire*».

Je n'ai pas cru devoir modifier ces dispositions, et je n'ai pas accueilli, par suite, la demande du second-maître X.....

Je vous prie de vouloir bien l'en faire aviser.

Le Ministre de la Marine,

PIERRE BAUDIN.

LE MINISTRE DE LA MARINE *à Messieurs les Vice-Amiraux commandant en chef, Préfets maritimes; Officiers généraux, supérieurs et autres commandant à la mer.*

Direction militaire des Services de la Flotte; — Service du Personnel militaire de la Flotte : *Bureau des Équipages de la Flotte; Bureau de l'État-Major de la Flotte.* — Service central de l'Intendance maritime : *Bureau du Personnel de l'Intendance, de la Solde et des Revues.*

Paris, le 11 octobre 1913.

Les officiers, marins et autres disparus en mer peuvent bénéficier d'avancements en grade, en classe ou en solde pendant la durée de leur maintien sur un rôle d'équipage.

Aux termes des articles 6 du décret du 7 janvier 1908 et 8 du décret du 11 juillet 1908, «les droits à la solde d'activité cessent pour les officiers, marins et autres présents à bord d'un bâtiment disparu en mer, ainsi que pour ceux qui sont disparus individuellement et dont le décès n'a pas été constaté dans le délai de six mois, à compter du premier jour du septième mois qui suit soit la date des dernières nouvelles telle qu'elle est fixée par le Ministre, pour les premiers, soit la date indiquée par le procès-verbal de disparition, pour les hommes disparus individuellement».

L'administration d'un des ports militaires a soulevé la question de savoir si, entre la date de disparition présumée ou constatée et celle de la radiation des contrôles de l'activité, les officiers, marins et autres peuvent avancer en grade ou en classe et prétendre aux augmentations automatiques de solde découlant du temps de service.

J'ai l'honneur de vous faire connaître que cette question doit être résolue par l'affirmative.

J'ajoute, en vue d'assurer l'unité d'application des dispositions des articles 95 du décret du 7 janvier 1908 et 101 du décret du 11 juillet 1908, que, pendant la durée de leur maintien sur un rôle d'équipage, les officiers, marins et autres disparus doivent bénéficier, par continuation, de la solde à laquelle ils avaient droit au moment de leur disparition.

Ainsi, par exemple, un matelot disparu à bord d'un bâtiment armé dans la métropole aura droit à la solde n° 3 jusqu'à la radiation des contrôles de l'activité, même si le bâtiment vient, avant la date de cette radiation, à passer dans une position concédant une solde différente au personnel de l'équipage.

Le Ministre de la Marine,

PIERRE BAUDIN.

Le Ministre de la Marine *à Messieurs les Vice-Amiraux commandant en chef, Préfets maritimes; Contre-Amiraux commandant les Divisions des Écoles de l'Océan et de la Méditerranée.*

Direction militaire des Services de la Flotte; — Service du Personnel militaire de la Flotte : *Bureau des Équipages de la Flotte.* — Service central de l'Intendance maritime : *Bureau du Personnel de l'Intendance, de la Solde et des Revues; Bureau des Subsistances, de l'Habillement et du Casernement.*

Paris, le 12 novembre 1913.

Concession, à dater de la notification du décret du 17 octobre 1913, d'une allocation de traitement de table aux officiers-mariniers des services à terre des ports militaires.

Par application des dispositions de l'article 73 du décret du 11 juillet 1908, modifié le 17 octobre 1913, j'ai décidé qu'une allocation de traitement de table sera allouée, dans les conditions prévues par l'article 79 du décret précité, aux officiers-mariniers des services à terre ci-après désignés des ports militaires :

Dépôts des Équipages de la Flotte; Défenses fixes; Ateliers centraux de la Flotte; École des élèves officiers de marine et des mécaniciens de Brest; École des apprentis mécaniciens de Lorient; École des mécaniciens et chauffeurs de Toulon; Écoles à terre des officiers canonniers et torpilleurs; École des fusiliers; Directions des mouvements de port.

Comme conséquence de cette mesure, des tables d'officiers-mariniers devront, en principe, fonctionner dans chaque unité administrative. Si, dans un service et pour des raisons que les autorités maritimes locales auront à apprécier, il est impossible ou simplement peu économique de constituer ces tables, les officiers-mariniers intéressés seront placés en subsistance dans une autre unité.

De même, les officiers-mariniers qui, en raison de l'éloignement ou des obligations de service, ne pourrront prendre leurs repas aux tables de l'unité à laquelle ils appartiennent seront placés en subsistance dans une autre unité.

Les officiers-mariniers auxquels la réglementation en vigueur autorise le payement de l'indemnité représentative des vivres pourront, comme par le passé, bénéficier de la même faculté.

Je vous rappelle, à cette occasion, que le traitement de table des officiers-mariniers non commandants constitue une allocation collective qui n'est due que lorsque les intéressés prennent effectivement leurs repas à une table.

Par suite, les officiers-mariniers recevant l'indemnité représentative des vivres ne peuvent, en aucun cas, prétendre au traitement de table.

Les officiers-mariniers des services à terre hors des ports militaires qui bénéficiaient jusqu'ici d'un traitement de table continueront à avoir droit, comme par le passé, à cette allocation.

Le Ministre de la Marine,

PIERRE BAUDIN.

LE MINISTRE DE LA MARINE *à Messieurs les Vice-Amiraux commandant en chef, Préfets maritimes à Cherbourg, Brest, Lorient, Rochefort, Toulon; Contre-Amiraux commandant l'Escadre d'instruction de la Méditerranée et la Division d'instruction de l'Océan.*

Paris, le 16 janvier 1914.

Allocation de la solde n° 1 aux apprentis embarqués en attendant leur entrée dans une école de spécialité.

Aux termes de la circulaire manuscrite du 13 octobre 1913, les apprentis recrutés en vue de l'envoi à une école de spécialité doivent, en principe, être destinés à l'Escadre d'instruction de la Méditerranée ou à la Division d'instruction de l'Océan dès qu'ils ont terminé leur stage aux compagnies de formation.

La question m'a été posée de savoir quelle solde il convient de payer aux apprentis ainsi embarqués en attendant leur entrée dans une école de spécialité.

Par application des dispositions contenues à l'article 20 du décret du 11 juillet 1908, j'ai décidé d'allouer la solde n° 1 aux marins dans cette situation.

Le Ministre de la Marine,

MONIS.

Le Ministre de la Marine *à Messieurs, les Vice-Amiraux commandant en chef, Préfets maritimes; Officiers généraux, supérieurs et autres commandant à la mer.*

Direction militaire des Services de la Flotte; — Service du Personnel militaire de la Flotte : *Bureau du Personnel de l'Intendance, de la Solde et des Revues.* — Service central de l'Intendance maritime : *Bureau des Équipages de la Flotte.* = État-major général : *4e Section.*

Paris, le 5 mars 1914.

Au sujet du classement définitif des matelots sans spécialité comme aides. — Gratifications facultatives à allouer aux aides. — Substitution des aides-mécaniciens aux aides-chauffeurs.

Aux termes de la circulaire manuscrite du 10 septembre 1912, dont un extrait est reproduit ci-après en annexe, les matelots sans spécialité ne peuvent être classés définitivement comme «aides» qu'au bout de six mois de présence à bord des bâtiments.

La même circulaire dispose que les aides doivent, autant que possible, être récompensés de leurs services par l'allocation de gratifications facultatives.

Par modification à ces dispositions, j'ai décidé :

1° Que l'affectation des matelots comme aides pourra, à l'avenir, être prononcée après un stage dont la durée est laissée à l'appréciation des commandants des bâtiments. Les matelots qui, en raison de la profession qu'ils exerçaient avant d'entrer dans la Marine, sont jugés susceptibles d'être utilisés immédiatement en qualité d'aides, pourront être classés comme tels dès leur embarquement, c'est-à-dire sans stage préalable.

2° Qu'une somme globale sera prélevée mensuellement sur le montant des gratifications facultatives revenant au bâtiment et distribuée obligatoirement entre les aides les plus méritants qui remplissent des fonctions non rétribuées par un supplément de solde. Cette somme sera calculée d'après l'effectif réel des aides (aides de la machine non compris) à raison de 0 fr. 10 par homme et par jour.

Comme conséquence de cette mesure qui réduit sensiblement le montant de la somme pouvant être distribuée au gré du commandant, les marins de tous grades bénéficiant d'un des suppléments énumérés au tarif n° 5 du 11 juillet 1908, et les officiers-mariniers dont la solde vient d'être améliorée d'une manière appréciable, ne pourront participer aux gratifications facultatives que s'ils ont pris part à des travaux pénibles ou dangereux ou s'ils remplissent une des fonctions prévues au décret du 11 juillet 1908 susvisé.

D'autre part, et comme suite aux dispositions de l'arrêté du 31 décembre 1913 relatif à la délivrance des brevets provisoires et des brevets élémentaires, j'ai décidé que les *aides-chauffeurs* prévus par les tableaux de composition d'équipage annexés à la circulaire précitée du 10 septembre 1912, prendront désormais le nom *d'aides-mécaniciens*, et que les *soutiers aides de chauffe* prendront le nom *d'aides-chauffeurs*.

Les aides-mécaniciens seront, en principe, affectés au service des machines. Ils concourront avec le personnel mécanicien à la surveillance du graissage en marche et aux travaux ordinaires d'entretien au mouillage. Ils feront partie intégrante du personnel permanent du service « machines » dans les conditions prévues à l'article 40 de l'arrêté du 1er décembre 1901, modifié le 1er janvier 1909, sur la composition des équipages à bord des bâtiments.

Les aides-chauffeurs prendront les attributions actuelles des soutiers aides de chauffe telles qu'elles sont fixées par l'article 41 de l'arrêté du 1er décembre 1901, modifié le 8 janvier 1909.

Les aides-mécaniciens et les aides-chauffeurs recevront respectivement, dans la limite de l'effectif réglementaire, les suppléments de fonctions de 0 fr. 40 et 0 fr. 25 prévus au tarif n° V, § *c*, du décret du 11 juillet 1908 sur la Solde des Équipages de la Flotte.

Le Ministre de la Marine,

MONIS.

ANNEXE.

Extrait *de la Circulaire manuscrite du 16 septembre 1912 faisant envoi des nouveaux tableaux de composition d'équipage des bâtiments de la 1re Armée navale et de la 3e Escadre.*

....

AIDES DES SPÉCIALITÉS.

L'expérience a prouvé que l'intervention des brevetés ne s'impose plus pour toutes les fonctions qui leur sont actuellement attribuées à bord des bâtiments.

Des matelots sans spécialité, présentant des aptitudes moyennes, rendent d'excellents services, pourvu qu'ils soient affectés d'une manière permanente à des fonctions bien déterminées et qu'ils soient soumis à un entraînement méthodique.

En conséquence, et conformément d'ailleurs au principe posé dans le rapport au Président de la République en date du 3 juin 1911 et aux propositions formulées par la Commission de réorganisation du personnel embarqué, les nouveaux effectifs des bâtiments comportent une réduction sensible des matelots brevetés et une augmentation correspondante des matelots de pont désignés sous le nom d'« aides ».

Pour que les aides (dont l'utilisation doit permettre de diminuer les contingents des écoles actuellement surchargées par un trop grand nombre d'apprentis et d'augmenter très sensiblement les cadres de la maistrance avec les économies ainsi réalisées) rendent les services qu'on attend d'eux, certaines conditions s'imposent :

Il faut les *choisir*, les *spécialiser* et les *encourager* dans l'accomplissement de leur tâche.

1° *Sélection.* — L'affectation des aides aux diverses spécialités doit être faite avec le plus grand soin.

A cet effet, les compagnies de formation, qui ont la mission importante de rechercher les aptitudes des recrues et, dans une certaine mesure, leurs goûts, devront signaler autant que possible la spécialité à laquelle elles proposent d'affecter comme aides les hommes qu'elles ne dirigent pas sur les écoles de spécialité.

Cette indication sera particulièrement précieuse pour les hommes qui, bien qu'ils ne soient pas envoyés dans les écoles, auront exercé dans la vie civile des professions immédiatement utilisables dans la Flotte : marins (aides-manœuvriers); ouvriers (aides-canonniers, aides-torpilleurs, aides-électriciens, etc.); comptables (aides-fourriers, etc.); horlogers (aides pour l'emploi des appareils de conduite de tir).

Soit qu'ils viennent des dépôts, soit qu'ils viennent d'autres bâtiments, les aides devront, à leur embarquement, être répartis dans les divers services du bord, en tenant le plus grand compte de leurs titres antérieurs.

2° *Spécialisation.* — En principe, les aides doivent être affectés au même bâtiment pendant toute la durée de leur service.

Pendant leur embarquement, ils doivent rester attachés au même service afin de s'y spécialiser.

Cette stabilité est la condition fondamentale de l'institution nouvelle.

A leur embarquement, les matelots sans spécialité devront, ainsi que le précise l'article 602 de l'arrêté du 28 octobre 1910, modifié le 1er août 1912, être répartis provisoirement dans les divers services, en tenant compte de leurs services antérieurs.

Au bout de six mois de présence à bord, les commandants se prononceront sur l'affectation définitive des matelots comme aides, en tenant compte de l'avis exprimé par les chefs de service intéressés, qui leur seront soumis par la voie hiérarchique.

Les commandants donneront des instructions formelles pour que les aides, à partir de cette affectation définitive dont il est fait mention sur les livrets des intéressés, soient maintenus à postes fixes dans le même service pendant toute la durée de leur embarquement (art. 503 de l'arrêté du 20 octobre 1910 précité).

A titre exceptionnel, et si les circonstances l'exigent, ils se réserveront le droit d'autoriser des changements d'affectation des aides aux divers services du bord.

Afin d'assurer, avant tout, la formation du personnel nouvellement embarqué et la sélection des aides, les hommes de poste ne seront en principe désignés qu'après une période d'embarquement de six mois; ils seront pris, de préférence, parmi ceux qui seront jugés le moins aptes aux fonctions d'aides des spécialités.

En raison de la réduction du nombre de matelots brevetés, et par modification aux dispositions de l'article 170 de l'arrêté du 28 octobre 1910, la tenue des écritures et des archives des chefs de service devra être confiée désormais à des aides choisis autant que possible parmi les matelots sans spécialité ayant exercé dans la vie civile les professions de comptable, dactylographe, etc.

3° *Encouragements.* — Les chefs de service s'efforceront d'incorporer réellement les aides dans la spécialité à laquelle ils sont affectés et de développer chez eux le plus possible l'émulation qui est un facteur important du rendement personnel.

Ils s'appliqueront à récompenser les services rendus, par l'affectation des meilleurs sujets à des fonctions de plus en plus importantes.

Ils proposeront à l'autorité supérieure d'attribuer des gratifications facultatives réellement proportionnées à la valeur constatée en service courant.

....

Il feront entrevoir à ces aides les pespectives d'avenir que la Marine ouvre à l'élite d'entre eux, s'ils contractent un nouveau lien (rengagement ou réadmission) et entrent définitivement dans une spécialité. Ils s'efforceront, dans ce but, de développer les connaissances générales destinées à leur ouvrir l'accès de la carrière maritime.

Vous aurez à donner toutes les instructions de détail que vous jugerez utiles pour l'application des principes posés ci-dessus, qui doivent servir de point de départ à la mise au point de la question si importante des aides.

....

Le Ministre de la Marine,
à Monsieur le Contre-Amiral commandant la Division d'instruction de l'Océan.

Direction militaire des Services de la Flotte; — Service du Personnel militaire de la Flotte : *Bureau des Équipages de la Flotte.* — Service central de l'Intendance maritime : *Bureau du Personnel de l'Intendance, de la Solde et des Revues.*

Paris, le 16 mars 1914.

Les marins provenant des écoles professionnelles de la Marine ne peuvent bénéficier, au cours de leur lien initial, des avantages spéciaux de solde prévus pour les marins réadmis ou rengagés.

Vous m'avez transmis, sous bordereau du 11 février 1914, une lettre par laquelle le Commandant de l'École des apprentis-marins appelle l'attention sur la situation désavantageuse dans laquelle se trouvent placés, au point de vue de l'indemnité de logement, les marins provenant des écoles professionnelles de la Marine qui ne peuvent, d'après la réglementation en vigueur, prétendre à ladite indemnité qu'après dix ans de services et 26 ans d'âge.

Les engagés volontaires pouvant, suivant la durée de leur lien initial, recevoir l'indemnité de logement après un laps de temps variant entre trois et sept ans au plus, vous avez émis l'avis que, «pour ne pas nuire au recrutement des écoles professionnelles, il y a intérêt à ne pas accentuer la différence de traitement entre un engagé et les élèves desdites écoles qui, du fait de leur engagement de dix ans, perdent déjà une ou deux primes triennales prévues par la circulaire du 28 janvier 1914».

J'ai l'honneur de vous faire connaître que je ne puis, au sujet de cette question, que vous inviter à vous reporter à la réponse (insérée au *Journal officiel* du 28 février 1914, p. 1179, et ci-après reproduite) que j'ai faite à une question écrite posée par M. Ernest Lamy, député, qui demandait «d'étendre aux engagés à long terme ayant cinq ans de services les avantages, tels que l'indemnité de séjour, accordés aux rengagés» :

«Les avantages pécuniaires actuellement prévus pour les marins réadmis ou rengagés sont la prime de réadmission ou de rengagement et l'indemnité de logement pour charges de famille.

«La prime de réadmission ou de rengagement ne peut évidemment être allouée qu'aux hommes qui contractent l'engagement de rester au service de la Marine à l'expiration de la première période du service obligatoire ou du lien initial librement consenti.

«L'indemnité de logement pour charges de famille constitue au premier chef, aussi bien pour les hommes des troupes de la guerre que pour les marins du corps des Équipages de la Flotte, un avantage de solde attaché à la qualité de rengagé.

«Le texte de l'amendement de M. Goude, député, visant l'allocation de l'indemnité de logement aux matelots brevetés rengagés, et les raisons développées par différents orateurs qui ont amené la Chambre des Députés à voter cet amendement (*Journal officiel* du 22 décembre 1913, pages 3965 et 3966), ne permettent pas d'envisager l'extension de cette allocation aux engagés à long terme se trouvant au cours du premier lien.

«Il convient d'ailleurs d'observer que, durant dix-huit mois à deux ans, les engagés à long terme sont entretenus et instruits aux frais de la Marine et que le Département s'impose de ce fait de lourds sacrifices qui justifient le principe posé par la loi d'une obligation de durée du premier lien plus élevée pour cette catégorie de personnel, laquelle recule d'autant l'époque où les intéressés sont appelés à bénéficier des avantages pécuniaires attachés aux rengagements.»

Le Ministre de la Marine,

MONIS.

Le Ministre de la Marine *à Messieurs les Vice-Amiraux commandant en chef, Préfets maritimes; Officiers généraux, supérieurs ou autres commandant à la mer; Commandants de la Marine en Indo-Chine, en Corse, à Dakar et à Diégo-Suarez.*

Direction militaire des Services de la Flotte. — Service du Personnel militaire de la Flotte : *Bureau des Équipages de la Flotte.* — Service central de l'Intendance maritime : *Bureau du Personnel de l'Intendance, de la Solde et des Revues.*

Paris, le 10 avril 1914.

Au sujet des conséquences de l'obtention du brevet élémentaire au point de vue du grade et de la solde.

La question m'a été posée par la Direction de l'Intendance de l'un des ports de savoir si la solde et le grade du matelot breveté de 2ᵉ classe doivent être attribués aux matelots de 3ᵉ classe actuellement titulaires d'un brevet ne donnant droit antérieurement à la promulgation du décret du 31 décembre 1913, modificatif de celui du 17 juillet 1908, qu'à la concession du grade et de la solde de matelot breveté de 3ᵉ classe.

Il convient de remarquer que les conséquences de l'obtention d'un brevet élémentaire d'une des spécialités du pont n'ont été modifiées par le décret du 31 décembre 1913 qu'en ce qui concerne :

1° Les clairons, qui antérieurement n'avaient droit qu'au grade et à la solde de matelot breveté de 3ᵉ classe à leur sortie de l'école;

2° Les charpentiers, pour lesquels l'obtention du brevet décerné à la sortie de l'École de charpentage n'entraînait aucune conséquence au point de vue du grade et de la solde, qui restaient ceux déterminés par la note obtenue à l'essai accompli au moment de l'admission dans la spécialité.

J'ai l'honneur de vous faire savoir que tous les clairons et charpentiers qui ont obtenu le brevet à leur sortie de l'école antérieurement au 31 décembre 1913, et non déjà titulaires de la classe supérieure, doivent être considérés comme matelots de 2e classe à la date susvisée du 31 décembre, ou à la date de leur sortie de l'école si celle-ci est postérieure au 31 décembre 1913.

En ce qui concerne les mécaniciens et les chauffeurs qui ont obtenu le brevet élémentaire antérieurement au 31 décembre 1913, le décret du 16 mars 1914 (*Journal officiel* du 19 mars, *Bulletin officiel*) a rétabli pour eux la réglementation en vigueur antérieurement au décret du 31 décembre 1913.

Le Ministre de la Marine.

GAUTHIER.

LE MINISTRE DE LA MARINE *à Messieurs les Vice-Amiraux commandant en chef, Préfets maritimes; Officiers généraux, supérieurs et autres commandant à la mer.*

Direction militaire des Services de la Flotte; — Service du Personnel militaire de la Flotte : *Bureau des Équipages de la Flotte.* — Service central de l'Intendance maritime : *Bureau du Personnel de l'Intendance, de la Solde et des Revues.*

Paris, le 14 avril 1914.

Solution de diverses questions relatives à l'application du décret du 28 janvier 1914 modifiant celui du 11 juillet 1908 sur la solde du corps des Équipages de la Flotte.

J'ai été saisi d'un certain nombre de questions touchant l'application de quelques dispositions contenues dans le décret du 28 janvier 1914 modifiant celui du 11 juillet 1908 sur la solde du corps des Équipages de la Flotte et des marins indigènes.

Chacune des questions posées comporte la solution ci-après indiquée :

1. Aux termes de l'article 50, l'indemnité de logement est due à partir du jour de l'expiration de la première période de service actif.

Convient-il d'entendre par ces derniers mots : cinq ans pour les

OUI. L'indemnité de logement ne doit être allouée qu'aux marins rengagés ou réadmis, c'est-à-dire aux hommes qui restent au service après l'expiration de leur premier lien, quelle que soit la durée de ce lien.

inscrits maritimes, trois ans pour les hommes du contingent, et la durée de leur engagement pour les engagés volontaires?

Cette règle ne s'applique pas, bien entendu, aux seconds-maîtres tailleurs et cordonniers qui, d'après l'article 50, § 2, ont droit à ladite indemnité du jour où ils ont effectué cinq ans de service comptant pour la haute paye ou la solde progressive.

2. D'après l'article 19, § *a*, les marins qui, après une première hospitalisation, sont admis à nouveau en traitement pour blessures reçues en service commandé, reçoivent la solde n° 1 au lieu de la solde n° 5, lorsque cette dernière solde est inférieure au montant de la retenue réglementaire d'habillement, augmentée, le cas échéant, de celui de la retenue pour délégation consentie antérieurement à l'accident.

La délégation imposée d'office donne-t-elle droit au même avantage?

NON. La nouvelle disposition édictée par l'article 19 du décret du 11 juillet 1908, modifié le 28 janvier 1914, constitue une mesure tout à fait bienveillante qui ne doit profiter qu'aux marins qui ont fait volontairement acte d'assistance familiale en consentant une délégation en faveur des personnes visées aux articles 203, 205, 206, 207, 214, 301 et 349 du Code civil.

3. Les quartiers-maîtres et matelots réadmis ou rengagés après la mise en vigueur du décret du 28 janvier 1914 pour compter d'une date antérieure à celle dudit décret peuvent-ils prétendre aux nouvelles primes, quelle que soit la cause du retard à souscrire le nouveau lien?

OUI. L'article 43 du décret du 28 janvier 1914 modifiant celui du 11 juillet 1908 dispose en effet que la prime à allouer est celle du tarif en vigueur au moment de la signature de l'acte, même si le nouveau lien est contracté avec effet rétroactif.

4. Les quartiers-maîtres ou matelots réadmis ou rengagés sans prime comme ayant plus de dix ans de services, mais dont le nouveau lien ne commence à courir qu'après la mise en vigueur du décret du 28 janvier 1914, peuvent-ils prétendre à un rappel de prime s'ils ont moins de seize ans de services?

NON. La circulaire notificative du décret du 28 janvier 1914 spécifie que les quartiers-maîtres et matelots ayant moins de seize ans de services et ayant contracté une réadmission ou un rengagement postérieurement au 27 janvier 1914 pourront seuls prétendre aux nouvelles primes dans les conditions stipulées à l'article 43 du décret précité.

Les marins visés ci-contre ne peuvent donc bénéficier d'un rappel de prime. En agissant autrement, on traiterait ces marins plus favorablement que ceux qui ont été réadmis ou rengagés avec prime et qui, d'après les termes mêmes de l'article 43 susvisé, ne peuvent profiter du relèvement du taux des primes, puisque l'allocation de l'espèce à payer est toujours celle du tarif en vigueur au moment de la signature de l'acte.

Le Ministre de la Marine,

GAUTHIER.

LE MINISTRE DE LA MARINE *à Messieurs les Vice-Amiraux commandant en chef, Préfets maritimes à Cherbourg, à Brest, à Lorient, à Rochefort et à Toulon.*

Direction militaire des Services de la Flotte; — Service du Personnel militaire de la Flotte : *Bureau des Équipages de la Flotte.* — Service central de l'Intendance maritime : *Bureau du Personnel de l'Intendance, de la Solde et des Revues.*

Paris, le 31 mai 1914.

Au sujet de l'application au personnel sédentaire des Défenses fixes des dispositions transitoires du décret du 11 juillet 1908.

En vue de sauvegarder les droits acquis du personnel sédentaire des Défenses fixes des ports militaires, l'article 138, § 3, du décret du 11 juillet 1908 a prévu, à l'égard de ce personnel, la disposition transitoire ci-après :

«Les mécaniciens de tous grades et les matelots brevetés du personnel sédentaire des Défenses fixes des ports militaires en possession d'une solde qui, augmentée des hautes payes pour les officiers-mariniers et les quartiers-maîtres et du supplément de brevet pour les matelots, est supérieure à celle déterminée par les tarifs annexés au présent décret, recevront, jusqu'à leur promotion au grade supérieur, le montant de la différence des deux allocations. Cette différence leur sera payée sous forme de gratifications mensuelles dont le montant s'ajoutera à celui des gratifications facultatives de chaque Défense fixe.»

La question m'a été posée de savoir si le montant des hautes payes que les intéressés auraient acquises, avec le décret du 10 juillet 1895, entre le 1er juillet 1908 et leur promotion au grade supérieur doit s'ajouter à la solde dont ils étaient titulaires au moment de la mise en vigueur du décret du 11 juillet 1908, pour déterminer le montant des gratifications à leur allouer par application de l'article 138 de ce dernier acte.

J'ai l'honneur de vous faire connaître que cette question doit être résolue par l'affirmative; il est en effet équitable de faire bénéficier les marins dont il s'agit des augmentations de solde résultant de la concession d'une nouvelle haute paye, qu'ils auraient obtenues normalement si le décret du 10 juillet 1895 n'avait pas été abrogé.

Le Ministre de la Marine,

GAUTHIER.

Direction militaire des Services de la Flotte; — Service central de l'Intendance maritime : *Bureau du Personnel de l'Intendance, de la Solde et des Revues.*

Paris, le 15 décembre 1914.

Rapport au Président de la République française, *suivi d'un décret et d'une instruction portant création d'une indemnité pour charges de famille.*

Monsieur le Président,

L'article 2 de la loi du 30 novembre 1913 portant ouverture de crédits supplémentaires sur l'exercice 1913, en vue de l'amélioration de la situation matérielle des officiers, des sous-officiers des Armées de terre et de mer et des militaires de la gendarmerie, contient les dispositions suivantes :

« A partir du 1er janvier 1914, il sera alloué aux officiers jusqu'au grade de commandant inclus, aux sous-officiers, caporaux et soldats et assimilés rengagés des Armées de terre et de mer, et aux militaires de la gendarmerie, une indemnité annuelle de 200 francs par enfant âgé de moins de seize ans légalement à leur charge, en sus du second.

« Ne seront pas considérés comme à leur charge les enfants admis sans avoir à payer pension dans un établissement de l'État, bénéficiant de bourses ou de tout autre avantage équivalent.

« Un décret déterminera les conditions d'application dudit article. »

Le projet de décret ci-joint, dont l'effet remontera au 1er janvier 1914, réglemente le mode d'attribution et de payement de l'indemnité pour charges de famille aux personnels relevant du Département de la Marine.

Nous avons l'honneur de vous prier de vouloir bien, si vous en approuvez la teneur, le revêtir de votre signature.

Nous vous prions d'agréer, Monsieur le Président, l'hommage de notre profond respect.

Le Ministre des Finances,

A. RIBOT.

Le Ministre de la Marine,

VICTOR AUGAGNEUR.

DÉCRET *portant création d'une indemnité pour charges de famille.*

(Du 15 décembre 1914.)

LE PRÉSIDENT DE LA RÉPUBLIQUE FRANÇAISE,

Sur le rapport du Ministre de la Marine et du Ministre des Finances,

Vu l'article 2 de la loi du 30 décembre 1913, créant une indemnité pour charges de famille, et notamment le dernier alinéa de cet article ainsi conçu :

« Un décret déterminera les conditions d'application du présent article » ;

Vu l'article 581 du Code de procédure civile;

Vu l'article 55 de la loi de finances du 25 février 1901,

DÉCRÈTE :

ARTICLE PREMIER.

Les officiers des différents corps de la Marine (jusqu'au grade correspondant à celui de capitaine de corvette inclus), les employés militaires (ouvriers d'État de l'artillerie coloniale), les officiers-mariniers, quartiers-maîtres et marins et le personnel militaire de grade correspondant servant au delà de la durée légale (soit trois ans pour les hommes du contingent et les engagés volontaires, cinq ans pour les inscrits maritimes), les militaires de la gendarmerie maritime, ayant plus de deux enfants légalement à leur charge, ont droit, pour chacun de ceux de ces enfants en plus du second, âgé de moins seize ans, à une indemnité de 50 francs par trimestre, dans les conditions ci-après :

ART. 2.

L'indemnité pour charges de famille est acquise, sous réserve des dispositions ci-dessous aux personnels mentionnés à l'article 1er, en activité et en non-activité, dans toutes les positions de présence ou d'absence.

Elle n'est pas due :

Aux personnels de tous grades de la réserve de l'Armée de mer;

Aux officiers en congé sans solde;

Aux titulaires de solde de réforme ou de gratification de réforme.

ART. 3.

Sont seuls considérés comme étant *légalement* à la charge du chef de famille les enfants, quel que soit leur âge, auxquels il peut devoir des aliments d'après les dispositions du Code civil.

Toutefois les enfants admis sans avoir à payer pension dans un établissement de l'État, bénéficiaires de bourse ou de tout autre avantage équivalent, ou entretenus aux frais de l'État, d'un département, d'une commune ou d'un établissement public, ne sont pas, pour l'application du présent décret, et tant qu'ils se trouvent dans cette situation, considérés comme étant *légalement* à la charge du chef de famille et n'entrent pas, par suite, en ligne de compte pour l'établissement du droit à indemnité.

Cette restriction ne s'applique pas aux enfants qui ne bénéficient que d'une bourse d'externat ou de l'équivalent d'une bourse d'externat.

ART. 4.

L'indemnité pour charges de famille est exclusive de l'indemnité aux enfants de troupe laissés dans leur famille. Cette dernière indemnité cessera, par suite, d'être allouée pour les enfants donnant droit à l'allocation prévue au présent décret.

ART. 5.

L'indemnité pour charges de famille est payée par trimestre et à terme échu.

Elle est acquise en totalité pour chaque mois, du fait de l'existence à un moment quelconque de ce mois de la situation donnant droit à l'indemnité.

ART. 6.

L'indemnité pour charges de famille est insaisissable.

ART. 7.

Le montant de cette indemnité est payé en principe à l'ayant droit. — Toutefois il peut être délégué à sa femme ou à toute autre personne effectivement chargée de l'entretien des enfants, en sus de la quotité maxima de la délégation fixée par les règlements en vigueur.

Les dispositions générales concernant le service des délégations dans la Marine sont applicables à ces délégations spéciales.

ART. 8.

Une instruction ministérielle déterminera les détails d'application du présent décret.

ART. 9.

Le Ministre de la Marine et le Ministre des Finances sont chargés, chacun en ce qui le concerne, de l'exécution des dispositions qui précèdent qui, auront leur effet à compter du 1er janvier 1914.

Fait à Paris, le 15 décembre 1914.

R. POINCARÉ.

Par le Président de la République :

Le Ministre des Finances,
A. RIBOT.

Le Ministre de la Marine,
VICTOR AUGAGNEUR.

Direction militaire des Services de la Flotte; — Service central de l'Intendance maritime : *Bureau du Personnel de l'Intendance, de la Solde et des Revues.*

Paris, le 19 décembre 1914.

Instruction pour l'application du décret du 15 décembre 1914 portant création d'une indemnité pour charges de famille.

I

L'indemnité pour charges de famille n'est due qu'autant que le chef de famille a plus de deux enfants vivants, légalement à sa charge (art. 3 du décret du 15 décembre 1914); elle est allouée pour chacun de ceux de ces enfants en sus des deux premiers, qui sont âgés de moins de seize ans.

Exemples :

Dans une famille de trois enfants ayant respectivement dix-sept, quatorze et onze ans révolus et *légalement* à la charge du chef de famille, l'indemnité est allouée pour le troisième enfant seulement; dans une famille de quatre enfants ayant respectivement dix-neuf, dix-sept, quatorze et onze ans révolus et *légalement* à la charge du chef de famille, l'indemnité est allouée pour le troisième et le quatrième enfant.

Dans une famille de quatre enfants ayant respectivement vingt, dix-huit, seize et quatorze ans révolus et *légalement* à la charge du chef de famille, l'indemnité est allouée pour le quatrième enfant seulement.

Dans une famille de trois enfants ayant respectivement dix-sept, quatorze et onze ans révolus et dont l'un quelconque est, dans un lycée, bénéficiaire d'une bourse d'internat ou d'une fraction de bourse supérieure à la bourse d'externat surveillé, le chef de famille n'a droit à aucune indemnité.

II

Les enfants auxquels le chef de famille «peut devoir des aliments d'après les dispositions du Code civil» (art. 3 du décret) sont :

a. Les enfants à sa charge présentement ;

b. Les enfants auxquels, à un moment donné de leur existence, s'ils venaient à tomber dans le besoin, il pourrait être appelé à donner des aliments, quel que soit leur âge.

Il ne s'agit d'ailleurs, bien entendu, que de *ses* enfants, c'est-à-dire de tous les enfants du chef de famille, y compris ses fils majeurs, ses filles mariées, ses enfants naturels reconnus, ses enfants adoptifs (art. 343 et suivants du Code civil), ses pupilles officieux (art. 361 et suivants du Code civil), mais non les enfants qui ne sont pas les *siens*, par exemple : les beaux-fils et belles-filles, les neveux et nièces orphelins qu'il a pu recueillir.

III

L'indemnité n'est pas due aux officiers de réserve, soit pendant la durée légale de leur service actif, soit pendant qu'ils effectuent des périodes ou stages, quelles qu'en soient la nature et la durée.

Elle est due à tout le personnel de la réserve de l'Armée de mer rappelé à l'activité lors d'une mobilisation et pendant la durée de ce rappel.

IV

En cas de contestation sur le point de savoir si un enfant doit être considéré comme étant légalement à la charge du chef de famille, le préfet maritime du port comptable de l'unité administrative à laquelle compte l'intéressé ou du port de rattachement de l'intéressé, quand celui-ci est isolé, prend l'avis de la Direction de l'Intendance, et statue, sauf recours au Ministre.

V

L'indemnité, qui constitue un accessoire de solde, est payée, trimestriellement et à terme échu, par les autorités administratives qui assurent le payement de la solde.

Elle n'est payée que sur déclaration, dont le modèle est ci-joint, établie en simple expédition et signée par l'ayant droit, et visée par le commandant du bâtiment, le chef de service ou du détachement sous les ordres duquel il se trouve.

La déclaration est jointe à l'état trimestriel de débit visé à l'article 386 de l'Instruction du 26 octobre 1910, s'il s'agit d'un payement fait par une unité administrative; elle est transmise au chef du Service de la Solde du port de rattachement ou conservée par lui, s'il s'agit d'un payement effectué en dehors d'une unité administrative.

La déclaration mentionne, en tenant compte des dispositions du paragraphe II de la présente Instruction, et des articles 1er et 3 du décret, le nombre et l'âge des enfants qui sont légalement à la charge du chef de famille.

Toute fausse déclaration peut, outre la répétition du trop payé, s'il y a lieu, entraîner des sanctions disciplinaires ou des poursuites judiciaires.

VI

Le visa prévu au paragraphe V ci-dessus doit être considéré comme constituant une garantie réelle de la déclaration faite par l'ayant droit, et, par suite, comme étant donné sous la responsabilité de celui qui le signe, il a le caractère d'une certification.

La déclaration engage donc, en même temps que la responsabilité de celui qui la signe, la responsabilité de celui qui la vise, la responsabilité de ce dernier étant évidemment moindre que celle du premier et pouvant même être nulle s'il se trompe ou s'il est trompé de bonne foi.

VII

Mention des droits acquis et des payements effectués en ce qui concerne l'indemnité pour charges de famille est portée aux rôles d'équipage et au contrôle du Service de la Solde, dans la même forme que pour les autres accessoires de solde.

VIII

Pour les militaires de la gendarmerie maritime, le mode de payement et la justification du payement de l'indemnité s'effectue suivant les règles déterminées par l'Instruction (Guerre) du 26 août 1914.

Le Ministre de la Marine,

VICTOR AUGAGNEUR.

LOI
du 30 décembre 1914.

DÉCRET
du 15 décembre 1914.

INSTRUCTION
du 19 décembre 1914.

MARINE NATIONALE.

MODÈLE DE DÉCLARATION

POUR SERVIR À L'ÉTABLISSEMENT DES DROITS À L'INDEMNITÉ POUR CHARGE DE FAMILLE.

Je, soussigné (1)   , déclare par la présente être père de (2)   enfants (*a*) énumérés ci-dessous, actuellement vivants, et qui ne sont présentement ni boursiers, ni entretenus aux frais de l'État, d'un département, d'une commune ou d'un établissement public (*b*).

(1) Noms et prénoms, grade et fonction actuelle; embarqué sur   ; en service à   ; en congé   .
(2) Nombre en toutes lettres.
(3) Commandant du bâtiment, chef de service ou chef de détachement.

NOMS ET PRÉNOMS.	DATE DE NAISSANCE.	OBSERVATIONS.

A   , le   191 .

Vu par nous (3)   .

Le déclarant,

(Signature.)

(*a*) Paragraphe 2 de l'Instruction du 19 décembre 1914 :

«Il ne s'agit d'ailleurs, bien entendu, que de *ses* enfants (les enfants du déclarant), c'est-à-dire de tous les enfants du chef de famille, y compris ses fils majeurs, ses filles mariées, ses enfants naturels reconnus, ses enfants adoptifs (art. 343 et suivants du Code civil), ses pupilles officieux (art. 361 et suivants du Code civil), mais non les enfants qui ne sont pas les *siens*, par exemple : les beaux-fils et belles-filles, les neveux et nièces orphelins qu'il a pu recueillir.»

(*b*) Article 3 du décret du 15 décembre 1914 :

«Toutefois les enfants admis sans avoir à payer pension dans un établissement de l'État, bénéficiaires de bourse ou de tout autre avantage équivalent ou entretenus aux frais de l'État, d'un département, d'une commune ou d'un établissement public, ne sont pas, pour l'application du présent décret et tant qu'ils se trouvent dans cette situation, considérés comme étant légalement à la charge et n'entrent pas, par suite, en ligne de compte pour l'établissement du droit à l'indemnité.

«Cette restriction ne s'applique pas aux enfants qui ne bénéficient que d'une bourse d'externat ou de l'équivalent d'une bourse d'externat.»

LE MINISTRE DE LA MARINE
à Monsieur le Vice-Amiral commandant en chef la 1re Armée navale.

Direction militaire des Services de la Flotte. — Service du Personnel militaire de la Flotte : *Bureau des Équipages de la Flotte.* — Service central de l'Intendance maritime : *Bureau du Personnel de l'Intendance, de la Solde et des Revues.*

Paris, le 16 mars 1915.

Au sujet du droit à la prime des quartiers-maîtres et matelots brevetés qui contractent un nouveau lien en vue de leur changement de spécialité.

Admis à suivre les cours de l'École de canonnage en vue de leur changement de spécialité, les quartiers-maîtres mécaniciens X... ont dû contracter un nouveau lien au service par application des dispositions de l'article 156 de l'arrêté du 30 juillet 1910.

Dans deux lettres que vous m'avez transmises le 18 février dernier, ces quartiers-maîtres, actuellement embarqués à bord du *Paris*, exposent qu'à la date du 1er août 1914 ils ont été nommés quartiers-maîtres canonniers, et demandent à percevoir la prime prévue pour les quartiers-maîtres de cette spécialité, le lien qu'ils ont souscrit par anticipation n'ayant commencé à courir que postérieurement à la date de leur passage dans le canonnage.

J'ai l'honneur de vous faire connaître qu'une dépêche du 23 octobre 1900, adressée aux cinq ports, a précisé que les quartiers-maîtres et matelots brevetés qui désirent contracter un nouveau lien en vue de leur changement de spécialité ne doivent être *réadmis ou rengagés avec prime* que si la Commission des réadmissions les reconnaît aptes à rendre de bons services dans la spécialité à laquelle ils appartiennent, et acceptent leur réadmission à ce titre.

Cette dépêche, qui a établi en principe que les Commissions de réadmissions n'ont pas à préjuger des services qui pourront être rendus dans leur nouvelle spécialité par des quartiers-maîtres et matelots brevetés contractant un nouveau lien en vue d'un changement de spécialité, a posé à l'égard de ces marins une règle analogue à celle édictée par l'article 43 du décret du 11 juillet 1908, qui spécifie que «le fait pour les marins sans spécialité d'obtenir un brevet au cours d'une réadmission ou d'un rengagement n'entraîne pas le droit à la prime».

Je n'ai pas accueilli, par suite, la demande des deux quartiers-maîtres dont il s'agit, et je vous prie de vouloir bien en faire aviser qui de droit.

Le Ministre de la Marine,

VICTOR AUGAGNEUR.

LE MINISTRE DE LA MARINE
à Monsieur le Capitaine de frégate commandant la Marine au Sénégal.

Direction militaire des Services de la Flotte; — Service du Personnel militaire de la Flotte; Service central de l'Intendance : *Bureau des Équipages de la Flotte, du Personnel de l'Intendance, de la Solde et des Revues.*

Paris, le 13 avril 1915.

Au sujet des primes de rengagement, de réadmission des marins indigènes du Sénégal.

Par lettre du 31 janvier dernier, vous avez appelé mon attention sur l'application faite au Sénégal des dispositions de la circulaire du 17 février 1909 (*B. O.*, en annexe) fixant les taux des hautes payes et des primes de réadmission ou de rengagement à allouer aux marins indigènes.

Vous référant à l'article 132, § 2, du décret du 11 juillet 1908, vous estimez que les marins indigènes du Sénégal n'ont droit à la prime que pendant leurs dix premières années de services.

Cependant, tirant argument de ce que la circulaire précitée du 17 février 1909 était muette sur la durée du temps de service pendant lequel la prime devait être payée aux marins indigènes du Sénégal, l'administration du *Marigot* avait cru, jusqu'en avril 1913, pouvoir payer cette prime aussi longtemps que les intéressés resteraient liés au service.

J'ai l'honneur de vous faire connaître que cette dernière manière de voir est exacte.

Antérieurement au 1er juillet 1908, date de la mise en vigueur du décret du 11 juillet 1908, et par application de l'article 10 du décret du 15 septembre 1886, les marins indigènes au-dessous du grade de second-maître contractant une réadmission avaient droit à une prime sans condition d'âge ni de service.

La circulaire du 17 février 1909, qui n'a prévu aucune restriction en ce qui touche le droit à la prime des marins indigènes du Sénégal et de Madagascar, a entendu maintenir, comme elle l'a fait expressément à l'égard des indigènes des autres colonies, le régime en vigueur au moment de la promulgation du décret du 11 juillet 1908.

Je vous autorise, par suite, à effectuer des rappels de prime en faveur des marins indigènes qui, depuis 1913, n'auraient pas été traités suivant les dispositions ci-dessus interprétatives de la circulaire du 17 février 1909.

Le Ministre de la Marine,

VICTOR AUCAGNEUR.

Le Ministre de la Marine *à Messieurs les Vice-amiraux commandant en chef, Préfets maritimes à Cherbourg, Brest, Lorient, Rochefort et Toulon.*

Direction militaire des Services de la Flotte; — Service du Personnel militaire de la Flotte : *Bureau des Équipages de la Flotte.* — Service de l'Intendance maritime: *Bureau du Personnel de l'Intendance, de la Solde et des Revues.*

Paris, le 19 avril 1915.

Les marins des Défenses fixes, rayés des contrôles de l'activité depuis le 1er août 1914 et maintenus au service par suite de la mobilisation, doivent continuer à bénéficier des dispositions transitoires de l'article 138 du décret du 11 juillet 1908.

Aux termes des dispositions transitoires de l'article 138, § 3, du décret du 11 juillet 1908, les mécaniciens de tous grades et les matelots brevetés du personnel sédentaire des Défenses fixes admis dans ces services antérieurement au 1er juillet 1908 doivent recevoir, sous forme de gratification et jusqu'à leur promotion au grade supérieur, le montant de la différence existant, le cas échéant, entre l'ancienne solde à la mer et la nouvelle solde n° 2 (solde de réserve).

J'ai décidé, par mesure bienveillante, que le bénéfice de ces dispositions transitoires sera maintenu aux marins des Défenses fixes rayés pour une cause quelconque des cadres de l'activité depuis le 1er août 1914 et maintenus au service en vertu de l'ordre général de mobilisation.

J'ai l'honneur de vous prier de vouloir bien donner des ordres en conséquence.

Le Ministre de la Marine,

Victor AUGAGNEUR.

Le Ministre de la Marine *à Messieurs les Vice-Amiraux commandant en chef, Préfets maritimes; Commandant du Dépôt des Équipages de Paris.*

Direction militaire des Services de la Flotte; — Service du Personnel militaire de la Flotte : *Bureau des Équipages de la Flotte.* — Service central de l'Intendance maritime : *Bureau du Personnel de l'Intendance, de la Solde et des Revues.* Service de l'Aéronautique militaire.

Paris, le 28 avril 1915.

Attribution d'un supplément spécial aux mécaniciens non brevetés détachés dans les centres d'aviation et appelés à effectuer un service à bord des avions.

Aux termes du nota (*a*) du tarif n° V, § *d*, du décret du 11 juillet 1908, modifié le 10 août 1914, les marins n'appartenant pas au personnel de l'Aéronautique et n'effectuant pas de stage à ce service ont droit, pour *chaque journée* où ils exécutent en service commandé un ou plusieurs vols en aéroplane ou des ascensions en dirigeable ou en cerf-volant, à un supplément de solde dont le taux est de :

2 fr. 50 pour les premiers-maîtres;

2 francs pour les maîtres et seconds-maîtres;

1 franc pour les quartiers-maîtres et matelots.

Par analogie avec la mesure adoptée à l'égard du personnel mécanicien du service de l'Aéronautique militaire par la circulaire (Guerre) du 30 mars 1915, j'ai décidé que, pendant la durée de la guerre, les suppléments de solde visés ci-dessus seront journaliers et alloués dans les conditions indiquées a l'article 47 du décret du 11 juillet 1908 aux mécaniciens de tous grades en service dans les centres d'aviation maritimes ou militaires et non encore titulaires du brevet de mécanicien d'aéronautique, sous réserve que les intéressés effectueront, lorsque l'ordre leur en sera donné, un service à bord des avions comme mécaniciens, mitrailleurs, lanceurs de bombes, etc.

La présente circulaire aura son effet à compter du 1er avril 1915.

Le Ministre de la Marine,

VICTOR AUGAGNEUR.

LE MINISTRE DE LA MARINE *à Messieurs les Vice-Amiraux commandant en chef, Préfets maritimes; Officiers généraux, supérieurs et autres commandant à la mer et à terre.*

Direction militaire des Services de la Flotte; — Service du Personnel militaire de la Flotte : *Bureau des Équipages de la Flotte.* — Service central de l'Intendance maritime : *Bureau du Personnel de l'Intendance, de la Solde et des Revues.*

Paris, le 17 juin 1915.

Droit à la prime pour les marins qui, en temps de guerre, contractent un nouveau lien, après un premier refus de se faire réadmettre et maintien au service en vertu de l'ordre général de mobilisation.

Aux termes de l'article 43, § 4, du décret du 11 juillet 1908 sur la solde des marins du corps des Équipages de la Flotte, les quartiers-maîtres et matelots qui ont quitté le service pour un motif quelconque et qui ensuite contractent une réadmission ou un rengagement n'ont pas droit, sauf décision ministérielle contraire, à la prime.

Il m'a été demandé si la disposition ci-dessus rappelée doit être appliquée aux marins dont le lien a pris fin depuis le début des hostilités et qui, maintenus au service en vertu de l'ordre général de mobilisation après avoir manifesté l'intention de se faire congédier, ont ensuite déclaré vouloir continuer leur carrière dans la Marine et contracté dans ce but un nouveau lien.

J'ai l'honneur de vous faire savoir que, usant de la faculté accordée au Ministre par l'article 43 précité, et considérant d'ailleurs qu'ils n'ont pas en fait quitté le service, j'ai décidé d'attribuer à ces quartiers-maîtres et matelots la prime de réadmission ou de rengagement.

La prime à allouer à ces marins pour le nouveau lien qu'ils ont souscrit et qui doit avoir pour point de départ la date de l'expiration du lien précédent est celle prévue par le tarif en vigueur *à cette dernière date.*

Le Ministre de la Marine,

VICTOR AUGAGNEUR.

PRÊTS DE MAIN-D'ŒUVRE MILITAIRE.

LE MINISTRE DE LA MARINE
à Monsieur le Vice-Amiral commandant en chef, Préfet maritime à Brest.

Services de la Flotte armée; — Service du Personnel de la Flotte : *Bureau des Équipages de la Flotte.* = Service administratif : *Bureau de la Solde et de l'Habillement.*

Paris, le 22 avril 1905.

Prêt de main-d'œuvre d'ouvriers chauffeurs à l'Usine à gaz de Brest.

Par lettre du 10 mars dernier, vous m'avez rendu compte que M. le sous-préfet de Brest vous ayant fait part de ses appréhensions au sujet de l'éventualité d'une grève des ouvriers de l'usine à gaz, vous aviez donné des ordres pour que, le cas échéant, deux équipes de vingt chauffeurs des Équipages de la Flotte fussent mises à la disposition de la Compagnie de l'usine à gaz en vue d'assurer le service public de l'éclairage qui intéresse particulièrement le fonctionnement de l'arsenal et des divers établissements de la Marine.

Je ratifie les dispositions que vous avez prises, et j'approuve votre proposition de fixer, par application de l'Instruction du 26 juin 1899, le prêt de main-d'œuvre des marins des Équipages à la somme de 5 francs par jour et par homme. Chaque marin employé à l'usine, pendant la durée de la grève, recevrait une indemnité journalière de 3 francs, prélevée sur les 5 francs à verser par la Compagnie du gaz.

Le Ministre de la Marine,
GASTON THOMSON.

Extrait du décret du 17 juillet 1908 définissant l'Armée de mer et portant organisation du corps des Équipages de la Flotte.

....

ART. 256.

....

4. Les hommes mis à la disposition des Directions reçoivent, en sus de leur solde, une indemnité de travail imputée sur les fonds généraux attribués au payement des salaires d'ouvriers.

LE MINISTRE DE LA MARINE
à Monsieur le Vice-Amiral commandant en chef, Préfet maritime à ....

Direction centrale des Constructions navales : *Bureau administratif ; Bureau technique.* = État-Major général : 2e *Section.* = Service de la Flotte armée ; — Service du Personnel de la Flotte : *Bureau des Équipages de la Flotte.*

Paris, le 18 juillet 1908.

Une indemnité pour usure de vêtements pourra, dans certains cas, être accordée aux quartiers-maîtres et marins appelés à prendre part aux travaux de retubage des chaudières et d'évasement des saillies des tubes, dans les flottilles de torpilleurs.

Des indemnités ayant été accordées à différentes reprises au personnel mécanicien et chauffeur des flottilles de torpilleurs ayant coopéré aux travaux de réparation des chaudières de ces petits bâtiments, il m'a été demandé si toute collaboration à un travail pour lequel il est ouvert une feuille d'ouvrage doit donner lieu à la concession d'une gratification spéciale, ou s'il convient de n'accorder cette gratification que pour des travaux *réellement exceptionnels* ayant exigé du personnel un effort supérieur à celui qu'il est appelé à fournir en service courant.

Je vous informe que j'ai déterminé comme suit les conditions dans lesquelles les quartiers-maîtres et marins chargés d'exécuter certains travaux spéciaux pourront recevoir une légère allocation destinée plus particulièrement à les indemniser de l'usure de leurs effets.

1° *Retubage des chaudières.* — Lorsque le nombre de tubes à remplacer dans une chaudière n'excède pas le vingtième des tubes en place, le remplacement de ces tubes est considéré comme travail courant et ne donne droit à aucune indemnité.

Si, au contraire, la flottille a à procéder à un retubage total ou à un retubage partiel pour lequel le nombre des tubes à changer par chaudière excède le vingtième des tubes en place, il s'agit alors d'un travail extraordinaire de longue durée, et une indemnité d'usure de vêtements peut, dans ce cas, être allouée aux hommes ayant travaillé dans les collecteurs.

2° *Évasement des tubes.* — Les règles ci-dessus sont applicables aux travaux d'évasement des saillies des tubes dans les collecteurs, prescrits par la dépêche ministérielle du 9 février 1907.

Vous aurez à me soumettre, dans chaque cas particulier, des propositions en vue de la fixation du taux de l'indemnité à accorder, en indiquant notamment le nombre d'hommes ayant pris part au travail envisagé, et le montant de la dépense devant résulter de la concession d'indemnité proposée.

Le Ministre de la Marine,
GASTON THOMSON.

Le Sous-Secrétaire d'État à la Marine
à Monsieur le Vice-Amiral commandant en chef, Préfet maritime à Brest.

Direction centrale des Constructions navales : *Bureau administratif.* = Service central du Personnel militaire de la Flotte : *Bureau des Équipages de la Flotte.* = Service central de l'Intendance maritime : *Bureau des Approvisionnements de la Flotte, des Transports généraux et des Affrètements.*

Paris, le 24 mars 1910.

Au sujet des indemnités de travail aux marins de l'Atelier central qui ont à exécuter des travaux pour le compte de la Direction des Constructions navales.

Vous m'avez transmis, le 27 janvier dernier, une note de M. le commandant de l'Atelier central de la Flotte, demandant d'allouer une indemnité de travail aux marins de cet atelier lorsqu'ils sont employés à des travaux incombant à la Direction des Constructions navales.

Cette proposition est faite à l'occasion d'une demande de concours formulée par la Direction des Constructions navales de Brest pour la réparation d'un certain stock de manches en cuir.

Il est à remarquer que si ces travaux doivent être exécutés entièrement à l'Atelier central par le personnel de cet atelier, il n'est ni logique, ni régulier d'allouer aux marins qui y sont employés une indemnité de travail qu'ils ne reçoivent pas lorsqu'ils ont à réparer des manches appartenant au Service de la Flotte. Par ailleurs, il ne faut pas perdre de vue que la main-d'œuvre disponible de l'Atelier central doit être fournie gratuitement à la Direction des Constructions navales (art. 7 du décret du 23 septembre 1901).

L'article 256 du décret du 17 juillet 1908 stipule bien que les marins des Équipages de la Flotte mis à la disposition des Directions pour l'exécution de travaux urgents rentrant dans leur spécialité reçoivent, en sus de leur solde, une indemnité de travail imputée sur les fonds attribués au payement des salaires d'ouvriers. Mais cette concession d'indemnité ne saurait être appliquée aux marins des ateliers centraux qui jouissent déjà d'avantages particuliers définis par la réglementation spéciale qui les régit (décret et arrêté du 1er août 1899). Elle doit être limitée au cas où des marins du Service général sont mis à la disposition des Directions et employés sous la surveillance du personnel technique de ces Directions.

Lorsque des marins appartenant au Dépôt des Équipages de la Flotte, mais placés en subsistance à l'Atelier central, sont mis à la disposition des Directions, ils rentrent évidemment dans le cas précité des marins du Service général.

Dans ce cas, c'est à l'ingénieur chargé du travail qu'il appartient de formuler, en faveur du personnel militaire, des propositions en vue de la concession d'indemnités de travail sur la base de 0 fr. 40 par journée de 8 heures, soit 0 fr. 05 par heure.

Le Sous-Secrétaire d'État à la Marine,

HENRY CHÉRON.

LE SOUS-SECRÉTAIRE D'ÉTAT À LA MARINE
à Monsieur le Vice-Amiral commandant en chef, Préfet maritime à Toulon.

Direction du Personnel militaire de la Flotte : *Bureau des Équipages de la Flotte; Bureau de l'État-Major de la Flotte et de la Justice maritime.* = Service central de l'Intendance maritime : *Bureau du Personnel de l'Intendance, de la Solde et des Revues.*

Paris, le 5 août 1910.

Au sujet de la solde du personnel détaché à Marseille pendant la grève des inscrits maritimes.

Par lettre du 24 avril dernier, n° 713, vous m'avez adressé une copie de la décision que vous aviez cru devoir prendre au sujet du payement de la solde du personnel détaché à Marseille pendant la grève des inscrits maritimes et demandé des instructions pour le règlement des dépenses à mettre définitivement à la charge des Compagnies de navigation.

La Marine peut être amenée, pour se conformer au programme des mesures à prendre en cas de grève des inscrits maritimes, à entretenir des réserves d'hommes au port de commerce intéressé en vue de faire face à toute éventualité. Or, comme ces hommes peuvent rester en expectative d'embarquement pendant un temps plus ou moins long avant d'être mis à la disposition des compagnies, je n'ai pas cru devoir sanctionner votre proposition tendant à réclamer à ces dernières la solde acquise par les marins du jour de leur départ de Toulon.

A la date du 18 juillet dernier, j'ai en conséquence décidé d'appliquer, en ce qui concerne les équipages, la règle déjà adoptée en pareil cas par une dépêche du 25 juillet 1900, c'est-à-dire de mettre à la charge des compagnies de navigation la solde acquise par les marins du jour de leur embarquement sur un paquebot au jour de leur débarquement à Marseille.

Cette solde sera celle prévue à l'article 18, § 2 (*a*), du décret du 11 juillet 1908.

En ce qui concerne la solde à attribuer aux officiers, il n'est pas possible, ainsi que la demande en a été faite par plusieurs d'entre eux, de leur allouer la solde à la mer n° 2, et comme vous l'avez proposé, d'ailleurs, par votre lettre du 24 mai; mais, pour leur tenir compte des frais divers (excédents de bagages, frais de voiture, etc.) que leur a occasionnés l'exécution rapide des ordres d'embarquement qu'ils ont reçus, j'ai décidé qu'une indemnité équivalente à l'indemnité faible de changement de résidence afférente à leur grade, prévue par le tarif du décret du 26 juillet 1903, sera allouée à chacun des officiers intéressés.

Cette indemnité, indépendante des frais de déplacement réglementaire auxquels les officiers pouvaient prétendre, sera imputée sur le chapitre 22; le montant de la dépense ainsi que le supplément de dépense résultant de l'allocation de la solde à la mer à ceux des ayants cause qui étaient en service à terre au moment de leur envoi à Marseille seront également à la charge des compagnies de navigation.

Seuls les frais de séjour à Marseille des officiers qui ont été retenus dans ce port avant leur embarquement demeureront à la charge de la Marine.

Le Sous-Secrétaire d'État à la Marine,

HENRY CHÉRON.

LE MINISTRE DE LA MARINE

à Monsieur le Vice-Amiral commandant en chef, Préfet maritime à Toulon.

Direction du Personnel militaire de la Flotte : *Bureau des Équipages de la Flotte.* = Service central de l'Intendance maritime : *Bureau du Personnel de l'Intendance, de la Solde et des Revues.*

Paris, le 20 août 1910.

Règlement d'un prêt de main-d'œuvre de marins à la Compagnie des chemins de fer du Sud-France.

Par lettre du 16 juillet 1910, n° 1230, vous m'avez demandé des instructions en vue du règlement des dépenses à mettre définitivement à la charge de la Compagnie des chemins de fer du Sud-France, pour les marins qui ont prêté leur concours à ladite Compagnie pendant la récente grève.

J'ai l'honneur de vous faire connaître que, par analogie avec la mesure adoptée par une dépêche du 22 avril 1905 au sujet d'un prêt de main-d'œuvre de matelots-chauffeurs à la Compagnie de l'usine à gaz de Brest, j'ai décidé, à la date du 4 août 1910 :

1° Qu'une somme de 5 francs par homme et par jour (taux fixé par l'Instruction du 26 juin 1899 concernant les prêts d'apparaux, de matériel, etc.) sera réclamée à la Compagnie, ainsi que le montant des frais de route et de séjour avancés par la Marine;

2° Qu'une indemnité journalière de 3 francs, prélevée sur les 5 francs à verser par la Compagnie, sera allouée à chaque homme en plus de la solde à laquelle il avait droit au moment de l'affectation au service des chemins de fer du Sud-France.

Cette indemnité sera payée aux intéressés dans les conditions prévues par la circulaire du 12 septembre 1905 (*B. O.*, p. 897).

Le Sous-Secrétaire d'État à la Marine
à Messieurs les Vice-Amiraux commandant en chef, Préfets maritimes.

Direction du Personnel militaire de la Flotte : *Bureau des Équipages de la Flotte.* = Service central de l'Intendance : *Bureau des Subsistances, de l'Habillement et du Casernement.* = État-Major général : *2e Section.*

Paris, le 24 septembre 1910.

Situation du personnel détaché sur un point du littoral à l'occasion d'une grève de marins pêcheurs.

Aux termes de l'article 16, § 1er, du décret du 11 juillet 1908, les marins affectés en dehors des ports militaires à la surveillance de la pêche ont droit à la solde n° 3.

Par application des dispositions prévues à l'article 20 dudit acte, j'ai décidé que la même solde sera allouée aux marins qui sont détachés, à l'occasion d'une grève des marins pêcheurs, sur un point du littoral de la métropole en dehors des ports militaires.

Dans la même circonstance, les marins vétérans recevront, en plus de leur solde proprement dite, le supplément spécial prévu par la circulaire du 25 mai 1910 (*B. O.*).

En ce qui concerne la nourriture du personnel détaché et, éventuellement, la fixation de l'indemnité représentative de la ration à lui attribuer, des dispositions spéciales seront prises dans chaque cas particulier.

Le Sous-Secrétaire d'État à la Marine,

Henry CHÉRON.

Le Ministre de la Marine *à Messieurs les Vice-Amiraux commandant en chef, Préfets maritimes; Officiers généraux, supérieurs et autres commandant à la mer; Commandants de la Marine en Algérie, en Tunisie, en Indo-Chine, en Corse, à Dakar et à Diégo-Suarez.*

Direction du Personnel militaire de la Flotte : *Bureau des Équipages de la Flotte.* = Service central de l'Intendance maritime : *Bureau du Personnel de l'Intendance, de la Solde et des Revues.* = Direction du Contrôle.

Paris, le 16 juin 1911.

Au sujet de l'allocation d'une indemnité aux marins des Équipages de la Flotte et aux marins des Directions de port employés à des travaux effectués pour le compte de particuliers ou d'autres Départements ministériels.

Une circulaire du 6 septembre 1910 (*B. O.*, p. 2125) a prescrit d'allouer aux marins des Équipages de la Flotte et aux marins vétérans l'indemnité prévue par la circulaire du 28 mai 1902 lorsqu'ils seront employés à des travaux effectués pour le compte d'autres Départements ministériels (Ministère de la Guerre, Ministère des Travaux publics, des Postes et des Télégraphes, etc.).

Le Contrôle résident d'un port a soulevé la question de savoir si les dispositions de cette première circulaire abrogent celles contenues dans la dépêche du 13 mai 1909 relative au concours apporté par les Défenses fixes au Département de la Guerre pour l'exécution des tirs de nuit.

Cette question doit être résolue par la négative.

Les circulaires précitées des 28 mai 1902 et 6 septembre 1910 n'ont eu en vue d'allouer une indemnité aux marins intéressés que lorsque le prêt de la main-d'œuvre militaire donne lieu lui-même à remboursement dans les conditions fixées par l'Instruction du 26 juin 1899 (*B. O.*, p. 1080).

Autrement dit, pour que les autorités maritimes puissent faire application en faveur des marins des Équipages de la Flotte et des marins des Directions de port de dispositions bienveillantes des circulaires des 28 mai 1902 et 6 septembre 1910, il faut avant tout qu'il y ait cession réelle de main-d'œuvre militaire, c'est-à-dire obligation par le cessionnaire de rembourser cette main-d'œuvre.

Le Ministre de la Marine,

DELCASSÉ.

Paris, le 4 mars 1912.

(Extrait du *B. O.*, p. 379.)

Revision des tarifs de prêts d'apparaux annexés à l'Instruction du 26 juin 1899.

....

....

Quant à la main-d'œuvre des marins des Équipages de la Flotte, des marins pompiers et des marins des Directions de port, elle sera, à l'avenir, remboursée par les particuliers à raison de 0 fr. 60 par heure, sans que toutefois la rétribution par jour et par homme puisse excéder 6 francs.

En ce qui concerne les prêts consentis aux services publics ou autres Départements ministériels, il y a toutefois lieu, dans l'intérêt même du Trésor, d'adopter les tarifs aussi réduits que possible. La main-d'œuvre précitée sera, par suite, dans ce cas, remboursée à raison de 0 fr. 30 par heure sans que la rétribution journalière puisse excéder 3 francs. Dans ces conditions, les services envisagés auront avantage à s'adresser à la Marine plutôt qu'aux industries locales aux dépens des deniers de l'État.

Il est bien entendu, en outre, que la valeur de la main-d'œuvre militaire ne doit pas subir la majoration de 30 p. 100 représentative des frais généraux et que les prix ci-dessus comprennent la valeur des vivres qui pourraient être exceptionnellement délivrés au personnel.

D'autre part, différentes circulaires ont déterminé les cas dans lesquels des indemnités pouvaient être allouées au personnel prêté, ainsi que le montant de ces indemnités et leur mode de payement. En vue de faciliter l'application de ces dispositions, il a paru utile de les résumer dans la présente circulaire. Il reste donc entendu que des indemnités doivent être accordées, dans les cas suivants, aux marins des équipages, aux marins pompiers et aux marins des Directions de port mis à la disposition des particuliers ou employés à l'exécution d'un travail effectué pour leur compte :

1° Lorsqu'ils ont pris part à des corvées pénibles ou dangereuses ou dont l'exécution les a obligés à prolonger leur service au delà des heures ordinaires de travail;

2° Lorsque la durée du travail a excédé huit heures dans la même journée.

Le taux de l'indemnité à allouer dans ces deux cas est fixé au quart de la redevance à exiger de l'emprunteur par jour et par homme:

3° Lorsque le personnel a pris part à des corvées très dangereuses ou très pénibles (par opposition aux corvées simplement pénibles et dangereuses visées ci-dessus), sans que son service ait été prolongé au delà des heures ordinaires de travail;

4° Lorsque le personnel a participé à des corvées pénibles et dangereuses qui ont, en outre, prolongé son service au delà des heures ordinaires.

Dans ces derniers cas, l'indemnité à allouer pourra être augmentée sans dépasser toutefois les trois cinquièmes de la somme à rembourser par le cessionnaire. Les propositions à formuler dans ces deux cas ne présenteront d'ailleurs qu'exceptionnellement et devront toujours être fortement motivées.

Le payement des indemnités visées ci-dessus sera effectué au titre du chapitre «Solde» du personnel employé. Par suite, le remboursement des sommes dues par les emprunteurs ou les cessionnaires s'opérera dans les conditions suivantes :

1° Le quart de la redevance ou une fraction plus élevée, suivant le cas, doit être versé au Trésor au profit du chapitre «Solde» qui aura supporté le payement des indemnités envisagées;

2° La valeur des vivres, traitement de table, frais de passage ou indemnités de mission acquis par le personnel doit être également versée au profit des chapitres intéressés;

3° Le reste est versé au profit exclusif du Trésor sous le titre «Produits divers du budget de recettes».

Sont abrogées, comme conséquence de ces dispositions, les circulaires suivantes relatives aux prêts de main-d'œuvre militaire :

Circulaire du 28 mai 1902 (*B. O.*, p. 1173);
Circulaire du 12 septembre 1905 (*B. O.*, p. 897);

Circulaire du 8 février 1906 (*B. O.*, p. 133);
Circulaire du 4 septembre 1906 (circulaire manuscrite);
Circulaire du 6 novembre 1907 (*B. O.*, p. 1192).

Le tarif n° 4, qui comporte, pour un certain nombre d'apparaux, une redevance évaluée en centièmes de la valeur des objets prêtés, a également donné lieu à diverses critiques. Ces critiques, qui m'ont paru fondées, portent sur les points suivants :

a. Fixation de la valeur servant de base au remboursement;

b. Taxe prévue;

c. Temps pendant lequel la taxe est due.

a. D'après les dispositions de l'Instruction du 26 juin 1899 (chapitre II, § VII), la valeur qui sert de base au remboursement est celle d'inventaire, c'est-à-dire la valeur *après dépréciation*, pour le matériel soumis aux règles de dépréciation annuelle. Pour le matériel auquel ces dispositions ne sont pas applicables, on se base sur la valeur d'achat, de confection, de cession, etc., selon l'origine des objets, si ceux-ci sont neufs ou *à l'état neuf*, et, dans le cas contraire, sur le prix estimatif fixé par la Commission de visite des objets prêtés.

Ces prescriptions peuvent conduire à des résultats inadmissibles, lorsqu'il s'agit notamment d'objets encore en excellent état, mais que l'application du coefficient de dépréciation annuelle, par exemple, a réduits au dixième de leur valeur initiale. En principe, la location doit toujours se payer selon les services rendus, et la Marine ne doit prêter que des objets en bon état. Il y aura lieu, par suite, de calculer à l'avenir la redevance à exiger des emprunteurs, d'après la valeur du matériel *à l'état neuf* et non d'après le prix d'inventaire. En cas de perte, le remboursement sera basé sur la valeur estimative fixée par la Commission des prêts.

b. La taxe prévue est excessive pour la plupart des objets du tarif n° 4, et certains d'entre eux figurent même dans d'autres tarifs avec des modes de remboursement différents. La somme à payer varie parfois du tout au tout, selon qu'il est fait application de l'un ou de l'autre de ces tarifs.

Les différents tarifs comprennent d'autre part des apparaux ou des machines-outils tels que dynamos, moteurs électriques, lampes à arc, bateaux-pompes, remorqueurs, ponts roulants électriques, etc., *qui ne devront jamais* être mis à la disposition des emprunteurs sans le personnel de la Marine habituellement chargé d'en assurer le fonctionnement. Il y aura lieu, dans ces conditions, de faire rembourser non seulement l'indemnité de location proprement dite, mais encore la main-d'œuvre et les matières employées.

. . . .

. . . .

Il se peut, d'autre part, que la Marine soit appelée, en cas de grève, à prêter son concours à des compagnies, à des sociétés industrielles ou à des particuliers. J'ai décidé que, dans ce cas, la redevance à exiger des emprun-

33.

eurs pour la main-d'œuvre fournie devra être au moins égale au salaire payé aux grévistes au moment où ils ont quitté leur travail.

En résumé, il y a lieu d'apporter les modifications suivantes aux tarifs de prêts annexés à l'instruction du 26 juin 1899 :

1° Remboursement de la main-d'œuvre des marins des équipages, marins pompiers et marins des directions de port.

a. *Prêts à des particuliers.* — Au lieu de 5 francs par jour, la rétribution sera de 0 fr. 60 par heure, sans que la somme à payer par homme et par jour puisse excéder 6 francs.

b. *Prêts à des services publics ou à d'autres départements ministériels.* — Au lieu de 5 francs par jour, la rétribution est fixé à 0 fr. 30 par heure, sans que la somme à payer puisse excéder 3 francs par homme et par jour.

. . . .

. . . .

Les nouveaux tarifs ne devront, d'autre part, être appliqués qu'aux prêts consentis à partir de la date de réception de la présente circulaire.

Le Ministre de la Marine,

DELCASSÉ.

* *Voir aussi Circulaire du 28 février 1913.* — Au sujet du calcul des indemnités auxquelles ont droit, dans certains cas, les marins sont à la disposition des particuliers.

LE MINISTRE DE LA MARINE *à Messieurs les Vice-Amiraux commandant en chef, Préfets maritimes à Cherbourg, Brest et Lorient.*

Service du Personnel militaire de la Flotte : *Bureau des Équipages de la Flotte ; Bureau de l'État-Major de la Flotte.* — Service central de l'Intendance maritime : *Bureau du Personnel de l'Intendance, de la Solde et des Revues.*

Paris, le 28 juin 1912.

Au sujet du personnel mis à la disposition de la Compagnie générale Transatlantique.

J'ai l'honneur de vous faire connaître que les officiers et marins mis à la disposition de la Compagnie générale Transatlantique en exécution de mon télégramme du 13 juin courant seront maintenus, pendant la durée de leur mission, au rôle d'équipage des bâtiments ou services auxquels ils appartenaient au moment de leur départ.

Le règlement de la solde de ce personnel, dont l'embarquement à bord des paquebots devra être décompté comme service à la mer et mentionné sur les états de mutations matriculaires et bulletins individuels prévus par les articles 289 et 290 de l'Instruction du 26 octobre 1910, sera effectué dans les conditions fixées par la circulaire du 5 août 1910 (*B. O.*), relative aux marins détachés à Marseille pendant la grève des inscrits maritimes.

Le Ministre de la Marine,

DELCASSÉ.

LE MINISTRE DE LA MARINE
à Messieurs les Vice-Amiraux commandant en chef, Préfets maritimes.

Direction militaire des Services de la Flotte; — Service du Personnel militaire de la Flotte : *Bureau des Équipages de la Flotte; Bureau de l'État-Major de la Flotte.* Service central de l'Intendance maritime : *Bureau du Personnel de l'Intendance, de la Solde et des Revues.*

Paris, le 29 juillet 1912.

Au sujet du personnel mis à la disposition des compagnies de navigation pendant la durée des grèves.

Une dépêche manuscrite du 18 juin dernier a spécifié :

1° Que les officiers et marins mis à la disposition des compagnies de navigation pendant la durée des grèves seront maintenus, pendant la durée de leur mission, au rôle d'équipage des bâtiments ou services auxquels ils appartiennent au moment de leur départ;

2° Que le règlement de la solde de ce personnel, dont l'embarquement à bord des paquebots devra être décompté comme service à la mer et mentionné sur les états de mutations matriculaires et bulletins individuels prévus par les articles 289 et 290 de l'Instruction du 26 octobre 1910. sera effectué dans les conditions fixées par la circulaire du 5 août 1910 (*B. O.*).

En vue d'assurer l'unité d'application des dispositions de la dépêche précitée, j'ai arrêté les mesures suivantes :

1° La solde acquise par les officiers et marins prêtés aux compagnies de navigation sera payée directement aux intéressés par ces compagnies sous le contrôle de l'Inscription maritime;

2° Les mouvements d'embarquement et de débarquement des hommes prêtés devront être signalés rigoureusement aux bâtiments et services de provenance par les administrateurs des quartiers;

3° Ces mouvements seront apostillés ainsi sur les divers documents (rôle d'équipage, livret de solde, etc.) concernant les intéressés :

«Mis à la disposition de la Compagnie..... le..... Cesse solde à l'État dudit. Reprend solde à l'État le.....»

Le Ministre de la Marine,

DELCASSÉ.

LE MINISTRE DE LA MARINE
à Monsieur le Vice-Amiral, commandant en chef, Préfet maritime à Cherbourg.

Direction militaire des Services de la Flotte; — Service central de l'Intendance maritime : *Bureau du Personnel de l'Intendance, de la Solde et des Revues.* — Service du Personnel militaire de la Flotte : *Bureau de l'État-Major de la Flotte; Bureau des Équipages de la Flotte.*

Paris, le 24 août 1912.

Situation pécuniaire des officiers mis à la disposition de la Compagnie générale Transatlantique pendant la durée de la grève des inscrits maritimes.

Vous m'avez transmis, le 5 août courant, avec une note du chef du Service de la Solde, annotée par M. le Directeur de l'Intendance maritime, une demande présentée par M. le lieutenant de vaisseau X..., commandant le détachement embarqué à bord de la *Provence* lors de la grève des inscrits maritimes, à l'effet d'obtenir :

1° L'allocation de la solde à la mer n° 2 aux officiers pendant toute la durée du voyage aller et retour de la *Provence;*

2° Le maintien aux officiers, débarqués d'un bâtiment de l'État pour embarquer sur le paquebot dont il s'agit, des suppléments dont ils jouissaient à bord du bâtiment de l'État à raison de leurs fonctions.

1. Le décret du 7 janvier 1908 ne prévoit pas la situation dans laquelle se sont trouvés les officiers en cause à bord de la *Provence*. Mais, étant donné qu'ils ont été embarqués à bord de ce paquebot pour y accomplir un service, il ne serait pas équitable de les traiter plus défavorablement que les officiers qui auraient fait le même voyage à bord d'un bâtiment de l'État et à qui la solde à la mer n° 2 aurait été payée dans les conditions fixées par l'article 12 du décret du 7 janvier 1908. Il y a donc lieu d'allouer aux intéressés la solde à la mer n° 2 depuis le jour où la *Provence* a coupé le 15° de longitude Ouest, à l'aller, jusqu'au jour où le paquebot a coupé le même méridien, au retour. Conformément au principe posé par l'avant-dernier paragraphe de la dépêche du 5 août 1910 (*B. O.*, p. 2022), la différence entre la solde à la mer n° 2 et la solde à la mer n° 1 ou la solde à terre, suivant le cas, est à la charge de la compagnie de navigation.

2. Il résulte nettement des termes de la dépêche du 28 juin dernier (Personnel militaire de la Flotte. – Équipages) que le personnel mis à la disposition de la Compagnie générale Transatlantique doit être considéré exceptionnellement, qu'il serve à terre ou à la mer, comme se trouvant en mission pendant la durée de son affectation au service de cette compagnie. Les officiers ne cessent donc pas d'être dans une position de présence (art. 2 et 4 du décret du 7 janvier 1908) et ne peuvent par suite perdre, pendant la durée de leur mission, le bénéfice des suppléments de fonctions dont ils jouissaient à bord du bâtiment de l'État ou du service à terre qu'ils ont momentanément quitté (art. 27 modifié du décret du 7 janvier 1908).

Comme il ne résulte pour l'État, de l'allocation de ces suppléments de fonctions, aucun supplément de dépense, il n'y a pas lieu de les mettre à la charge de la compagnie de navigation.

Le Ministre de la Marine,

DELCASSÉ

LE MINISTRE DE LA MARINE
à Messieurs les Vice-Amiraux commandant en chef, Préfets maritimes.

Direction militaire des Services de Travaux; — Service central des Travaux hydrauliques : *Bureau administratif.* — Direction centrale des Constructions navales : *Bureau administratif; Bureau des Réparations.* = État-Major général : 2e *Section.* = Direction militaire des Services de la Flotte; — Service du Personnel militaire de la Flotte : *Bureau des Équipages de la Flotte.* — Service central de l'Intendance maritime : *Bureau du Personnel de l'Intendance, de la Solde et des Revues.*

Paris, le 3 juillet 1914.

Les travaux rentrant dans les attributions normales des Défenses fixes ne peuvent donner lieu à rémunération spéciale pour le personnel militaire de ces Directions.

Une circulaire du 11 octobre 1910 a décidé que les Défenses fixes auraient «complètement à leur charge le mouillage, le relevage et les réparations des câbles sous-marins de la place».

Des incertitudes se sont produites dans un des ports sur la question de savoir si, lorsque ces travaux concernent les communications télégraphiques et téléphoniques qui dépendent des Directions des Travaux hydrauliques la rémunération prévue à l'article 256 du décret du 17 juillet 1908 doit être allouée au personnel militaire qui y a été employé.

J'ai l'honneur de vous faire connaître que la circulaire précitée a eu pour effet de classer dans les *attributions normales* des Défenses fixes les travaux qu'elle énumère, sans qu'il y ait lieu de faire de distinction entre les services à qui appartiennent les câbles.

Cette mesure, prise à la suite de la suppression des lignes de torpilles, a permis d'utiliser les services du personnel marin de ces Directions en les chargeant d'une tâche avec laquelle ils étaient familiarisés.

Ces travaux ne peuvent donc donner lieu à rétribution comme dans le cas où les marins des Équipages sont appelés à prêter leur concours aux Directions de travaux pour accomplir un rôle qui ne leur incombe pas normalement.

Le Ministre de la Marine,

GAUTHIER.

LE MINISTRE DE LA MARINE
à Messieurs les Vice-Amiraux commandant en chef, Préfets maritimes.

Direction militaire des Services de la Flotte; Service du Personnel militaire de la Flotte : *Bureau des Équipages de la Flotte.* — Service central de l'Intendance maritime : *Bureau du Personnel de l'Intendance, de la Solde et des Revues; Bureau des Approvisionnements de la Flotte, des Transports généraux et des Affrètements; Bureau des Subsistances, de l'Habillement et du Casernement.*

Bordeaux, le 5 décembre 1914.

Au sujet de l'indemnité de travail à allouer aux marins mis à la disposition des Directions de l'Arsenal. — Taux et conditions d'allocation de cette indemnité.

L'article 256 du décret du 17 juillet 1908, portant réorganisation du corps des Équipages de la Flotte spécifie, dans son dernier paragraphe, que «les hommes mis à la disposition des Directions (Directions de l'Arsenal) reçoivent, en sus de leur solde, une indemnité de travail imputée sur les fonds généraux attribués au payement des salaires».

L'application de cette règle ayant donné lieu à des divergences de vues, j'ai, par modification à l'article 73 de l'arrêté du 19 septembre 1913, arrêté les mesures suivantes auxquelles il conviendra de se conformer à l'avenir, sauf décision contraire du Ministre :

1° Les marins mis à la disposition des Directions de l'arsenal pour participer à des travaux exécutés soit concurremment avec du personnel ouvrier de l'arsenal, soit sous le contrôle de ce personnel, ont droit à une indemnité dont le taux est, en principe, en temps de paix, de 0 fr. 05 pour toute heure de travail fournie pendant la journée normale de six heures, et de 0 fr. 10 pour toute heure supplémentaire fournie en dehors des huit heures. Dans cette situation, les marins intéressés continuent à recevoir la solde n° 1, 2 ou 3 leur revenant au titre du bâtiment ou du service qui les détache.

En temps de guerre, les allocations horaires de 0 fr. 05 et 0 fr. 10 indiquées ci-dessus pourront être portées respectivement de 0 fr. 10 et 0 fr. 15.

2° Les marins faisant partie d'organismes militaires permanents (ateliers centraux de la Flotte, détachements de marins artificiers, etc.) effectuant sur place des travaux à la demande ou pour le compte des Directions de l'arsenal n'ont droit à aucune rétribution supplémentaire.

Les hommes placés en subsistance dans ces organismes pour concourir aux travaux en question doivent recevoir la solde n° 2, sauf s'ils sont détachés d'un bâtiment ou service donnant droit à la solde n° 3 (article 15, § *g*, du décret du 11 juillet 1908). Ils sont traités au point de vue de l'allocation éventuelle d'une indemnité de travail comme les marins de l'effectif permanent visés à l'alinéa 2 ci-dessus.

Toute demande de modification aux conditions d'allocation des indemnités telles qu'elles sont fixées par la présente circulaire ne devra m'être transmise que si elle vise des marins participant à des travaux salissants, particulièrement pénibles ou dangereux.

L'augmentation des taux des indemnités de travail est prévue pour le temps de guerre en raison de la plus grande activité des travaux. Toutefois ces taux d'indemnités constituent des maxima que les commandants en chef ne devront allouer que dans des circonstances exceptionnelles.

Les marins participant dans les flottilles aux travaux de réparations et de retubage des chaudières de torpilleurs continueront à être traités, en ce qui touche l'attribution d'une indemnité de travail, suivant les instructions actuellement en vigueur.

Les dispositions de la présente circulaire n'auront pas d'effet rétroactif. Elles ne seront pas applicables aux manutentions de charbon confiées, soit en temps de paix, soit en temps de guerre, dans les ports militaires, aux marins des Équipages de la Flotte : ces travaux feront d'ici peu l'objet d'une circulaire complémentaire.

Le Ministre de la Marine,

VICTOR AUGAGNEUR.

LE MINISTRE DE LA MARINE *à Messieurs les Vice-Amiraux commandant en chef, Préfets maritimes; Capitaine de vaisseau commandant la Marine en Indo-Chine; Capitaine de frégate commandant la Marine au Sénégal.*

Direction militaire des Services de la Flotte. — Service central de l'Intendance maritime : *Bureau des Approvisionnements de la Flotte, des Transports généraux et des Affrètements; Bureau des Subsistances, de l'Habillement et du Casernement.* — Service du Personnel militaire de la Flotte : *Bureau des Équipages de la Flotte.* = Direction militaire des Services de Travaux; — Direction centrale des Constructions navales : *Bureau administratif.* = Direction du Contrôle.

Paris, le 22 janvier 1915.

Indemnité de travail à allouer aux marins employés aux manutentions de charbon à terre.

La circulaire du 5 décembre 1914 (*B. O.*, p. 955), relative à l'indemnité de travail à allouer aux marins mis à la disposition des Directions de l'Arsenal, n'est pas applicable aux manutentions de charbon effectuées, soit en temps de paix, soit en temps de guerre, dans les ports militaires : selon son dernier alinéa, ces travaux doivent faire l'objet d'une circulaire complémentaire.

Après l'étude de la question et examen des renseignements et propositions présentés par les ports, j'ai décidé que les tarifs adoptés par la circulaire susvisée pour les marins travaillant dans les ateliers des directions seront également appliqués aux manutentions de charbon.

Cette mesure entrera immédiatement en vigueur.

Les manutentions de charbon qui, précédemment, ont été réglées d'après des bases autres que celles qu'indique la circulaire du 5 décembre 1914, seront considérées comme définitivement réglées. Quant à celles dont le règlement a été différé en attendant l'apparition des présentes instructions, elles seront soumises aux nouvelles prescriptions.

Les marins employés aux corvées de charbon à terre seront pourvus gratuitement de vêtements de fatigue usagés (effets de toile bleue) et du savon nécessaire au lavage corporel qui seront mis à leur disposition par le parc à charbon. Le parc, au fur et à mesure que le permettront les ressources du Service de l'Habillement, constituera l'approvisionnement nécessaire par voie de cession remboursable du chapitre 17 au chapitre 19, et prendra les quantités en charge, au titre du chapitre 19, dans la comptabilité des apparaux.

Les ports auront à étudier en outre si, en plus des allocations prévues par la circulaire du 5 décembre 1914, il ne conviendrait pas, tant pour maintenir à une moyenne normale la production des marins employés à terre aux manutentions de charbon que comme complément légitime de rémunération pour un travail particulièrement pénible et salissant, d'accorder à ces marins des primes d'après le rendement. Ces primes seraient réparties entre tous les hommes composant la corvée, sans distinction de grade ni de spécialité, et au prorata des heures de présence de chacun.

Pour cette étude, on aura à comparer le rendement des marins avec le rendement des dockers à la solde de l'entrepreneur de manutention de charbon du port, sans perdre de vue, d'ailleurs, que le rendement des marins ne saurait normalement égaler le rendement de gens spécialisés dans ce genre de travaux. Vous voudrez bien me soumettre les résultats de cette étude avec vos propositions personnelles pour le 1er mars prochain, et auparavant si c'est possible.

A côté des marins employés directement par la Marine aux manutentions de charbon, il y a ceux que la Marine met à la disposition des entrepreneurs quand ces derniers manquent de main-d'œuvre civile.

Aux termes de la circulaire du 4 mars 1912 (*B. O.*, p. 379) portant revision des tarifs de prêt, l'entrepreneur leur rembourse, sous réserve des clauses particulières que son contrat pourrait contenir à ce sujet, la main-d'œuvre de ces marins à raison de 0 fr. 60 par heure, sans que toutefois la rétribution par jour et par homme puisse excéder 6 francs. Quant aux marins eux-mêmes, ils reçoivent de la Marine une indemnité pour travail pénible égale, au maximum, aux trois cinquièmes de la somme à rembourser par l'entrepreneur; il conviendra de fixer dorénavant cette indemnité au même chiffre que si les intéressés manutentionnaient le charbon directement pour le compte de la Marine.

Le taux de remboursement (o fr. 60 par heure) de la main-d'œuvre militaire par les particuliers n'a aucune élasticité. Cette disposition, adoptée à dessein pour enrayer le plus possible les demandes de cession de main-d'œuvre militaire, est de nature à nuire à la rapidité et à la bonne marche des manutentions de charbon, quand le prix de o fr. 60 par heure dépasse le prix de la main-d'œuvre civile de la région, alors que le rendement de cette dernière est généralement supérieur en raison de la plus grande spécialisation du personnel civil.

Il importe que, dans certaines éventualités, les entrepreneurs de ce genre de travaux, lorsque la main-d'œuvre civile leur fait défaut, n'éprouvent pas d'obstacles insurmontables à demander le concours d'une main-d'œuvre militaire qui entraînerait pour eux un supplément exagéré de frais et des pertes pécuniaires. Inversement, il peut se faire que le taux de o fr. 60 par heure soit sensiblement inférieur au salaire normal horaire de la région, ce qui procurerait à l'entrepreneur, sur les prix de son marché, un bénéfice illicite. Dans cet ordre d'idées, il a paru opportun d'ouvrir la possibilité de faire varier le prix de la main-d'œuvre à rembourser par les entrepreneurs de manutention de charbon d'après le coût normal de la main-d'œuvre civile de la région. Un renvoi (1) ainsi conçu sera ajouté en ce sens au deuxième alinéa de la circulaire ministérielle susvisée du 4 mars 1912 : (1)... « Toutefois, quand il s'agira de manutention de charbon, la main-d'œuvre des marins prêtés aux entrepreneurs sera remboursée en appliquant le prix normal de la main-d'œuvre civile dans la région pour ce genre de travaux. Ce prix, fixé dans le bordereau des salaires normaux du marché d'entreprise de manutention de charbon du port, devra toujours être indiqué comme prix de remboursement dans l'autorisation de prêt de main-d'œuvre militaire. »

Le Ministre de la Marine,
VICTOR AUGAGNEUR.

LE MINISTRE DE LA MARINE *à Messieurs les Vice-Amiraux commandant en chef, Préfets maritimes; Officiers généraux, supérieurs et autres commandant à la mer.*

Direction militaire des Services de la Flotte; — Service central de l'Intendance maritime : *Bureau des Subsistances, de l'Habillement et du Casernement; Bureau du Personnel de l'Intendance, de la Solde et des Revues;* == Services du Personnel militaire de la Flotte : *Bureau des Équipages de la Flotte.* == Direction de la Comptabilité générale : *Bureau de la Centralisation financière.*

Paris, le 17 février 1915.

Prêts de main-d'œuvre militaire.
Allocations à attribuer au personnel et mode de remboursement.

Depuis la mobilisation, des marins des Équipages de la Flotte ont été mis, dans plusieurs centres, à la disposition de particuliers ou de chambres de commerce pour concourir à l'exécution de divers travaux, mais les décisions intervenues dans chaque cas n'ont pas précisé suffisamment les conditions du prêt et les allocations à attribuer au personnel.

Il est donc utile d'adopter à ce sujet une règle uniforme, et j'ai arrêté dans ce but les dispositions suivantes :

Le prêt de main-d'œuvre militaire est fait à charge de remboursement dans les conditions fixées par la circulaire du 4 mars 1912 (*B. O.*, p. 379), c'est-à-dire moyennant une rétribution horaire de 0 fr. 60, ne pouvant dépasser 6 francs par journée de travail, et dont, en principe, le quart doit profiter, comme il est dit à l'alinéa 3° ci-après, aux marins à titre d'indemnité de travail, lorsque, comme c'est souvent le cas, la durée du travail excède huit heures par jour. Cette proportion du quart ne peut d'ailleurs être dépassée qu'exceptionnellement et sur décision spéciale du Ministre.

Les marins des Équipages de la Flotte mis à la disposition de particuliers ou de chambres de commerce pour concourir à l'exécution de travaux reçoivent, sur les fonds du budget de la Marine :

1° La solde n° 2 ;

2° L'indemnité journalière de résidence temporaire prévue par le tarif VI annexé au décret du 11 juillet 1908, et variable suivant que les intéressés sont logés ou non. Toutefois cette indemnité n'est pas allouée au personnel employé dans les ports militaires, ce personnel continuant d'être caserné normalement.

3° Une indemnité de travail, déterminée dans les conditions fixées par la circulaire précitée du 4 mars 1912 et qui est imputée au chapitre «Solde» ;

4° Éventuellement des frais de tramway, etc., pour se rendre aux ateliers, etc., et qui sont imputés au chapitre «Frais de déplacement» ;

5° La ration, qui, lorsqu'elle ne peut être délivrée en nature, est remplacée par une indemnité journalière uniforme de 1 fr. 50, imputable au chapitre «Vivres».

Lorsque le personnel dont il s'agit est placé en subsistance dans un corps de troupe à charge de remboursement par la Marine, il reçoit, outre la ration en nature délivrée aux militaires de l'Armée de terre, une indemnité journalière de 0 fr. 15 en remplacement de vin, par application de l'article 63 de l'Instruction du 5 août 1914 sur le Service des Subsistances à la mobilisation. Cette indemnité est également imputable au chapitre «Vivres».

Qu'ils vivent individuellement au moyen de l'indemnité journalière de vivres, ou qu'ils soient en subsistance dans un corps de troupe, les intéressés ont la faculté de consacrer tout ou partie de leur indemnité de travail à l'amélioration de la nourriture.

Le service chargé de l'administration du personnel détaché assure le payement mensuel des diverses allocations, et fournit à la Direction de l'Intendance (Service de la Solde) du port comptable les éléments nécessaires pour permettre de poursuivre près de l'emprunteur le remboursement de la redevance afférente au prêt de main-d'œuvre.

Les ordres de reversement sont établis de façon à assurer la répartition de cette redevance suivant les dispositions édictées par la circulaire précitée du 4 mars 1912, c'est-à-dire au profit :

a. *Du chapitre «Solde»*, pour l'indemnité de travail payée aux marins détachés;

b. *Du chapitre «Frais de déplacement, etc.»*, pour les frais de tramway, etc., alloués éventuellement aux marins pour se rendre aux ateliers, etc.:

c. *Du Trésor*, produits divers du budget, pour le reste de la redevance.

J'insiste sur ce point que jamais les marins prêtés à des particuliers, aux chambres de commerce, etc., ne doivent être rétribués directement par les emprunteurs.

Les dispositions qui précèdent s'appliqueront rétroactivement du jour de l'emploi du personnel par les emprunteurs en ce qui touche le mode de remboursement de la redevance, et à partir du 1er janvier 1915, pour la modification du taux de l'indemnité de vivres de 2 francs, précédemment allouée au personnel prêté à la chambre de commerce ou à des usines ou chantiers (à Boulogne, au Havre, à Rouen, etc.).

Le Ministre de la Marine,

VICTOR AUGAGNEUR.

LE MINISTRE DE LA MARINE *à Messieurs les Vice-Amiraux commandant en chef, Préfets maritimes; Commandant du Dépôt des Équipages de la Flotte de Paris.*

Direction militaire des Services de la Flotte; — Service du Personnel militaire de la Flotte: *Bureau des Équipages de la Flotte.* — Service central de l'Intendance maritime : *Bureau du Personnel de l'Intendance maritime, de la Solde et des Revues; Bureau des Subsistances, de l'Habillement et du Casernement.*

Paris, le 28 février 1915.

Au sujet des marins mis à la disposition des services publics ou de l'industrie privée.

Mon attention a été attirée sur les conditions dans lesquelles les marins des Équipages peuvent être mis à la disposition du Département de la Guerre, de différents services publics ou de l'industrie privée, les dispositions adoptées à leur égard par les autorités maritimes n'étant pas absolument identiques.

J'ai l'honneur de vous faire connaître ci-après les règles qu'il convient de suivre dans les différents cas qui peuvent se présenter :

1° En ce qui concerne *les marins de diverses professions mis à la disposition du Département de la Guerre* tout en conservant leur statut militaire et en restant présents sous les drapeaux, les désignations sont faites exclusivement par le Département, auquel il y a lieu de transmettre toutes les demandes formulées par l'autorité militaire.

Les hommes dont il s'agit sont destinés administrativement au Dépôt des Équipages de Paris, conformément aux dispositions de la circulaire du 7 novembre 1914 (*B. O.*, p. 889), et tenus par ce service au courant de leur solde, qui reste à la charge de la Marine.

2° *Marins mis en sursis pour des travaux intéressant directement la défense nationale.* — Par circulaire du 9 novembre 1914, je vous ai autorisé à accorder directement, sous certaines réserves, la mise en sursis des anciens ouvriers d'usine nécessaires pour la fabrication des obus. J'ai décidé d'étendre les dispositions de cette circulaire aux marins mobilisés dont la présence est absolument indispensable pour assurer l'exécution de travaux intéressant directement la défense du pays, soit comme ouvriers civils des établissements de la Guerre, soit dans les usines privées.

En principe, cette mesure n'est applicable, dans ce dernier cas, qu'aux anciens ouvriers de l'usine en question. Toutefois vous pourrez autoriser, dans des cas exceptionnels, la mise en sursis, à la demande d'une société industrielle, d'un spécialiste ne remplissant pas cette condition, après vous être assuré au préalable du consentement de l'intéressé, qui devra être constaté par une mention portée à sa comptabilité et signée de lui. Ce consentement est indispensable, étant donné que les marins placés ainsi en position de sursis deviennent les salariés du Directeur de l'Établissement qui les demande, et doivent accepter, par suite, toutes ses conditions.

Comme le prévoit la circulaire précitée du 9 novembre 1914, la concession de sursis est limitée aux marins mobilisés disponibles dans les dépôts ou affectés à des services à terre où leur présence n'est pas indispensable, à l'exclusion des marins embarqués ou incorporés dans les formations militaires.

D'autre part, cette mesure ne doit être prise, pour les mises à la disposition de l'industrie privée, que sur avis motivé de l'autorité militaire ou maritime chargée du contrôle de la fabrication.

3° *Demandes de mise en sursis pour d'autres motifs.* — En dehors des marins devant être employés à des travaux intéressant directement la défense du pays, je me réserve d'une manière exclusive la faculté d'accorder des sursis aux marins mobilisés nécessaires pour le fonctionnement des différents services publics et entreprises de toute nature, et je vous prie de vouloir bien me transmettre, accompagnées de toutes les justifications produites et de votre avis personnel, mais sans prendre aucune décision pouvant engager le Département et sans perdre de vue la nécessité du consentement des intéressés, toutes les demandes qui seraient formulées en faveur des marins mobilisés ne rentrant pas dans les cas visés au paragraphe précédent.

4° *Anciens ouvriers des constructions navales mobilisés comme marins des Équipages et remis à la disposition de leur Direction.* — La situation, au point de vue militaire, des anciens ouvriers des Constructions navales qui, après avoir été rappelés au service dans les Équipages de la Flotte, ont été remis à la disposition de leur Direction, est réglée par la circulaire du 30 janvier 1915, aux termes de laquelle les intéressés sont placés en position de sursis.

Ils n'ont droit dans cette situation à aucune solde militaire et reprennent purement et simplement leur emploi d'ouvrier, en recevant, par les soins des Constructions navales, le salaire y afférant.

. . . .

Les marins placés en position de sursis cessent toute solde de l'État à dater du lendemain du jour où ils sont mis en route pour rallier le poste qui leur est assigné, et sont, dès lors, rémunérés par les établissements ou usines qui les emploient.

Ceux qui obtiennent un sursis de durée illimitée sont destinés administrativement au dépôt le plus proche du lieu où ils sont utilisés; ce service les inscrit à son rôle au point de vue de leur rappel éventuel sous les drapeaux, de la prise en charge de leur dette, s'il y a lieu, et de la réintégration des effets d'habillement qui peut en être la conséquence, et enfin de leur congédiement définitif au terme des hostilités. A cette époque, ceux d'entre eux qui ne seront pas en dette seront renvoyés directement dans leurs foyers; ceux qui seront en dette envers l'État seront avisés en temps utile qu'ils peuvent se libérer par un versement au Trésor, et il conviendra de ne rappeler au dépôt, pour la réintégration de leurs effets, que ceux qui n'auront pas usé de cette faculté; encore y aura-t-il lieu d'examiner attentivement à l'avance la situation financière de chacun d'eux, afin de ne pas avoir à leur allouer des frais de déplacement supérieurs à leur dette.

Le Ministre de la Marine,
Victor AUGAGNEUR.

Le Ministre de la Marine *à Messieurs les Vice-Amiraux commandant en chef, Préfets maritimes; Directeurs des Établissements de la Marine hors des ports; Officiers généraux, supérieurs et autres commandant à la mer; Commandants de la Marine en Indo-Chine, en Algérie et au Sénégal.*

Direction militaire des Services de Travaux; — Direction centrale des Constructions navales: *Bureau administratif.* — Direction centrale de l'Artillerie navale: *Bureau administratif.* — Direction militaire des Services de la Flotte: Service central de l'Intendance maritime: *Bureau des Approvisionnements de la Flotte, des Transports généraux et des Affrètements.* — Direction de la Comptabilité générale: *Bureau de la Comptabilité des Matières; Bureau de la Centralisation financière et des Pensions.*

Paris, le 1er avril 1915.

Au sujet du remboursement de la main-d'œuvre militaire employée dans les arsenaux de la Marine à des travaux exécutés à titre de cession pour le compte de particuliers, d'autres Départements ministériels ou de Gouvernements étrangers.

Divers services des arsenaux employant actuellement dans leurs ateliers des ouvriers militaires et des marins, des hésitations se sont produites dans certains ports au sujet des bases de décompte de cette main-d'œuvre lorsqu'elle a été utilisée pour des confections ou travaux exécutés à titre de cession.

Je vous informe que les *ouvriers militaires* envisagés devant désormais être rétribués par la Marine d'après les mêmes bases que les ouvriers auxiliaires des arsenaux, leurs salaires doivent rentrer, par voie de conséquence, dans le calcul de la moyenne de la quinzaine.

La répartition de cette main-d'œuvre entre les comptes d'ouvrage intéressés doit par suite s'effectuer, dans tous les cas, dans les mêmes conditions que la répartition de la main-d'œuvre des ouvriers civils.

En cas de cession, cette main-d'œuvre, ainsi que les dépenses indivises correspondantes, est remboursée à la Marine.

Si la majoration de 30 p. 100, représentative des frais généraux, est applicable à la cession, le produit en est versé au profit exclusif du Trésor (produits divers du budget).

Les *marins* des Équipages ou autres, employés par les Directions de travaux, ne reçoivent au contraire de ces services qu'une indemnité de travail payée sur leurs chapitres « Salaires ».

Cette indemnité ne représentant évidemment pas la valeur réelle de cette main-d'œuvre, les dispositions de la circulaire du 5 février 1894 (*B. O.*, p. 71) doivent être appliquées, dans ce cas, s'il s'agit de travaux exécutés à titre de cession pour des services étrangers à la Marine (particuliers, autres Départements ministériels et Gouvernements étrangers).

Pour les cessions de cette catégorie, la main-d'œuvre des marins est donc également décomptée d'après la moyenne des salaires payés aux ouvriers civils et aux ouvriers militaires visés ci-dessus pendant les quinzaines correspondantes.

La main-d'œuvre ainsi évaluée est passible de la majoration pour dépenses indivises, et même, éventuellement, de la majoration pour frais généraux (en cas de cession aux particuliers ou au Gouvernement britannique).

Toutefois le montant des états de cession ainsi décomptés ne doit pas être entièrement remboursé au profit du Département.

La Direction intéressée doit uniquement recouvrer les dépenses qu'elle a faites réellement pour les travaux exécutés, c'est-à-dire le montant des indemnités de travail qu'elle a payées aux marins en question, ainsi que celui des dépenses indivises appliquées dans les conditions indiquées ci-dessus.

Le surplus, c'est-à-dire la *différence entre le montant de la main-d'œuvre militaire*, décomptée conformément à la circulaire du 5 février 1894, et le *montant des indemnités de travail*, doit être versé au profit du Trésor, ainsi d'ailleurs que le produit de la majoration pour frais généraux, s'il y a lieu.

On devra donc indiquer sur l'état de remboursement la répartition entre les chapitres intéressés et le Trésor de la somme à payer par le cessionnaire.

En vue d'éviter des rectifications d'écritures, il n'y aura toutefois pas lieu de donner un effet rétroactif aux prescriptions ci-dessus pour les états de cession qui ont été arrêtés suivant un autre mode de décompte, et notamment pour ceux qui ont été adressés au Département de la Guerre au *titre de l'exercice 1914*.

En ce qui concerne les services qui emploieraient exclusivement la main-d'œuvre militaire (marins des Équipages), le mode d'évaluation indiqué ci-dessus ne serait évidemment pas applicable.

Cette main-d'œuvre, dans les cas envisagés, devrait alors être décomptée et répartie suivant les règles fixées par l'instruction sur les tarifs de prêts ainsi que par la circulaire du 17 février 1915 (*B. O.*, p. 169).

Le Ministre de la Marine,
Victor AUGAGNEUR.

Le Ministre de la Marine *à Monsieur le Vice-Amiral commandant en chef, Préfet maritime à Cherbourg.*

Direction militaire des Services de la Flotte; — Service central de l'Intendance maritime : *Bureau des Approvisionnements de la Solde et des Revues.* — Service du Personnel militaire de la Flotte : *Bureau des Équipages de la Flotte.* = Direction militaire des Services de Travaux; — Service des Constructions navales : *Bureau administratif.* = Direction de la Comptabilité générale : *Bureau des Fonds, Ordonnances et Dépenses d'outre-mer; Bureau de la Centralisation financière et des Pensions.* — Direction du Contrôle.

Paris, le 28 juin 1915.

Indemnité de travail aux marins employés aux corvées de charbon.

Par bordereau du 10 mai 1915, vous m'avez soumis deux dossiers relatifs aux indemnités de travail des marins employés aux corvées de charbon.

Il ressort de l'un de ces dossiers qu'avant l'apparition de la circulaire ministérielle du 22 janvier dernier (*B. O.*, p. 73), il n'avait pas été tenu à Cherbourg, pour certaines corvées de charbon, de listes nominatives des hommes effectuant les manutentions, et qu'en l'absence de ces documents on se trouve aujourd'hui dans l'impossibilité de répartir les sommes acquises à titre d'indemnités de travail horaires entre les hommes qui ont réellement effectué la besogne et dont la plupart ne sont plus présents.

La circulaire du 22 janvier 1915 disposait que «les manutentions de charbon qui, précédemment, avaient été réglées d'après des bases autres que celles qu'indique la circulaire du 5 décembre 1914, seraient considérées comme définitivement réglées. Quant à celles dont le règlement avait été différé en attendant l'apparition d'instructions, elles devaient être soumises aux nouvelles prescriptions».

Je vous informe que cette dernière disposition n'est naturellement applicable qu'à la condition que les marins qui, antérieurement à la notification de la circulaire du 22 janvier 1915, ont coopéré aux manutentions puissent être connus et que leurs heures de travail aient été relevées. Il n'y a donc lieu de faire le rappel des indemnités acquises qu'à ceux de ces hommes à l'égard desquels on est fixé. Pour les autres, ainsi que vous en avez exprimé l'avis conforme à celui du Contrôle résident, et comme cela a déjà été fait pour les hommes du casernement de la mâture, les indemnités doivent profiter au budget.

Le second dossier rend compte des complications et difficultés qui résultent de la nécessité de recueillir les émargements des bénéficiaires des indemnités de travail horaires dont il s'agit, pour conserver une trace du payement et satisfaire en même temps aux prescriptions du règlement financier, dont la 2e annexe (titre C) exige dans ce cas, à l'appui du mandat, la quittance des ayants droit.

Il convient de remarquer à ce sujet que l'imputation au chapitre 19 (Approvisionnement de la Flotte–Matières) des indemnités de travail à payer désormais en vertu de la circulaire du 22 janvier 1915 n'est pas régulière.

L'article 256 du décret du 17 juillet 1908, relatif à l'organisation du corps des Équipages de la Flotte, prévoit en effet formellement que l'indemnité de travail allouée aux hommes mis à la disposition des Directions est imputée sur les fonds généraux attribués au payement des salaires d'ouvriers, et cette disposition est rappelée dans l'article 73 de l'arrêté ministériel du 19 septembre 1913 (*B. O.*, p. 1087) portant règlement sur la comptabilité des salaires.

C'est donc sur le chapitre 18 (Approvisionnement de la Flotte–Salaires), et non sur le chapitre 19, que doivent être imputées les dépenses dont il s'agit.

Dès lors, ces dépenses doivent être justifiées, comme les salaires, par simples états d'effectif, conformément au paragraphe 1er du titre F de la 2e annexe au règlement financier, ce qui supprime toutes les difficultés signalées.

Un compte d'ouvrage est ouvert pour les manutentions de charbon. La constatation des droits aux indemnités en cause doit être faite, comme pour le personnel ouvrier, par application de l'article 71, § 6, de l'arrêté précité; les écritures élémentaires qui y sont relatives (carnets, etc.) seront tenues par les gradés chargés de diriger et surveiller les corvées.

La procédure à suivre pour le payement de ces indemnités est, d'autre part, indiquée par l'article 73 du même acte.

Enfin les indemnités payées doivent être, en vertu de l'article 305, § 2 et 3, de l'Instruction du 26 octobre 1910 sur le Service de la Solde, inscrites sur le livret de l'homme au titre des allocations non comprises dans le décompte individuel, ce qui donne toute garantie pour l'examen des réclamations qui viendraient à se produire.

Vous voudrez bien attirer l'attention des services intéressés sur la nécessité, pour éviter des remises de sommes minimes à la Caisse des Gens de mer, de payer toujours avec la solde, au moment de leur départ, et sans attendre l'arrêté des états collectifs, aux hommes quittant le dépôt en cours de mois, les indemnités de travail qu'ils ont pu acquérir pour manutention de charbon.

Le Ministre de la Marine,

VICTOR AUGAGNEUR.

www.ingramcontent.com/pod-product-compliance
Ingram Content Group UK Ltd.
Pitfield, Milton Keynes, MK11 3LW, UK
UKHW012200240726
13966UKWH00002B/479